余 璐 成春怀 著

长三角区域经济协调发展中的政府治理机制研究

河海大学出版社
HOHAI UNIVERSITY PRESS
·南京·

图书在版编目(CIP)数据

长三角区域经济协调发展中的政府治理机制研究 / 余璐，成春林著. -- 南京：河海大学出版社，2023.10
ISBN 978-7-5630-8395-4

Ⅰ.①长… Ⅱ.①余… ②成… Ⅲ.①长江三角洲－区域经济发展－协调发展－研究②长江三角洲－地方政府－行政管理－研究 Ⅳ.①F127.5②D625.5

中国国家版本馆 CIP 数据核字(2023)第 195331 号

书　　名	长三角区域经济协调发展中的政府治理机制研究 CHANGSANJIAO QUYU JINGJI XIETIAO FAZHAN ZHONG DE ZHENGFU ZHILI JIZHI YANJIU
书　　号	ISBN 978-7-5630-8395-4
责任编辑	高晓珍
特约校对	张绍云
封面设计	张世立
出版发行	河海大学出版社
地　　址	南京市西康路 1 号(邮编：210098)
电　　话	(025)83737852(总编室)　(025)83787104(编辑室) (025)83722833(营销部)
经　　销	江苏省新华发行集团有限公司
排　　版	南京布克文化发展有限公司
印　　刷	广东虎彩云印刷有限公司
开　　本	718 毫米×1000 毫米　1/16
印　　张	14
字　　数	218 千字
版　　次	2023 年 10 月第 1 版
印　　次	2023 年 10 月第 1 次印刷
定　　价	80.00 元

目录

第一章 引言 ·· 001
  第一节 研究背景 ·· 003
  第二节 研究现状 ·· 005
    一、区域经济协调发展 ·· 006
    二、政府治理及其机制 ·· 016
    三、区域经济协调发展中的政府治理 ···························· 031
    四、研究现状述评 ··· 034
  第三节 研究价值 ·· 035
    一、理论价值 ·· 035
    二、现实意义 ·· 036
    三、研究内容 ·· 036
    四、研究方法 ·· 038
  第四节 研究创新 ·· 039

第二章 区域经济协调发展中政府治理机制的理论和分析维度 ········ 041
  第一节 概念界定 ·· 043
    一、区域经济协调发展与区域经济一体化 ····················· 043
    二、政府治理机制 ··· 046
  第二节 区域经济协调发展及治理的思想论述和相关理论 ········ 049
    一、党和国家领导人关于区域协调发展及治理的思想论述
      ·· 049
    二、区域经济协调发展的相关理论 ······························ 052
    三、政府治理的相关理论 ·· 055

第三节　区域经济协调发展中政府治理机制的分析维度 …………… 059
　　一、促进市场机制完善 ……………………………………………… 062
　　二、健全利益协调机制 ……………………………………………… 063
　　三、强化区域合作机制 ……………………………………………… 064
　　四、优化空间组织机制 ……………………………………………… 064
　　五、构建绩效考核机制 ……………………………………………… 065

第三章　长三角区域经济协调发展进程与政府治理机制的现实分析 … 067
　第一节　长三角区域经济协调发展进程 …………………………………… 069
　　一、萌芽时期(20世纪70年代末—20世纪80年代末) ………… 070
　　二、成长时期(20世纪80年代末—20世纪90年代末) ………… 071
　　三、推进时期(2001—2008年) …………………………………… 072
　　四、深化时期(2008年至今) ……………………………………… 073
　第二节　长三角区域经济协调发展中政府治理机制的现实问题 …… 076
　　一、政府促进市场作用发挥的机制有待进一步完善 …………… 076
　　二、政府健全利益协调的机制不够全面 ………………………… 077
　　三、政府强化区域合作的机制不够通畅 ………………………… 078
　　四、政府优化空间组织的机制有待推进 ………………………… 079
　　五、政府开展绩效考核的机制有待构建 ………………………… 079
　第三节　长三角区域经济协调发展中政府治理机制问题的成因 …… 080
　　一、政府治理理念差异化 …………………………………………… 081
　　二、政府治理中公共政策碎片化 ………………………………… 082
　　三、政府治理体制分割化 …………………………………………… 083

第四章　长三角区域经济协调发展中政府促进市场机制完善分析 …… 085
　第一节　政府促进市场机制完善的理论阐释 …………………………… 087
　　一、政府与市场的关系 ……………………………………………… 087
　　二、市场机制对区域经济协调发展的作用 ……………………… 088
　　三、区域经济协调发展中的政府治理与市场机制完善 ……… 090
　第二节　市场机制与长三角区域经济协调发展关联效应的实证分析
　　………………………………………………………………………………… 091
　　一、主要变量设定 …………………………………………………… 091

二、模型设定及变量描述 …………………………………………… 093
　　　三、结果分析 ……………………………………………………… 094
　　　四、稳健性检验 …………………………………………………… 095
　　　五、实证结论：完善市场机制有利于促进长三角区域经济协调
　　　　　发展 ……………………………………………………………… 096
　第三节　长三角区域经济协调发展中政府促进市场机制完善的路径
　　　　　……………………………………………………………………… 096
　　　一、建立区域统一市场 …………………………………………… 097
　　　二、推动区域市场全面开放 ……………………………………… 098
　　　三、推进微观主体跨区域发展 …………………………………… 099
　　　四、推动市场机制与政府调控的结合 …………………………… 100

第五章　长三角区域经济协调发展中政府健全利益协调机制分析 …… 103
　第一节　政府健全利益协调机制的理论阐释 …………………………… 105
　　　一、促进长三角利益主体的"正和博弈" ………………………… 105
　　　二、协调和处理长三角利益相关者的矛盾和冲突 ……………… 106
　　　三、推进长三角整体利益的协同 ………………………………… 107
　第二节　长三角区域经济协调发展中的利益冲突及原因 ……………… 108
　　　一、整体利益和局部利益之间的冲突 …………………………… 108
　　　二、经济利益的冲突是集中体现 ………………………………… 110
　　　三、长三角区域经济协调发展利益冲突的原因 ………………… 112
　第三节　长三角区域经济协调发展现有利益协调机制的优势与不足
　　　　　……………………………………………………………………… 113
　　　一、长三角利益协调机制的主要目标与实施内容 ……………… 113
　　　二、长三角行政契约型利益协调机制的优势与不足 …………… 116
　　　三、长三角行政约束型利益协调机制的优势与不足 …………… 117
　第四节　长三角区域经济协调发展中政府健全利益协调机制的路径
　　　　　……………………………………………………………………… 118
　　　一、加强利益协调的顶层设计 …………………………………… 118
　　　二、明确利益协调的重点领域和方向 …………………………… 119
　　　三、形成利益协调机制的联动 …………………………………… 121
　　　四、推动利益协调模式与手段的创新 …………………………… 123

第六章　长三角区域经济协调发展中政府强化合作机制分析 ············ 125

第一节　政府强化合作机制的理论阐释 ························· 127
一、促进长三角区域在分工中合作 ························· 127
二、鼓励长三角区域在竞争中合作 ························· 128
三、强化长三角区域在相互依赖中合作 ····················· 129

第二节　长三角区域经济协调发展政府合作的目标 ············· 130
一、消除行政壁垒 ······································· 131
二、共享利益成果 ······································· 132
三、形成区域经济共同体 ································· 133

第三节　长三角区域经济协调发展中政府现有合作机制及存在问题
·· 134
一、区域合作是经济协调发展的必然要求 ··················· 134
二、长三角区域合作的主要类型与机制 ····················· 135
三、长三角政府合作机制的影响因素及突出问题 ············· 137

第四节　长三角区域经济协调发展中政府强化合作机制的路径 ··· 139
一、明确区域分工是基础 ································· 140
二、完善区域合作的制度设计 ····························· 141
三、构建多层次、多样化区域合作体系 ····················· 143

第七章　长三角区域经济协调发展中政府优化空间组织机制分析 ······ 145

第一节　空间组织与长三角区域经济协调发展 ················· 147
一、空间组织对区域经济协调发展的作用 ··················· 147
二、长三角区域经济协调发展空间组织机制优化的重要性
·· 149
三、长三角空间组织格局的形成过程 ······················· 150

第二节　长三角区域经济协调发展空间组织现状及障碍 ········· 151
一、长三角主体功能区规划层面 ··························· 152
二、长三角城市群与经济带层面 ··························· 154
三、长三角空间关联与绿色发展层面 ······················· 155

第三节　长三角区域经济协调发展中政府优化空间组织机制的路径
·· 158
一、明晰区域发展空间战略规划及各省市合理定位 ········· 158

二、合理规划区域空间开发次序 …………………………… 159
三、实施区域内的差别化空间功能区布局与联动 ………… 161
四、优化空间组织机制的着力点 …………………………… 163

第八章 长三角区域经济协调发展中政府构建绩效考核机制分析 …… 167
第一节 长三角三省一市政府治理绩效及协同度的测定 ………… 169
一、指标选取 ………………………………………………… 170
二、研究方法与数据 ………………………………………… 174
三、长三角三省一市政府治理绩效的测定 ………………… 175
四、长三角三省一市政府治理协同度的测定 ……………… 182
第二节 长三角区域政府治理绩效考核制度的变迁与问题 ………… 184
一、长三角政府绩效考核制度的变迁 ……………………… 184
二、现有政府绩效考核制度的问题 ………………………… 186
三、政府绩效考核问题的原因分析 ………………………… 187
第三节 长三角区域经济协调发展中政府构建绩效考核机制的路径
…………………………………………………………………… 188
一、政府功能的重新定位 …………………………………… 189
二、完善政府绩效考核体系的顶层设计 …………………… 190
三、健全多元化的绩效评估主体 …………………………… 191
四、健全绩效考核的奖惩机制 ……………………………… 191
五、探索构建经济协调发展政府治理绩效考核的指标体系
…………………………………………………………………… 193

第九章 建议与展望 ……………………………………………… 195
参考文献 ………………………………………………………… 200
后记 ……………………………………………………………… 213

第一章

引言

第一章
引言

区域经济的协调发展关系到可持续发展的大局，区域间发展的协调，既关系到缩小我国区域发展的差距、经济的稳定健康发展，还关系到我国全面建设现代化强国的实现。而政府治理可以发挥对区域经济协调发展的引导作用、组织作用和推动作用，其治理体制机制的健全与完善，将直接影响经济协调发展的成效。因此，研究区域经济协调发展中的政府治理机制，是全面促进发展协调性的现实要求，也是全面推动小康社会和社会主义现代化强国建设的应有之义。

第一节 研究背景

党的十九大报告指出："中国特色社会主义进入新时代，我国社会主要矛盾已经转化为人民日益增长的美好生活需要和不平衡不充分的发展之间的矛盾。"区域不协调问题则是新时代发展不平衡不充分的突出问题之一。虽然我们已在中华大地上全面建成了小康社会，但仍然存在区域发展不协调、不平衡以及不可持续等问题，亟需政府在区域经济协调发展中发挥更大作用，制定立体式、密集型、多层次、精细化的区域协调发展战略，以更开阔的视野，更精准的措施，更大的力度应对和解决现实问题。"十四五"时期，面临"百年未有之大变局"，新的发展环境，政府治理如何通过变革，进而增强灵活性、弹性和有效性等问题成为公共管理的研究热点。

长江三角洲（下文简称长三角）区域在我国经济版图中，经济发展活跃度、开放程度以及创新能力首屈一指，当前正积极朝着一体化的方向发展。政府治理在增强地区竞争和创新能力、提升经济集聚程度、加强区域间连接性和促进政策措施协同等方面的作用及示范性，对我国高质量发展与现代化经济体系的建设意义尤为重大。

习近平总书记在2018年11月5日的第一届中国国际进口博览会上，宣布并支持将"长江三角洲区域一体化发展"上升到国家战略，形成与"一带一路"倡议、长江经济带发展、京津冀协同发展以及粤港澳大湾区建设等国家战略的有效配合，不断形成与优化我国改革开放经济空间的布局。推进该战略的实施应充分落实新发展理念，推进现代化经济体系的构建，加强更高层次与水平的对外开放和更高起点与更大力度的改革。中共中央、国务院2019年

12月1日印发的《长江三角洲区域一体化发展规划纲要》，对当前和今后长三角地区一体化发展进行了指导。范围覆盖上海、江苏、浙江和安徽全境。主要围绕以下一些重点方向：城市群高效联动、城乡融合、乡村振兴、科创产业融合发展、基础设施互联互通、公共服务共享、生态环境共保联治，同时也包括一体化体制机制的构建。关于扎实推进一体化发展，习近平总书记2020年8月20日在合肥召开了扎实推进长三角一体化发展座谈会并发表重要讲话，他指出"一体化的一个重要目的是要解决区域发展不平衡问题"。随着"长江经济带"和"一带一路"战略的相继提出和实施，更多的地区更好地融入协调发展的大潮中，我国区域合作的版图日趋完整。随着新时期我国经济的转型发展，中美贸易战、新冠病毒感染的冲击，给我国经济社会发展带来形势严峻的挑战，在此背景下，区域抱团发展，形成合力，能够稳定发展以积极应对外部冲击。

因此，完善政府治理机制是必由之路，新形势给长三角区域政府治理提出了要求。胡鞍钢教授曾明确指出"解决区域发展差距问题，促进欠发达地区快速发展，中央政府具有无可替代的作用"；经济学家丁宁宁也谈到"政府在区域经济布局合理化上要发挥更大作用"；刘易斯对政府在经济发展中的作用的悖论进行了论述，即"若没有一个明智政府的积极促进，任何国家都不可能有经济的进步……同时，也许有许多政府给经济生活带来灾难的实例，乃至于要写满几页警惕政府参与经济生活的话亦是容易的"。这些共识表明，政府作为一个地区经济以及社会发展的主要推动者、管理者的角色，其所面临的不再是单个行政区域抑或某一个行政部门所能够单独应对的、可以分散解决的公共问题。政府治理的环境日益复杂，已经超越了传统的行政区划与部门界限；政府治理的主体也从单一的政府权威部门向更加多元的组织和部门转变，应对和解决的更多地集中在跨地区和跨部门的区域间具有高度外溢和辐射性的公共问题方面，要实现区域经济协调发展的共赢局面，离不开政府作用的有效发挥。故而区域经济协调发展中的政府治理日益被公共管理理论研究所关注。

面对社会变革的飞速发展，我国各层级政府也着手对行之有效的治理模式和机制进行不断地探索与尝试。改革开放以来区域经济一体化进程正在加快，长三角地区在经济增长、社会发展以及城市化水平等方面均处于全国以及区域板块的前列,成为我国经济社会发展的主要增长极之一(臧乃康,2006[①];左学金等,2006[②])。而同时,长三角各省及核心地级市的行政区划又被区域一体化进程打破,各种生产和资源要素区域间的交换与流动逐渐加快,地方政府必须着手面对和解决日趋多而杂的跨区划、跨部门的公共问题或后续危机。地方政府亟需加强合作以应对这些"跨域"问题的出现,从单边行政转变为应对跨域趋势——一种新的治理模式。关于该治理模式,很多学者的研究提出了区域行政与区域公共管理、区域治理、复合行政与复合治理等不同的概念与模式。本选题的目的在于,从区域经济协调发展的角度,探究如何完善政府治理机制,结合《长江三角洲区域一体化发展规划纲要》,认为长三角地区政府在促进市场机制完善、健全利益协调机制、强化分工合作机制、优化空间组织机制和构建绩效考核机制上可有所作为。首先研究政府促进市场机制完善,因为市场机制的完善是区域分工与合作、利益协调和空间组织机制的基础;继而研究利益协调机制,因为健全利益协调机制有利于长三角区域各主体合作;而合作又是在特定的空间进行的,因此又进行了强化分工合作机制和优化空间组织的研究;最后研究了绩效考核机制,区域经济协调发展政府治理的效果需要有匹配的绩效考核机制作为指导和保障。实现政府治理能力提升与行政资源的有效整合,以及实现部门资源的共享,能够以合作的方式实现共赢,促进区域经济协调发展政府治理整体绩效的提升,从而实现经济社会全面协调与可持续发展。

第二节　研究现状

本文对区域经济协调发展中的政府治理机制进行研究,故而分别对区域经济协调发展、政府治理及其机制、区域经济协调发展中政府治理的研究文献进行梳理。其中区域经济协调发展的研究包括区域协调发展思想的形成、区域协调发展的内涵、区域协调发展机制的构建、影响因素,以及区域经济协

---

① 臧乃康:《多中心理论与长三角区域公共治理合作机制》,载《中国行政管理》,2006年第5期,第83-87页。

② 左学金　权衡　王红霞:《上海城市空间要素均衡配置的理论与实证》,载《社会科学》,2006年第1期,第5-16页。

调发展的评价等；政府治理的研究包括治理、政府治理理论与应用，以及政府治理机制等，涉及政治、经济、文化、社会、生态、文明等方面；区域经济协调发展中政府治理的研究包括区域与政府治理、区域协调发展中多元主体协调和治理、区域协调治理的手段、政府治理的法律和制度安排等方面，并对国内外研究作了相应的评述。

一、区域经济协调发展

1. 区域协调发展思想的形成

不管是区域协调发展战略的提出，还是促进区域协调发展政策的制定，都经历了一个渐进与完善的过程。改革开放以来，我国"向东倾斜，梯度推进"的区域经济非均衡发展战略的实施，使得区域间的差异不断扩大。国务院发展研究中心早在1991年就开始研究"中国区域协调发展战略"。刘再兴（1993）谈到，随着改革开放的深入，我国经济在快速发展的同时也逐渐显现出区域差距过分的拉大，以及区域的产业结构趋同等系列问题。因此，改善生产力布局与协调区域之间的关系，将会是20世纪90年代中国经济建设与发展的主旋律[①]。党的十六届三中全会明确指出"五个统筹"，即"统筹城乡发展、统筹区域发展、统筹经济社会发展、统筹人与自然的和谐发展、统筹国内发展和对外开放"，是对发展内涵、要义以及本质的深化与创新。十六届五中全会首次完整地对促进区域协调发展的内涵进行科学的阐述，提出要推进西部大开发、促进中部地区崛起、振兴东北地区等老工业基地，鼓励我国东部地区率先发展，健全市场机制、互助机制、合作机制、扶持机制等区域协调发展的互动机制。党的十七大又将"城乡、区域协调互动发展机制和主体功能区布局的基本形成"列为全面建成小康社会的新要求之一，对促进区域协调发展也提出新要求。"十二五"规划纲要也进一步提出"实施区域发展总体战略"、优化格局、促进区域协调发展和城镇化健康发展以及"实施主体功能区战略"等，思想照亮理论与实践研究的现实，进一步引发学者们加强对区域协调发展的研究。

[①] 刘再兴：《九十年代中国生产力布局与区域的协调发展》，载《江汉论坛》，1993年第2期，第20-25页。

2. 区域经济协调发展的内涵研究

无论是发达国家还是发展中国家,区域之间的发展水平都会存在着不同程度的差异,我国作为一个发展中的大国,各个地区的自然、经济、社会条件差异是既存事实,区域发展的不平衡也是基本国情,缩小区域差异、实现协调发展的意识是理论研究者和政策制定者最为关注的问题之一。国务院发展研究中心课题组 1994 年出版的《中国区域协调发展战略》一书,是我国较早正式提出区域协调发展战略的成果。但直到现在,区域经济协调发展的内涵仍未有统一的界定,学者们的研究各有侧重,归纳如表 1-1 所示。

表 1-1 我国学界对区域经济协调发展的内涵研究比较

序号	定义	实质	主要内容	衡量标准
1	区域经济的协调发展	促使落后区域的经济发展能追赶发达区域。	促进区域经济发展的和谐,经济发展和人民生活水平共同提高,推动社会共同进步,区域之间能形成相互联系、互动关联、正向促进的经济发展。	区域之间是否在经济利益上同向增长;是否在经济差异上趋于缩小。
2	区域经济、社会、环境等因素的协调发展	区域经济的动态协调;空间系统的协调。	不同地带经济的协调发展、区域内城市与农村的经济发展协调;区域经济与人口发展的动态协调;区域发展中产业结构的协调;区域发展与环境资源的协调;区域发展与社会发展的协调。	地区差异、城乡差异缩小;产业结构调整与转型升级;资源能源有效利用率是否提高;环境保护和治理力度及效果。
3	区域经济协调是一种综合性的宽泛概念	市场经济体制,统一市场,要素的自由流动;经济安全、环境友好。	各地区能够有效发挥各自比较优势,区域之间分工合理,优势互补,促进共同发展;各地区之间生产要素自由流动,形成统一、开放的全国市场;各地区居民可支配的购买力与公共产品服务水平的差距控制在合理的范围之内;各地区间经济技术合作顺畅,互助合作和共同发展的新区域经济关系能够形成;国土资源开发与利用、整治与保护统筹规划和互动协调能够实现,经济增长与人口、资源环境之间能够协调与和谐发展。	劳动生产率是否提升;生产要素成本是否过高;公共服务与社会保障均等化;农业安全与环境保护;人才与科研成果的流动性。

注:1、2 根据国内相关文献资料整理归纳,3 为国务院发展研究中心课题(2005)成果。

如上表所示,早期国内学界主要从经济层面看待区域协调发展,因为区域经济的协调发展是实现区域协调的基础。随着改革开放的深化,地区之间发展差异的日趋扩大,学界对区域协调发展的研究范围扩展到社会、环境等方方面面,区域协调发展的内容日益丰富(国土开发与地区经济研究所课题组,2003;陈栋生,2005[1];范恒山,2008[2];魏后凯,2002[3];李善同,2010[4];陈秀山等,2013[5])。以上学者界定的区域协调发展内涵基本接近,而且被广泛认同。他们认为,区域协调发展的内涵十分广泛,从科学发展的眼光看,既包含全面的协调发展,可持续的协调发展,还包含新型的协调机制等多方面的含义。其中全面的协调发展涵盖区域间经济、社会、文化和生态,还包括城乡协调、人与自然和谐、经济与社会和谐等内容。可持续的协调发展强调的是,促进区域间和区域内资源的高效集约利用,推动形成生活、生产以及生态协调发展的格局;新的协调机制则是指利益相关群体共同参与、商讨解决跨地区的生态补偿、重大项目、基础设施等问题的制度安排,是协调和解决区域冲突的根本路径。

蒋清海(1995)指出,区域经济协调发展包括区域总量结构与产业结构、发展时序与经济布局的协调以及区域之间经济关系的协调等主要内容[6]。刘庆刚(1996)认为区域协调发展应该涵盖人口、资源和环境的协调,城市化的合理有序推进,教育、卫生、体育等事业的发展以及社会保障制度的完善[7]。国家发展改革委下的宏观经济研究院地区所课题组(2003)的研究认为,区域经济协调作为一个组合式和综合性的概念,基本内涵由五个部分组成:一是区域经济特色的形成;二是全国统一市场的建立;三是实现社会主义共同富裕空间发展格局的形成;四是区域之间新型经济关系的建立;五是协调、和谐的发展模式的实现。杨保军(2004)对协调的概念进行辨析,并对协调所蕴含

---

[1] 陈栋生:《论区域协调发展》,载《工业技术经济》,2005年第2期,第2-6页。
[2] 范恒山:《深入学习实践科学发展观 全面做好促进区域协调发展工作》,载《宏观经济管理》,2008年第11期,第9-11页。
[3] 魏后凯:《外商直接投资对中国区域经济增长的影响》,载《经济研究》,2002年第4期,第19-26+92-93页。
[4] 李善同:《"十二五"时期至2030年我国经济增长前景展望》,载《经济研究参考》,2010年第43期,第2-27页。
[5] 陈秀山 左言庆:《空间经济研究视角的贸易理论演进——地理政治经济学的分析框架》,载《区域经济评论》,2013年第6期,第5-12页。
[6] 蒋清海:《区域经济协调发展的若干理论问题》,载《财经问题研究》,1995年第6期,第49-54页。
[7] 刘庆刚:《区域协调发展与西部开发——现代化进程的新阶段》,载《山东师大学报(社会科学版)》,1996年第3期,第14-17页。

的"协作、调解、和谐"三个含义进行了解读,其中本质含义为"协作",由此从理论上论证区域协调发展的可能性。他从四个方面理解区域经济协调发展:一是适应区域经济一体化发展的趋势和要求;二是遵循区域发展和城市发展的规律;三是构建有效的协调机制,由自然整合转向制度设计安排;四是通过良性的竞争践行科学发展观[1]。而吴殿廷等(2006)则认为区域协调主要有三个层面:首先是区域中人与地关系的协调,即人和自然环境关系的处理;其次是区域中人与人的协调,涉及同代和代际之间的关系;再者就是区域内不同地区间关系的协调。区域协调发展的实质在于利益的追求与分配,实现效率和公平间的平衡[2]。孙海燕(2007)认为区域协调发展是区域内部的和谐以及区域内部和外部的共生,针对区域协调发展阶段及其耦合性,划分区域协调发展为初级、中级和高级三阶段。孙海燕提出区域协调发展的内涵应是广义的,在现有研究中"协调"一词经常与缩小地区差距同时出现,随着经济不断地发展,协调的内涵与意义的拓展因之得到不断充实,如区际联系、区域间的竞争与合作、区域协(合)作、区域整合与区域一体化等方面[3]。

郝寿义(2007)认为,区域经济协调发展是不同区域根据自身要素禀赋的特点采取的相应的发展模式,与此同时,政府的合理分工调控使得区域间的经济发展状况和人民生活发展水平的差距保持在适当合理的区间,使得人与自然达到和谐共生的发展状态。陈秀山等(2008)认为区域经济协调发展应有新的内涵:在区域发展的过程中实现宏观经济效率和区域公平之间的统一;在区域关系协调中实现区域合作与竞争之间的统一[4]。薄文广等(2011)认为区域协调发展既要考虑经济发展水平的差异,还需考虑公共服务享用方面的差异[5]。范恒山(2008)也从四个方面界定区域经济协调发展的内涵:一是各地区人均 GDP 的差距应保持在适度合理的范围内;二是各地群众对均等化基本公共服务的享有;三是各地区比较优势能得到合理、有效地发挥;四是

---

[1] 杨保军:《区域协调发展析论》,载《城市规划》,2004年第5期,第20-24+42页。
[2] 吴殿廷 何龙娟 任春艳:《从可持续发展到协调发展——区域发展观念的新解读》,载《北京师范大学学报(社会科学版)》,2006年第4期,第140-143页。
[3] 孙海燕:《区域协调发展机制构建》,载《经济地理》,2007年第3期,第362-365页。
[4] 陈秀山 杨艳:《我国区域发展战略的演变与区域协调发展的目标选择》,载《教学与研究》,2008年第5期,第5-12页。
[5] 薄文广 安虎森 李杰:《主体功能区建设与区域协调发展:促进亦或冒进》,载《中国人口·资源与环境》,2011年第10期,第121-128页。

不同地区之间能够形成优势互补、合作共赢的良性的互动机制[1]。李兰冰（2020）识别了我国区域协调发展的不同阶段、呈现特征以及异质性的条件，致力于构建以区域一体化为核心、以"机制、要素、维度"体系为支撑并符合我国特征事实与实践的区域协调发展理论逻辑[2]。

3. 区域经济协调发展机制的构建

区域经济协调发展的机制包含市场、企业和政府三个层面，而且学者们已经对市场机制作为基础性的调节机制这一观点达成共识，但强调的侧重点又有所区别。主流的观点认为，仅仅依靠单一的协调机制不能够独立承担起区域经济协调的重任，这三种机制需要实现合理分工。市场机制发挥的是基础性协调作用；企业机制能够在市场交易成本过高时，对市场机制形成替代；政府协调机制能够对上两种机制正常的运作进行保障，一定程度地克服市场失灵。协调好这三种机制之间的关系，促进这三种协调机制作用的充分发挥，才能确保区域经济系统的有效正常运行。

国家的"十一五"规划纲要提出要建立和完善四种机制。首先是健全市场机制，目的在于打破行政区划的限制和阻碍，促使生产要素在区域间能够自由地流动，从而引导和实现产业转移。其次是完善合作机制，鼓励和支持各地区展开各种形式的区域经济协作，以及技术与人才的合作，形成"由东带西、东中西共同发展"的局面。再次是健全互助机制，强调发达地区要采取社会捐助、对口支援等方式对欠发达地区进行帮扶。最后是要健全扶持机制，遵循公共服务均等化的基本原则，加大对欠发达地区的扶持力度。继续在经济政策举措、资金投入以及产业发展方面对中西部地区加大支持。

周叔莲、魏后凯（1998）提出，区域经济的协调发展要加强政府和市场双重调控的作用。他们的研究着重地强调政府特别是中央政府在区域经济协调发展中的作用，认为政府可以综合利用经济、行政和法律等手段，全方位促进区域经济的协调发展[3]。吴殿廷（2003）认为，区域发展的协调机制应包含

---

[1] 范恒山：《深入学习实践科学发展观　全面做好促进区域协调发展工作》，载《宏观经济管理》，2008年第11期，第9-11页。

[2] 李兰冰：《中国区域协调发展的逻辑框架与理论解释》，载《经济学动态》，2020年第1期，第69-82页。

[3] 周叔莲　魏后凯：《论政府在地区经济协调发展中的作用》，载《特区理论与实践》，1998年第12期，第28-32页。

市场和政府两个方面,一是区域经济协调发展要基本满足市场经济的要求,能够利用和发挥市场机制的作用;二是政府能够对区域经济协调发展起到积极的组织与推动作用,但仍需以市场机制为基础来选择有利于区域经济协调发展的方式和政策。樊明(2006)认为,规范市场经济制度的建立才是根本实现区域均衡发展的路径。他认为强调中央政府在转移支付和基础设施建设方面对某些地区的支持和倾斜,地方政府想方设法寻求中央政府的这些支持则是计划经济的表现。

孙海燕(2008)认为区域协调的发展机制本质是既有目标内容又有实际操作的完整体系,包括区域经济协调发展的根本目标,协调内容与协调主体、协调手段与协调程序等。初级阶段的区域协调机制构建相对简单,具有单一化和统一性特征,协调的主体主要是政府层面,且大多是自上而下、政府调控,重点是在区域内协调,以计划和行政手段为主,以生产力的布局优化为主要内容,目标集中于发展区域经济,协调程序也相对简单;中级阶段的区域经济协调更为开放,协调内容逐渐关注区际的协调,寻求外部良性的合作,协调目标更加具体和细化,以区域产业发展协调发展为例,其主要目标是构建一个合理分工、优势互补、协调发展的产业体系;高级阶段的区域经济协调发展状态最佳,因而这一阶段的区域协调机制的状态应该是目标更为明确、手段更为完善、主体和内容更为多样充实、程序也更为规范。任何具体的区域在实际发展进程中,都会经历初级、中级再到高级阶段的演化过渡,发展阶段不同也决定着协调机制的内容构建是有差异的,因为机制本身也经历逐步发展与完善的过程。在区域协调发展机制逐步完善的进程中,逐步实现区域内部和谐以及与区域外部共生,达到理想和谐的一种状态[①]。

陈秀山等(2008)认为目前我国诸多对区域协调发展不利的制度与体制障碍依然存在,严重影响了区域的协调发展。主要体现在以下三个方面:第一,地方政府行为的目标短视。在过去"一刀切"的政府绩效考核下,地方政府追求政绩的动力被转化为对GDP增长和投资规模等短期目标的关注和追逐,并未对本地的资源与环境承载能力加以重视,忽略了区域长期可持续发展的目标。第二,缺乏区域治理的法律与相应机构。治理法律与协调主体的缺失会让区域协调难以有法可依,既会增加区域协调成本,也无法实现区域整体利益的提升和区域合理有效的分配。第三,尤其需要关注行政区和经济

---

① 孙海燕:《区域协调发展理论与实证研究》,北京:科学出版社,2008年版。

区间的矛盾。行政区和经济区不一致地划分,会导致经济有机体被人为分开,形成区域的市场分割,也会助长区域的地方保护主义,阻碍生产要素的自由流动,影响全国性统一大市场的形成[①]。

王琴梅(2008)认为,影响区域协调发展的一般性机制有要素边际收益的递减、区域产业结构的变迁以及技术在区域间的传播与扩散等,但最为主要的是在政府科学调控下市场机制的完善。由于制度创新是经济转型增长与发展最为关键的内生要素,推进体制的转型在东、中、西部的均衡化正是中国区域协调发展转型的特有机制。大规模的、市场化的制度创新对我国经济转型期增长至关重要。而不同区域间制度创新进程存在的差异,必然导致区域经济发展的不平衡,区域体制转型的差异与经济发展的差距呈现高度一致的状态。因此,区域发展差距的缩小,必须推动欠发达或落后地区的市场化,尤其是促进各区域体制转型的均衡化[②]。

张庆杰等(2009)提出促进我国区域管理体制机制完善的基本原则,并针对区域管理体制机制调控对象的地位与作用进行了探究,继而提出不同层面的对策:在国家层面实现由分散管理转向统一管理;在跨行政区层面实现由行政管理转向区域治理;在行政区层面实现互助机制的健全发展和区域合作。他们明确了区域协调发展体制改革与机制创新的重点和思路:需要健全区域治理的法律基础,强化经济区规划引领,不断完善和健全区域经济开发的政策措施体系,加强对区域一体化发展的支持以及促进扶持机制的健全发展等[③]。任以胜等(2019)认为要加强行政边界相关的研究,因为边界地区是一种自然和体制共同作用下所形成的综合性空间要素,犹如一堵"看不见的墙",会影响跨行政区域的能量传递和物质交换,对区域的可持续发展造成影响。因此,加强行政边界研究具有一定的时代性与迫切性[④]。孙晋、钟原(2019)提出公平与效率兼顾是区域协调发展战略的基本逻辑,政府通过制度

---

① 陈秀山　杨艳:《我国区域发展战略的演变与区域协调发展的目标选择》,载《教学与研究》,2008年第5期,第5-12页。
② 王琴梅:《区域协调发展的实现机制——制度创新视角的分析》,载《思想战线》,2008年第2期,第42-46页。
③ 张庆杰　申兵　汪阳红　等:《推动区域协调发展的管理体制及机制研究》,载《宏观经济研究》,2009年第7期,第9-19页。
④ 任以胜　陆林　朱道才:《区域协调发展战略下的行政边界研究框架》,载《经济地理》,2019年第3期,第29-36+47页。

供给保障公平价值,市场通过竞争机制维护效率价值[1]。

4. 区域经济协调发展的影响因素

世界各国普遍存在区际发展不平衡的现象,这也是经济发展进程中的必然。在经济发展不同的阶段,影响协调发展的因素又是有差异的,一般可将其归纳为传统因素和新因素两种。关于区域协调发展的传统影响因素,我国学者的研究主要包括资源因素、人力资本因素、资金因素、经济基础因素、区位因素、文化以及历史因素等,而这些传统因素的影响力度逐渐在下降。一是资源因素。自然资源和自然条件是不同区域格局形成以及社会发展的物质基础。陆大道院士基于区域经济发展的时空演变,认为在社会发展不同的阶段自然资源的作用是存在差异的,因为不同类型的区域对自然资源的需求不同。二是人力资本因素。影响区域经济协调发展的重要原因,地区间人力资本的差距是其中之一。人力资本分布结构和人力资本存量在我国东、中、西部差异明显,为促进我国的区域经济协调发展,对于东部发达地区来说,应加强对高新技术与管理人才的培养,而对中西部地区来说,应加大对基础教育的投资,以此缩小人力资本不平等的差距。三是资金因素。资金尤其是外商直接投资始终影响区域经济的发展,国内外许多学者对外商直接投资与我国经济发展的关系进行了不同维度的研究。多数学者认为外商直接投资促进了我国的经济增长,而且认为外商直接投资对区域协调发展的影响最大。也有学者认为对待外商直接投资应该理性,不能盲目地追求引进外资的总量。四是经济基础因素。经济基础指的是历史演进遗留的产业基础、文化积累和科学技术基础、经济管理基础等,这些基础对我国现在和未来的产业分布、地域经济的发展将产生深远的影响。覃成林等(2013)认为,在市场经济条件下的新型区际经济关系中,各个区域将会以水平分工为原则去建立各自的主导产业,通过竞争来实现自己的优势和形成供求关系,从而对区域之间的产业分工进行协调[2]。五是区位因素。包括区域的位置、交通与信息条件,既是传统因素又有新的变化。在关于区域发展的影响因素的研究中,学者们多从与外部的联系与比较中来认识其地位。位置与交通信息条件始终在不

---

[1] 孙晋 钟原:《我国区域协调发展战略的理论逻辑与法治保障——基于政府和市场的二元视角》,载《江西社会科学》,2019年第4期,第145-154+256页。

[2] 覃成林 郑云峰 张华:《我国区域经济协调发展的趋势及特征分析》,载《经济地理》,2013年第1期,第9-14页。

断变化,需用动态的观念时刻关注区内外政治、经济的变化及其对位置和交通信息条件的作用。六是文化因素。文化在区域经济发展中也起着较为重要的作用,目前的研究主要集中于文化观念、文化模式、区域文化定势、区域文化递进创新等方面。七是历史因素。李燕茹、胡兆良等(2001)通过研究历史战场的地域分布并分析其对区域发展的影响,发现战场分布的规律对区域经济发展有较为深远的影响。张超等(2020)实证了区域协调发展的影响因素,认为对整体区域协调发展促进作用最大的是生态环境的系统协调发展;影响程度次之的是公共服务系统协调发展;对整体区域协调影响程度相对较小的则是人民生活、基础设施以及经济发展系统区域协调[①]。

5. 区域经济协调发展评价标准的研究

张敦富等(2001)以区域间经济利益是否同向增长、经济发展差异是否缩小作为衡量区域经济协调发展的标准;国家发改委直属的宏观经济研究院地区所课题组(2003)构建了测度区域协调发展的三个维度的指标体系:第一,人均可支配收入协调的程度,选择基尼系数、恩格尔系数以及五等分收入组收入差距等指标;第二,人均公共服务和基本公共产品享有方面协调的程度,选择初级卫生、初级教育、基本口粮、日用电力、卫生饮水等领域的人均供给水平指标;三是地区发展条件保障协调的程度,对基本社会保障覆盖率和就业率等进行重点的关注。另外,陈栋生(2005)提出区域发展的协调性应可从两个方面进行测度:一是选择人均收入、人均地区生产总值和公共产品享用水平等指标分别反映地区收入、经济发展和公共产品的享用;二是区际分工协作的水平,即考察各地区的比较优势能否得到充分有效发挥,是否形成了合理的分工协作。李尊实等(2006)以系统论为指导,遵循科学性与显著性、动态性与层次性以及可操作性的原则选择指标,对系列原始数据运用极大似然法进行标准化处理,再根据各个指标离散的程度,对协调度的系数进行测算,如果协调度的系数越高,表明区域发展协调的程度就越高,处于均衡发展中。相反,如果协调度系数很小,表明区域发展处于不协调的状态,需要进行及时的调整。以上研究在理论上有了一定程度的创新与发展,对我国推进区域经济协调发展起了巨大的推动作用。但在"科学发展观"提出之后,随着社

---

① 张超 钟昌标:《中国区域协调发展测度及影响因素分析——基于八大综合经济区视角》,载《华东经济管理》,2020年第6期,第64-72页。

会经济变化发展,对区域协调发展而产生的新要求与新内涵并未进行深入的探讨,评价标准也缺乏与之对应的动态特征,测度的指标体系不够系统。课题组(2009)提出在当前的发展阶段衡量区域经济发展协调程度,应该包括四个方面的内容:一是经济发展的相对差距,用人均地区生产总值增长速度的差距衡量。二是基本公共服务水平的差距,用教育、文化、卫生、体育等基础设施的人均占有量指标来衡量。三是人均收入水平的差距,用城市和农村人均收入水平来衡量。四是人与自然和谐的程度,用生态环境的质量指标、人均环境的指标衡量。李晶(2013)借鉴"惩罚不均衡发展"的思想,以协调均衡发展为原则,运用人类发展指数(HDI)三个维度的不同计算方法,运用乘积法测度省域范围的经济协调发展水平,并对区域协调发展指数进行了构建。

张晓青(2015)认为需要采用更为多元化的标准来评价区域发展是否协调,主要有以下几个标准:一是各地区比较优势是否得到充分有效的发挥,形成分工的合力,产业结构是否各具特色,宏观(空间)经济效率是否得以提升;二是各地区发展的规模水平,自然基础和生态承载能力是否实现耦合,形成人与自然和谐的发展;三是各地区人均居民收入差异是否逐步缩减,并能够保持在合理的区间范围内;四是各地区居民是否都能享受到均等化的基本公共服务和近似相同的生活质量水平;五是能否保持区域间人口、资源、经济和环境的协调发展,以及地区人口分布与经济空间布局的协调;六是能否保持国民经济适度的空间均衡,从大区域来说,要防止出现经济过密或者过疏;从小区域来说,要避免某些地区出现衰落或者被边缘化。王继源(2019)从经济发展、基础设施、公共服务、科技创新、人民生活、生态环保等构建区域协调发展的指标体系,并运用时间序列数据对我国区域协调发展的程度进行测度[1]。姚鹏等(2019)以五大发展理念作为理论指导构建区域协调发展评价的指标体系[2]。将区域发展差距、城乡协调发展、资源与环境协调发展、社会协调发展、区域一体化水平设定为5个一级指标。并从提升区域发展的能力、改革深化要素的跨区域流动机制体制、健全区域协调发展政策的配套、促进区域互联互动发展、创新产业转移的协作方式等视角提出政策建议。

---

[1] 王继源:《我国区域协调发展评价研究》,载《宏观经济管理》,2019年第3期,第41-49页。
[2] 姚鹏 叶振宇:《中国区域协调发展指数构建及优化路径分析》,载《财经问题研究》,2019年第9期,第80-87页。

二、政府治理及其机制

1. 治理的相关研究

20世纪90年代"治理"逐渐作为"统治、管理"的对应词而被国际组织、多国政府以及广大学者普遍关注。世界银行1992年作了题为"治理与发展"的年度研究报告,1999年又推出备受全球广泛引用的全球治理测度的指标体系;联合国开发署1996年发表了题为《人类可持续发展的治理、管理的发展和治理的分工》的年度研究报告。美国政府、英国政府与德国都明确把"少一些统治,多一些治理"作为新的政府政治目标。

"治理"(Governance)在古拉丁文中的意思是"指导、管理与统治",是国家一些职能部门管理国家公共事务的相关活动。也有学者将该概念溯源至16和18世纪时期法语的"Gouvemance",是表达政府开明和尊重市民社会相互结合的要素之一。治理的概念起始于20世纪70年代的西方国家,"治理政府"于20世纪80年代被提出,"善治"的概念则在20世纪90年代被正式提出,政府治理的理论框架逐步完善。学者们持续深入地对地方政府治理进行研究,不仅让其理论得到进一步发展,还将理论研究的最新成果广泛地应用到地方政府治理的实践中。

20世纪90年代之后,西方学者赋予"治理"以新的含义,这跟传统的治理含义有很大的差别。"治理危机"的概念第一次被提出是在1989年,被世界银行用于描述当时非洲的情形。从此之后,国际上很多机构将治理视为常用的词汇,"治理"及与其相关的理念被社会学、政治学、管理学与经济学等多个学科广泛地研究。治理一词的使用也拓展到众多新的术语,如"多元治理""社区治理""协同治理""网络化治理""社会治理"乃至"国家治理"等等,治理的内涵和理论已涉及政治、社会和经济生活的方方面面,与之伴生的是诸多相关治理词汇的出现,研究领域和范围也在不断扩展。但目前为止,国内外学者并未形成治理内涵的统一界定。詹姆斯·N·罗西瑙(James N. Rosenau)、罗茨(R. Rhodes)、格里·斯托克(Gerry Stoker)是治理理论的研究权威,他们认为治理与统治存在着重大的区别,治理表明社会管理的主体不一定是政府,政府管理的行为一定要符合法治、效率、民主、责任、协调、有限、合作等治理的理念。20世纪90年代,全球治理委员会(Global Governance Committee)对治

第一章 引言

理的含义的阐释较为权威:治理指的是"各类公共或私人机构抑或非营利组织在同一框架体系下协作管理公共事务的活动行为",是对各个利益冲突方矛盾进行协调并进行相互合作的一个活动过程。

治理理论被引到我国之后,学者们通过近三十年的研究与发展,进一步补充其理论的空缺,并且结合我国政府的治理经验融合了更多新的概念和理论,进一步被现代管理学、政治学和行政学等多学科领域广泛应用。众多学者对于治理的内涵和概念做出了不同的解释。我国学者俞可平(1999)的研究认为,治理指的是将公共权威合情合理地应用在某一特定的领域,维持好事务发展的秩序,继而实现既定的目标[①]。毛寿龙(2004)认为,治理指政府在公共事务管理中仅仅起决定方向的作用,但是并非直接对事务性运营的过程进行直接的干预和影响。尚虎平提出政府治理应是政府部门通过行政手段对资源合理分配,促使政府与市场、社会组织以及社会公民等各利益方之间协调合作,从而实现共赢的局面,并促进多个利益方能够成为长期合作的重要伙伴,满足公众对市场的稳定需求。杨雪冬将治理关注的焦点落到了政府该如何行使其行政职权,伴随治理理念的发展,不管是全球还是地方政府乃至社区等都用过治理的概念,其中还涉及不同国家、不同地方政府、不同部门以及不同社会组织及公民等行为主体。并进一步提出包括法治民主、透明公开、公平负责任和有服务意识等治理的基本准则[②]。

由此可知,治理主要指的是多元主体的管理,运用社会及公民的力量,通过协商的方式进行管理,而非仅单一主体进行管理。治理的概念不再对地方政府与社会以及市场之间的区别作出严格区分,突破了传统意义上的关系模式,对治理主体、职能和方法进行了一定程度的拓展,进而实现从过去的行政管理到当前协商治理的转变。这是一种执政模式的转变,包括对权利的配置及行为的方式,对推进我国国家治理体系和治理能力现代化的意义重大。

2. 政府治理的理论研究

国外研究机构和众多学者对政府治理理论的研究主要集中在四个层面:一是地方治理的理论基础,二是西方国家地方政府治理的经验,三是地方政府的治理模式,四是地方政府治理与公民社会。

---

① 俞可平:《治理和善治引论》,载《马克思主义与现实》,1999年第5期,第37—41页。
② 毛寿龙:《以人为本与政府治理理念》,载《安徽决策咨询》,2004年第1期,第36—37页。

地方治理理论基础的研究。Rhodes, R. A. W. 对地方政府治理的主体作了界定，在治理过程中，尤其是对于政策的制定和执行，中央政府不能简单地以行政命令的方式直接下发到地方政府，而是应该利用地方政府职能部门和政府之外各类公立或民间的组织及其志愿者建立一种网络结构关系；Gerry Stoker 认为治理需要多元化的主体，主体对权力的依赖与主体责任界限的不明确，建立自治性的网络体系以及重新确定政府职能方式和范围等方面对地方治理的影响需要重点考虑；Philippe Schmitter 认为，在新形势下治理理论发生了重要的变化，在全新的理论框架下，政府的职能也相应发生了重要变化，需要更多民间非政府的组织加入对公共事务的管理，政府的新目标变成寻求和改善其治理能力[①]；Sue Goss 对治理中中央和地方政府两者之间的关系进行了研究，并且重点探析两者在治理中权力的分配关系[②]。

西方国家地方政府治理的经验研究。Eugene Bardach 在对美国政府部门的研究中认为，跨部门的合作是一种全新的治理方式，能体现美国多元文化治理的新体系；杰里·斯托克认为英国地方政府的经验是采用市长制的地方治理方式，具有迅速决策、有力执行、透明民主等优点；沃尔曼认为德国的经验在于利用电子信息技术进行电子政府的建立，可为公民提供方便、快捷的行政服务，也使得各种政策和法律法规的制定更为公开透明。

地方政府治理模式的研究。Owens Hughes 提出新公共管理模式，认为行政管理要从传统的模式向为以市场为基础的模式转变；Goldsmith 认为网络化治理由横向和纵向两条线构成，即各类利益合作方横向的行动线和上下层等级结构纵向的权力线实现相互交叉与相互合作；美国学者 B·盖伊·彼得斯(B. Guy Peters)总结了发达国家治理的经验，认为未来政府治理的模式应包括参与性治理、市场行为治理、解制式治理和弹性化治理。政府的治理需要紧跟市场的行为，让更多利益相关方参与到管理中来，制定更加弹性灵活的制度，对于非必要的内部行政规则则要尽可能减少一些。以上几种模式的理论基础各有不同，在不同的政府体制下适用性也存在差异，可为当代地方政府治理改善工作方法提供参考借鉴；英国学者费利耶提出四种地方政府治理的新模式，即质量第一模式、效率第一模式、公共管理模式和分权管理模

[①] Philippe Schmitter, Democracy, Governance and Government Capacity, Comparative Economic and Social System, 2005, 5.

[②] Sue Goss, Making Local Governance Work: Networks, Relationships and the Management of Change, Hampshire: Palgrave, 2011.

式。在以上政府治理模式的研究中,大多数学者认为政府治理还是应该将治理主体多元化作为重要基石,并且实践中这种多元主体治理的模式业已成为新形势下构建地方治理模式的基本思想。

地方政府治理与公民社会层面的研究。里夫金提出治理模式是一种由政府、市场和公民社会形成的三足鼎立态势;罗兹和休·高斯研究了地方政府和中央政府间在治理过程中的关系和位置,体现了两者在权力关系网络中的相互作用。英国学者斯托克分析了英国地方政府在不同的阶段具有不同的治理方式,研究英国公民在参与治理的过程中所发挥的作用及其对治理过程的影响[①]。

国内治理理论研究开启的时间并不太长,直到20世纪90年代中后期,我国才进行地方治理的研究,挖掘治理的理论内涵,开创全新的模式,并根据我国基本的国情以及地方的治理情况,提出相对应的路径与对策。对此类问题国内学者的关注则相对有限,直到进入市场经济之后提出以经济领域改革为突破口,我国学者才开始在各个领域探究政府能力的问题,比较有代表性的有胡鞍钢、何增科、辛向阳、刘波、施雪华、杨雪冬、金海龙等。他们的研究主要集中在地方政府治理理论基础、政府治理能力的评价标准、政府治理能力的构成要素、地方政府治理模式和路径等四个层面。

地方政府治理理论基础的研究。一是关于政府之间的关系研究,这是地方政府治理的理论依据。翁文阳系统分析了国内的府际关系,认为近年来国内学者对府际关系的研究角度各异,他从政府管理实践发展的现实需要,将治理理论引入到府际治理的研究中[②]。二是有关地方政府治理的内容与体系研究,这是推进地方政府治理现代化实践的理论依据。施雪华详细论述地方政府能力的概念、特征和发展[③];罗许成(2009)基于国家、政党和社会治理的互动机制进行了研究[④];易学志(2009)、李献策(2009)[⑤]等认为在多元主体治理的新时代,政府应该对潜在的或者现实中的各类能力和资源不断进行开

---

① 周业柱 潘琳:《地方政府治理研究评析》,载《学术界》,2015年第11期,第232—238+328页。

② 翁文阳:《府际关系研究的阶段性特征与多维视角》,载《重庆社会科学》,2014年第6期,第36—41页。

③ 施雪华:《政府权能理论》,杭州:浙江人民出版社,1998年版,第5—10页。

④ 罗许成:《无产阶级专政与马克思主义国家治理理论》,载《浙江学刊》,2009年第1期,第27—32页。

⑤ 李献策:《西部地区县级地方政府治理能力研究》,硕士学位论文,燕山大学,2009年。

发,并积极运用到网络治理的体系之中,从而实现善治的目标。

政府治理能力的评价标准。谭英俊(2012)设计了目标层、准则层与次准则层以及指标层的多维指标体系,评价测度地方政府公共事务合作治理的能力;俞可平认为应该从民主程度、制度法规、法治、各方协调以及效率情况等五个方面来具体评价国家的治理体系的现代化程度[1]。另外,张康之、包国宪等学者认为在全面深化改革中,对于制度创新和体制改革来说,最为重要的是建立一套合适的评价体系来评价政府治理能力。包国宪等(2010)构建了由组织管理、社会价值建构、政府绩效治理部门、政府战略和系统领导等五大指标体系作为为政府治理能力的评价标准[2]。石珠明(2020)从经济治理、政治治理、社会治理、环境治理和文化治理五个方面对政府治理能力的评价指标体系进行了构建,并确定了十多个二级指标,包括经济水平、政治生态、生活质量、公民安全、生态建设、环境治理、医疗卫生、社会保障以及教育发展等[3]。

政府治理能力构成要素研究。易学志(2009)认为政府治理应以善治为其基本元素,从善治角度制定合法、透明的政策,积极提升管理能力和法治能力[4];郭蕊、麻宝斌(2009)基于全球治理的角度,认为地方政府的治理能力有系统制度创新与思考能力、电子治理与公共服务能力、危机应对以及沟通协调能力等六个方面[5]。周天楠(2013)提出推进政府治理能力现代化的四个关键要素,包括资源整合能力、目标凝聚能力、责任控制能力和工具使用能力等[6]。郎玫、史晓姣(2020)提出政府治理创新深化的五个核心要素:领导者赋能、组织创新文化、技术嵌入便捷性、多元主体嵌入、创新开放性模块,强调地方政府治理的创新能力提升尤为重要[7]。

---

[1] 谭英俊:《地方政府公共事务合作治理能力测评体系构建探究》,载《广东行政学院学报》,2012年第1期,第45-50页。

[2] 包国宪 周云飞:《中国政府绩效评价:回顾与展望》,载《科学学与科学技术管理》,2010年第7期,第105-111页。

[3] 石珠明:《地方政府治理能力评价体系研究——以Q县为例》,硕士学位论文,河北大学,2020年6月。

[4] 易学志:《善治视野下政府治理能力基本要素探析》,载《辽宁行政学院学报》,2009年第4期,第11-12页。

[5] 郭蕊 麻宝斌:《全球化时代地方政府治理能力分析》,载《长白学刊》,2009年第4期,第67-70页。

[6] 周天楠:《推进政府治理能力现代化的关键》,载《学习时报》,2013年第12期,第1-2页。

[7] 郎玫 史晓姣:《创新持续到创新深化:地方政府治理创新能力构建的关键要素》,载《公共行政评论》,2020年第1期,第158-176+200页。

地方政府治理模式和路径研究。第一,地方政府治理的模式研究。李超等(2005)认为,结合我国国情,应在治理过程中以政府部门作为主导,积极引导和联合社会其他组织参与治理,形成多元化的治理机制。第二,地方政府治理现代化的实践路径研究[1]。如俞可平(2008)提出从一元治理走向多元治理[2]。杨雪冬认为实现全面深化改革,提高政府治理能力是重要因素之一[3]。李拓(2014)认为治理现代化的关键是制度执行力,应该完善制度体系,进一步提升干部的素质,进行制度执行力的培育,才能实现地方政府治理现代化[4]。白鸽、唐小明(2015)从法治角度探讨地方政府治理现代化需要合理的制度、完善的法治体制以及较好的绩效等,提出法治建设的现代化既是实现地方政府治理现代化的基础,也是重要保障[5]。徐鸣(2015)以安徽省为例,认为深化政府层级改革可选择的路径之一就是加大"省直管县"改革力度,逐步实现市县平级[6]。第三,数字治理的研究。朱玲(2019)分析了我国数字政府治理的现实困境,包括体系化建构与法制化建设有待加强,多元参与机制效能尚未全面发挥及专业化优秀人才缺口明显等。王芳等(2020)认为,在政府治理过程中存在着大数据运用目标不够清晰,策略选择不够得当,对效果的判断缺乏参考依据等问题,并运用价值焦点思考法(VFT)构建大数据提升政府治理效能的指标体系[7]。孟庆国、崔萌(2020)认为数字政府建设是实现政府治理现代化的重要标志,必将有力地推进国家治理的现代化进程[8]。

---

[1] 李超 安建增:《论我国地方政府治理的模式选择及其对策》,载《陕西理工学院学报(社会科学版)》,2005年第1期,第24-28页。
[2] 俞可平:《中国治理评估框架》,载《经济社会体制比较》,2008年第6期,第1-9页。
[3] 杨雪冬:《走向以基层治理为重点的政府创新——2010年政府创新综述》,载《行政管理改革》,2011年第1期,第51-54页。
[4] 李拓:《制度执行力是治理现代化的关键》,载《国家行政学院学报》,2014年第6期,第91-95页。
[5] 白鸽 唐小明:《法治城市建设是城市治理现代化的必然要求》,载《安徽行政学院学报》,2015年第2期,第103-106页。
[6] 徐鸣:《整体性治理:地方政府市场监督体制改革探析——基于四个地方政府改革的案例研究》,载《学术界》,2015年第12期,第217-222页。
[7] 王芳 张百慧 杨灵芝 等:《基于大数据应用的政府治理效能评价指标体系构建研究》,载《信息资源管理学报》,2020年第2期,第17-28页。
[8] 孟庆国 崔萌:《数字政府治理的伦理探寻——基于马克思政治哲学的视角》,载《中国行政管理》,2020年第6期,第51-56页。

3. 政府治理的应用研究

政府治理的应用研究是围绕经济层面、社会层面、文化层面、生态层面与环境层面等开展的,这与政府治理"五位一体"的方向和要求相对应。

经济层面的研究主要有以下五个方面:一是经济背景的不同对政府治理的要求。顾丽梅(2002)研究网络经济的特征、网络经济的发展及其对政府治理能力、治理理念、治理体制以及公共服务理念的挑战,她认为政府是上层建筑领域的核心,为与信息社会中的网络经济相适应,必然要变革其职能体系。传统公共管理模式是建立在"行政命令与控制"的等级制观念基础上的,已然被"合作、谈判和激励机制贯穿于其中的"公共管理模式所替代[1]。陶希东(2004)认为,在经济全球化背景下,政府治理理念需要重构,包括高效政府、有限政府、能力本位政府、服务型政府、知识管理政府和公平协调政府[2]。竺乾威(2015)认为随着我国经济走向新常态,市场正逐渐成为经济的主导。政府的行为要适应这一发展变化的要求,从重经济走向重保障、从重审批走向重监管、从重权力走向重责任、从重领导走向重协商、从重管理走向重服务、从重数量走向重质量[3]。二是经济转型和政府治理模式的转变。吴昊(2010)认为加快经济发展方式的转变应该以推动地方政府的治理结构改革为基本前提。需要从四个方面进行:一是从过去以经济增长为主,向考察提供基本公共服务的能力、效率和所在区域居民的满意度方面去改变地方政府政绩考核的标准。二是强化社会各界与地方人大对政府行为的参与度和监督程度,减少和控制地方政府的自由裁量空间。三是对各级政府间财政关系进行规范,简化、调整基层政府的事权范围,构建多级政府之间规范和公平的转移支付制度。四是完善中央与高层级地方政府间公共政策实施的机制,防止出现下级政府与上级政府之间在公共政策领域出现非合作博弈的现象[4]。唐皇凤(2014)认为要实现政府治理模式的战略重构与现实转型,通过政府职能转变和机构改革的良性互动与相互促进来对政府治理的结构与功能进行优化,对

---

[1] 顾丽梅:《网络经济与政府治理》,载《国外社会科学》,2002年第3期,第67-73页。
[2] 陶希东:《经济全球化与中国政府治理理念的创新》,载《商业研究》,2004年第13期,第48-50页。
[3] 竺乾威:《经济新常态下的政府行为调整》,载《中国行政管理》,2015年第3期,第32-37页。
[4] 吴昊 闫涛:《转变经济发展方式与地方政府治理结构改革》,载《社会科学战线》,2010年第5期,第242-245页。

现有的政绩考核体系进行调整和变革,是中国经济发展方式转变最为关键的前提条件之一[1]。三是政府治理经济相关案例的研究。陈桂生(2014)以德国鲁尔区为例,研究其区域整治的发展过程,以及各级政府的作用,总结了联邦、州与鲁尔区政府对鲁尔治理的特有模式与路径,认为政府政策导向的明确、权威机构的设立、对科技成果转化的重视、基础设施的建设、环保力度的加大等系列整治的措施,不断改变着鲁尔区过去高耗能的、以牺牲环境为代价的发展老路[2]。张树全(2014)借鉴美国、日本、新加坡和韩国的经验,认为适当的政府管理方式对促进国家的经济转型至关重要,对我国而言,可通过减少政府对市场的直接干预,减少对经济社会资源的过多管控,打击腐败,精简政府的规模,节约控制政府的行政成本,提升行政效率,完善公众参与制度等方式,以此促进我国经济发展方式的转变。四是政府治理对经济产出影响的研究。董直庆等(2009)根据我国1978—2006年时间序列数据验证政府治理与经济产出的关联,认为政府主导型的治理能够促进经济增长,政府治理与经济产出的关系呈现倒U形,即我国宏观经济存在着最优的治理结构和相应的制度安排,政府和市场的相机治理会实现经济增长的效率[3]。张弘、王有强(2013)基于不同的收入阶段视角,从腐败控制、法治水平、监管质量、政府绩效四个方面对治理能力与经济产出,以及与经济增长间的关系、阶段性演变进行了实证和比较。结果表明,在收入较低的阶段,治理能力与经济产出的相关性比较低,但在收入较高的阶段,治理能力与经济产出则呈现出高度相关,说明治理能力的提升也伴随的是经济的显著增长[4]。五是政府治理经济手段方面的研究。周亚越、俞海山(2015)研究了政府以经济手段治理邻避项目存在负外部性的逻辑机理:经济补偿一方面导致邻避项目过度供给的减少;另一方面还会导致公众对兴建邻避项目阻力的减少。以经济手段治理邻避冲突主要有市场拍卖和市场谈判两种方式,但无论选择哪一种方式,都会以社会公众有较强的组织化程度、决策参与意识以及政府和企业的诚信为基

---

[1] 唐皇凤:《经济发展方式转变与政府治理模式转型》,载《中州学刊》,2014年第10期,第10-14页。

[2] 陈桂生:《资源型区域经济发展中的政府治理:德国鲁尔区的经验及启示》,载《理论导刊》,2014年第1期,第110-112页。

[3] 董直庆 王林辉 李富强:《政府治理结构和中国经济增长关联性检验:1978—2006》,载《学习与探索》,2009年第4期,第123-126页。

[4] 张弘 王有强:《政府治理能力与经济增长间关系的阶段性演变——基于不同收入阶段的跨国实证比较》,载《经济社会体制比较》,2013年第3期,第151-159页。

本前提①。刘承礼(2015)认为,从政府层面来看,经济治理体系和治理能力现代化的根本举措可以通过宏观调控手段、产业结构调整、区域协调发展、技术创新支持的现代化等实现;从市场层面来看,经济治理体系和治理能力现代化的前提条件是形成市场供求机制、市场价格机制、市场调节机制和市场竞争机制的现代化。塑造现代政府行为可从这两个方面进行探索②。熊光清(2016)认为,实现政府职能转变要通过行政体制的改革实现,要提升行政体系的运行效率,从而有效降低社会交易成本,促进社会资源的配置优化,形成我国经济发展的内生动力;政府应控制其在微观经济方面的作用,加强宏观调控以及市场监管的作用,塑造新型政府与市场的关系;应强化政府的社会服务、市场监督和社会治理的职能,实现由管控型政府向服务型政府的切实转变③。

社会层面的政府治理。十八届三中全会的《中共中央关于全面深化改革若干重大问题的决定》(简称《决定》)论及的社会治理创新,无论是社会治理方式的改进,社会组织活力的激发,还是有效预防和化解社会矛盾体制、健全公共安全体系的创新,都是政府治理社会的重要内容。研究主要集中在:一是和谐社会对政府治理的要求。肖文涛(2006)认为对于构建和谐社会,政府主导—社会合作型模式是当前乃至今后一段时期内我国地方政府治理可供选择又比较恰当的一种治理模式④。胡税根、翁列恩(2017)认为,随着"和谐社会"治理理念的提出,尽快建立起有效应对社会突发事件的危机预警机制也就成为预防危机发生、维护社会稳定、构建和谐社会的重要机制之一⑤。铁锴(2007)提出,在善治理论的指引下,以转变政府职能和提升政府能力为重点完善政府治理,通过建设透明廉洁和服务效能的政府、责任权威和民主法治的政府,培育协作型的公民社会来促进社会主义和谐社会的构建⑥。李伟

---

① 周亚越 俞海山:《邻避冲突、外部性及其政府治理的经济手段研究》,载《浙江社会科学》,2015年第2期,第54-59+156-157页。

② 刘承礼:《经济治理体系和治理能力现代化:政府与市场的双重视角》,载《经济学家》,2015年第5期,第28-34页。

③ 熊光清:《中国经济新常态下的政府职能转变》,载《哈尔滨工业大学学报(社会科学版)》,2016年第2期,第2-6页。

④ 肖文涛:《构建和谐社会与地方政府治理模式创新》,载《中国行政管理》,2006年第11期,第98-101页。

⑤ 胡税根 翁列恩:《构建政府权力规制的公共治理模式》,载《中国社会科学》,2017年第11期,第99-117+206页。

⑥ 铁锴:《构建和谐社会的政府治理》,载《贵州社会科学》,2007年第7期,第64-69页。

杰(2011)认为,和谐社会意味着社会实现公平和正义。社会公平正义体现政府治理的最终目标,政府治理是社会得以实现公平正义的重要保障。他提出政务公开透明、提升公信力度,以市场公平带动社会公平,完善民主法制维护社会公平正义;政府广开言路,拓宽民主渠道等对策[①]。二是社会转型与政府治理。杨少星(2009)认为,社会转型既是政府执政模式和治理模式的转变过程,也是总体性社会的分化与重新结构化过程。分析转型时期的国家与社会关系、政府治理模式的实质,有利于为建构国家与社会的良性互动关系提供坚实的基础[②]。安秀梅、赵大伟(2009)认为,为了有效应对社会转型期的各种矛盾和问题,我国现阶段政府治理模式改革应以政府间分权为方向,以"以责定权、以责定利,坚持适度集权和适度分权的有机结合"为基调,实施政府间责权利的科学配置[③]。王海峰(2013)提出,转型时期政府的治理改革是现代社会建设对合法性和有效性政府强烈需求的必然反映。地方政府社会建设的过程也是社会民主形态构建与发展的过程,推进社会民主进步及构建社会发展的民主生活,成为政府进行地方社会建设的重要使命,而充分保障和促进社会的自主与独立,确保政府社会自主性与服务社会职能的发挥能够有机地结合,这一方面是中国现代民主建设的基本要求,另一方面也是地方政府进行社会建设的行动逻辑[④]。黄建洪(2015)认为,社会治理正成为中国新时期塑造理想与凝聚共识,整合资源开辟未来的触发器与新动力引擎。从其蕴含的价值资源角度来讲,社会治理应该通过展现文明特征、人本价值、实力基础、自主发展和幸福目标等,提供政府治理创新丰富的价值规约[⑤]。三是社会治理的组织与主体。姜晓萍(2014)认为,在我国,社会治理是指在执政党领导下,由政府组织主导并吸纳社会组织等多重治理主体的参与,围绕社会公共事务进行的治理活动,是以实现和维护群众权利为核心,针对国家治理中的社会问题发挥多元治理主体的作用,完善社会福利与保障改善民生,化解

---

① 李伟杰:《促进社会公平正义与政府治理研究》,载《科学社会主义》,2011年第1期,第67-69页。

② 杨少星:《中国转型时期的社会结构与政府治理模式探析》,载《领导科学》,2009年第35期,第7-9页。

③ 安秀梅 赵大伟:《从政府间分权谈我国社会转型期政府治理模式改革》,载《经济体制改革》,2009年第5期,第28-32页。

④ 王海峰:《社会建设与地方政府治理改革》,载《理论与改革》,2013年第3期,第66-71页。

⑤ 黄建洪:《社会治理的价值规约与政府治理创新》,载《马克思主义与现实》,2015年第6期,第191-196页。

社会矛盾和促进社会公平,以及推动社会有序和谐发展的过程[①]。杨柯(2015)从社会治理入手,但其切入点选择在社会组织之间合作的问题上,主要从制度环境和认知理念视角出发,探究当前社会组织自合作存在的理念认知困境、运行机制困境、体制空间困境以及制度平台困境[②]。在此基础上进一步提出加快建设社会组织间自合作的建议,从政府治理的客体性实施和由组织治理的主体性实施等两条路径来进行。四是社会保障与大都市转型的政府治理。彭宅文(2009)认为,在我国分权治理模式的制度背景下,地方政府的社会保障制度建设依然表现出为区域经济增长服务工具性的特点,具有一定程度的社会控制色彩,提出我国需要从改善地方政府治理入手,逐渐确立社会政策的自主性,推进社会保障制度的改革和完善[③]。易承志(2016)认为,大都市政府治理协同化还受到一些障碍因素的制约,具体表现为政府系统内部的协同不足、外部的协同不足和内外结构性协同不足等方面[④]。应当从理念塑造、组织再造、利益平衡和制度建设等方面系统性地采取有效措施,积极推进政府治理的协同化,从而有效适应并推动大都市社会转型。

生态层面的政府治理。一是生态治理模式的研究。曹永森、王飞(2011)提出改变以往以政府单一主体式的生态治理模式,实现向多元主体参与生态治理的模式转变。政府应从过往的通过管制等手段进行生态治理的活动中逐步有序撤出,多多为更多社会力量参与到生态治理中提供切实有效的服务,并在与社会力量的积极合作互动中去实现经济社会发展与生态环境改善的可持续发展[⑤]。彭芬兰等(2016)面对生态治理的政府失灵与市场失灵的双重困局,将"引导型"职能模式立为政府在生态治理中职能转型改革的思路和取向,从而有利于更好发挥政府在生态治理中的引导服务作用而并非是干预

[①] 姜晓萍:《国家治理现代化进程中的社会治理体制创新》,载《中国行政管理》,2014年第2期,第24-28页。

[②] 杨柯:《社会组织间自合作的实践困境及策略选择》,载《云南行政学院学报》,2015年第5期,第51-55页。

[③] 彭宅文:《社会保障与社会公平:地方政府治理的视角》,载《中国人民大学学报》,2009年第2期,第12-17页。

[④] 易承志:《大都市社会转型与政府治理协同化——一个分析框架》,载《中国行政管理》,2016年第4期,第61-66+115页。

[⑤] 曹永森 王飞:《多元主体参与:政府干预式微中的生态治理》,载《求实》,2011年第11期,第71-74页。

管制的作用,实现真正多元主体合作的生态共治,认为是一种积极方案①。二是生态治理的合作及相关者利益。余敏江(2011)提出在生态治理中,地方政府拥有相对独立的利益结构,与中央政府之间存在着一定的利益冲突。认为推进我国中央与地方政府间利益协调,可以通过构建并实施生态治理绩效评估体系、区域生态补偿机制以及生态环境问责制度等方面进行②。徐婷婷、沈承诚(2012)认为政府生态治理面临的困境有多元价值观念碰撞、多元利益主体互动博弈以及生态公共政策生成难等。因此,需在生态治理中区分不同主体的策略结构和利益结构,引导政府治理理念与行为实现生态转向,尤其是要强化政府治理的生态理念,促进制度结构的变革与政府行为的调适③。崔晶(2013)基于制度集体行动的视角,提出影响都市圈地方政府生态治理的协作有三大因素:生态治理公共物品的属性、生态协作治理整体目标的偏好差异以及合作成员间影响力不够均衡。破解之道包括"两建立,一提升":建立污染权和水权交易机制,建立财政转移支付和利益补偿制度,提升生态治理指标在官员政绩考核体系中的权重④。张雪(2016)认为推动跨行政区的生态治理合作,需要优化既有的动力机制,控制甚至消除区域间阻力,推进关联互动利益关系网络的形成。三是生态治理的动力与机制。张雪(2016)研究了"联防联控治雾霾"的实践,地方政府呈现为"引力－压力－推力－耦合场力"的动力系统的合作⑤。陈建斌、柴茂(2016)从湖泊流域的生态治理出发,认为要以生态文明建设为指导建设政府的责任机制,明确总体要求,并通过优化责任履行机制、健全责任保障机制、完善责任评价机制和构建责任追究机制等方式实现⑥。四是影响生态治理能力的因素。沈承诚(2011)认为提升政府生态治理能力受政府内外系统的诸多要素的形态、现状和走向的影响。从内

---

① 彭芬兰　邓集文:《生态治理中的引导型政府职能模式定位》,载《理论导刊》,2016年第2期,第21-24页。

② 余敏江:《论生态治理中的中央与地方政府间利益协调》,载《社会科学》,2011年第9期,第23-32页。

③ 徐婷婷　沈承诚:《论政府生态治理的三重困境:理念差异、利益博弈与技术障碍》,载《江海学刊》,2012年第3期,第228-233页。

④ 崔晶.《生态治理中的地方政府协作.白京津冀都市圈观察》,载《改革》,2013年第9期,第138-144页。

⑤ 张雪:《跨行政区生态治理中地方政府合作动力机制探析》,载《山东社会科学》,2016年第8期,第165-169页。

⑥ 陈建斌　柴茂:《湖泊流域生态治理政府责任机制建设探究》,载《湘潭大学学报(哲学社会科学版)》,2016年第3期,第19-23页。

系统要素来看,主要包括政府官员、价值观和纵横向权力关系;从外系统要素来看,既涉及市场领域的诸多主体和公民社会,也会涉及域外的国际合作[1]。

文化层面的政府治理。文化体制机制创新是十八届三中全会全面深化改革战略部署的重要组成部分。进一步深化文化体制改革需要完善文化管理的体制,建立健全文化相关的市场体系,构建公共文化服务的体系,并促进文化开放水平的提高。也就是说,要使中国特色的社会主义文化制度更加成熟与健全,必须推进国家文化治理体系和治理能力的现代化。首先需要厘清的是政府的文化治理,而非政府文化的变革。关于文化层面政府治理的研究,主要集中在三个方面。一是文化治理对政府治理的要求。李少惠(2013)认为公共文化服务体系的提出,是政府文化治理的体制创新和制度设计,要求我们打破传统的、计划经济体制下的公共文化管理模式,进行彻底的制度性重构,从而走向全新服务型的公共文化治理模式[2]。景小勇(2014)谈及文化治理时,对政府的基本职责进行了概括:健全公共文化服务体系、构建国家文化治理体系、保障和实现国家文化的需求、发挥市场配置文化资源的决定性作用,发挥和促进"社会"在文化治理中的作用[3]。陈福今(2014)提出要明确政府在文化体系中的职能,通过政府治理有效地推进文化体制机制创新,已成为当前的重要任务。包括转变政府职能、简政放权,提升文化治理能力,进一步创造良好的文化治理条件,健全文化服务监管体系,提高文化服务的质量和绩效[4]。二是文化治理中各主体的关系研究。王振亚(2014)通过回顾政府文化管理模式的演变过程,发现文化管理会随着政府职能转变显现与时俱进的特点,集中表现为从"文化管理"向"文化治理"转变,认为政府与社会的关系在文化治理中并不是主体与附属,而应是服务替代、相辅相成、协同增效的一种协作关系[5]。颜玉凡等(2016)认为公共文化服务是一项制度实践,

---

[1] 沈承诚:《政府生态治理能力的影响因素分析》,载《社会科学战线》,2011年第7期,第173-178页。

[2] 李少惠:《转型期中国政府公共文化治理研究》,载《学术论坛》,2013年第1期,第34-38+43页。

[3] 景小勇:《国家文化治理体系及政府在其中的地位与作用》,载《人民论坛》,2014年第14期,第28-31页。

[4] 陈福今:《切实转变政府职能 提升文化治理能力》,载《行政管理改革》,2014年第9期,第16-20页。

[5] 王振亚:《从文化管理到文化治理——文化领域政府治理现代化的逻辑归宿》,载《长安大学学报(社会科学版)》,2014年第4期,第55-58页。

由政府在文化治理情境中推动,从而服务群众的文化生活;公共文化服务供给机制由政府主导、多方参与共同建立,以此有效减轻文化产业转型中的价值缺失,建构公共文化生产方式能够保障社会健康发展,此为公共文化服务供给领域所要遵循的生产逻辑[①]。景小勇(2016)提出文化治理作为国家治理的重要组成部分,因内在运行机制不同而分别形成三个抽象的宏观主体系统,即政府、市场和社会。在"社会本位"理念下,政府和公民由原先的管理者与被管理者,转变为平等协作、互相监督、互相推动的新型关系[②]。三是文化治理的使命研究。颜玉凡、叶南客(2016)谈及了文化治理的三重使命,从国家转型层面来看,面对社会思想危机,公共文化的治理需要强化公共意识以形成社会凝聚力;从公众生活层面来看,文化治理思维的变化使国家希望通过治理行动来发挥公共文化引导群众生活的功能,对社会文化生活的偏向进行矫治;从文化供给的层面来看,政府需要重视文化产业的社会属性,整治文化市场,由多元主体共治夫维护和坚持文化产业的公共精神价值。解学芳(2016)提出文化治理不仅要谋取大众的文化福祉,还要迎合文化产业的发展趋势,深谙文化产业动态机理,实施预见性治理。可以看到,发展文化产业与公民的文化权益共赢,需要由传统的政府规制转向更为现代化的、高效的文化治理[③]。四是政府治理与行政文化的关系。傅军(2015)论及地方治理模式的变革,他认为政府治理与行政文化有密切的关系,也与地方领导力及地方集体领导力有直接关系。领导力、集体领导力和行政文化彼此相互作用,形成地方治理变革的动力或阻力[④]。颜佳华、欧叶荣(2016)认为,政府治理的有效性是实现国家治理体系和能力现代化的关键,行政文化建设与其相辅相成。政府治理有效性的实现需要服务型行政文化、法治型行政文化、创新型行政文化、廉洁型行政文化以及效能型行政文化的共同支撑。另外,宋辰婷(2015)提出在网络时代,政府需要直接面对网络戏谑文化所表现出来的文化复调与网络新精神,对自身的治理角色进行重新定位,完成政府在网络社会

[①] 颜玉凡 叶南客:《政府视野下公共文化治理的三重使命》,载《浙江社会科学》,2016年第3期,第89-95+127+158-159页。
[②] 景小勇:《国家文化治理框架下政府与其它主体关系辨析》,载《理论研究》,2016年第2期,第14-19页。
[③] 解学芳:《文化产业、文化权益与政府规制逻辑:兼论文化治理》,载《毛泽东邓小平理论研究》,2016年第3期,第42-49+92-93页。
[④] 傅军:《地方政府治理模式变革与行政文化建设及领导力的关系探究》,载《领导科学》,2015年第32期,第19-21页。

治理中"互动型"角色的重构,形成政府与大众网民之间良性的、积极的互动,实现政府和社会全体成员间的有效合作与共治。蔡武进(2020)认为,文化治理的现代化经历了一个推动政治附属下的文化走向具有独立治理价值文化的过程,也是推进民众文化的主体性构建、打造开放性的文化市场、推动多元文化主体力量的参与以及提升文化自信和文化认同的进程[①]。

4. 政府治理机制的研究

关于政府治理机制的研究文献相对较少,主要集中于不同领域政府治理机制的探索。李泽洲(2003)基于治理的目标体系,从制度建设、政策供给、信息交流和伦理倡导四个方面细化了危机时期的政府治理的具体措施。秦荣生(2007)认为政府治理应以解决公共问题为目标,并以完善审计监管为切入点,强调完善问责机制、参与机制、公开机制、监督机制和沟通机制等。孙力(2010)认为政府治理机制的核心是"公"字,包括公共财政、公共服务和公共政策三方面的治理机制。冯锋等(2011)研究长三角区域技术转移合作的治理机制,认为协调机制、投融资机制和约束机制是外部层面最为重要的三个治理机制,激励机制和信任机制是内部层面最为重要的治理机制。易承志(2015)分析了影响大都市政府机制运行的政治因素、经济因素和文化因素,认为政府治理机制的前提是适应国情,内在要求是适时调整,一般趋势是相对集中,主要目的则是提升治理能力。宋慧宇(2015)研究了食品安全中的政府治理机制:第一步是形成目标共识,提升政府对社会的凝聚力;第二步是科学决策,实现决策过程的开放和民主;第三步是制度创新,增强制度的执行力;第四步是危机应对,有效控制食品安全危机,通过风险控制机制、快速反应机制、资源整合机制、责任承担意识来实现[②]。郭英彤等(2017)分析了政府治理机制对区域经济收敛性的影响,认为我国政府治理机制的特征是经济分权和政治集中。刘志彪(2019)认为推动长三角市场的一体化,建设、完善和创新区域治理机制,需要从过去鼓励地方政府间的竞争,转向提倡地方政府间的合作治理。刘泽等(2020)认为在大数据驱动下,需要重构政府治理体系,包括治理主体、方式和客体,才能真正实现以数据治理驱动政府治理,进

---

① 蔡武进:《我国文化治理现代化70年:历程和走向》,载《深圳大学学报(人文社会科学版)》,2020年第3期,第25—35页。
② 宋慧宇:《论协作共治视角下食品安全政府治理机制的完善》,载《当代法学》,2015年第6期,第34—41页。

而提高政府治理能力的目的。还有学者认为政府在应对互联网风险方面的治理机制需要转型,应在制度和技术两个方向进行优化(向静林,2021)[①]。

三、区域经济协调发展中的政府治理

区域经济协调发展涉及政府间的利益协调,多数学者研究了政府间的竞争问题,如维克赛尔(1896)、林达尔(1919)、萨缪尔森(1955)、布雷顿(1996)。政府竞争理论首先分析政府的行为,而分析政府行为之前,还要确定政府行为的目标,政府行为的投入与产出。欧美国家较早地开启区域经济协调发展和政府管理的研究,已经形成一套成熟的理论框架和研究方法,并广泛地应用于具体实践,主要集中在以下几个方面。

1. 区域和政府治理方面的研究

西方的管理学家和政治学家之所以提出治理的概念,力主用治理去代替统治,是因为其在社会资源的配置中同时看到市场和政府的失效。市场与政府的失效是全球治理理论之所以兴起的主要原因之一。西方国家在自由资本主义时期信奉的是亚当·斯密自由主义的经济理论,相信"政府管得最少就是最好",政府的职能被严格界定在保护私人财产和市场机制不受破坏、保卫国家领土主权、对个人和集体损害社会利益进行防范,政府充当的是"守夜人"的角色。到了20世纪90年代之后,区域治理的研究得到更进一步的发展。关于欧盟的区域协调发展及其政府治理,约瑟夫·S·奈、詹姆斯·罗西瑙、约翰·唐纳胡等人都曾做过深入研究。约瑟夫·S·奈和约翰·唐纳胡都认为,全球化对国内方方面面的治理,尤其是公共行政领域,如公共管理的改革、非政府组织等都产生了深远的影响[②]。

2. 多元主体在区域经济协调发展中的协调与治理研究

赵永茂(2000)阐述了英美等国的地方政府为了应对都市化、区域化、效率化、多元化社会参与、地方政府角色转变、功能变迁,以及适应力等问题的

---

① 向静林:《互联网金融风险与政府治理机制转型》,载《社会科学研究》,2021年第1期,第74-82页。

② [美]约瑟夫·S·奈、[美]约翰·唐纳胡编,王勇等译《全球化世界的治理》,北京:世界知识出版社,2003年版。

影响,地方政府间积极开展跨域合作,并提出了区域政府理论、新管理体制理论和中间激励理论[1]。陈国权等(2009)采用案例研究,认为从行政关系、经济关系和治理关系去剖析县域经济社会发展,相较于传统府际关系,能够更有效地阐释地方府际关系变化与发展之间的逻辑[2]。陈秀山等(2010)认为,不同区域天然存在的空间差异,加之政治、经济和社会等方面因素的共同影响,尤其是资源和生产要素配置方式的差别,定会导致区域协调发展出现制度上的障碍,只有理顺利益矛盾的根源所在,才能促进区域协调发展的实现[3]。因此,构建良好的地方政府间关系是区域经济协调发展的现实需要,这种关系应该是互相支援、协商合作、互惠互利、互通有无,而不能相互封锁和隔断、损人利己抑或损人不利己。好几大关系在区域经济协调发展中需要处理:中央与地方、地方政府之间、政府与企业以及主体功能区间的关系等。

3. 区域经济协调发展政府治理的手段

陈瑞莲(2006)提出,在区域协调发展过程中政府干预和介入的方式及程度必须适度,过分干预和干预不当都会使得结果适得其反。欧盟是成熟的市场经济与法治社会的共同体,较好地处理了"看得见的手"和"看不见的手"在区域经济协调发展中的关系,形成了经济、法制和行政多管齐下的协调手段[4]。肖金成(2008)划分区域为贫困地区、资源型城市、老工业基地、粮食主产区、生态脆弱地区以及边境地区等;他认为对于不同类型的区域既要有不同的扶持政策,还要有科学统筹的战略思路。包括治理的基本方向和阶段性目标、长期的规划、具体的手段和策略、政策的扶持和资金的支持、战略和策略实施的主体等[5]。陈秀山等(2008)认为协调治理可从以下四个方面着手:首先基于不同区域的功能定位形成区域发展各具特色的格局;其次统筹产业

---

[1] 赵永茂:《法国区政府等体制对精省后政府组织变革启发——区域政府对中间机关等理论的分析》,载《理论与政策》,2000年第14期,第43-46页。

[2] 陈国权 李院林:《地方政府创新与强县发展:基于"浙江现象"的研究》,载《浙江大学学报(人文社会科学版)》,2009年第6期,第25-33页。

[3] 陈秀山 杨艳:《区域协调发展:回顾与展望》,载《西南民族大学学报(人文社会科学版)》,2010年第1期,第70-74页。

[4] 陈瑞莲:《欧盟国家的区域协调发展:经验与启示》,载《政治学研究》,2006年第3期,第118-128页。

[5] 肖金成:《完善区域政策促进区域协调发展的思考和建议》,载《宏观经济研究》,2008年第2期,第12-17页。

发展和空间规划的协调,通过区域内区域间产业转移以及产业结构的调整,逐渐缓解产业结构的冲突;继而推动区域间分工和合作,提升区域间产业的关联度;通过产业援助机制的建立,促进区域联动发展,实现产业层面发展的协调。具体从空间层面来落实,要优化区域产业空间的分工与布局,从主体功能区、区域板块、经济带与经济圈三个维度促进区域经济的协调发展。再次完善市场和政府的关系,既要积极推进市场一体化的进程,消除区域间壁垒和贸易保护,使市场成为促进产业与空间协调的主要推动力量;还要强化政府纵向、横向转移支付的力度,促进转移支付形式的规范,扩大区域间对口支援的领域范围,稳步推进基本公共服务均等化的实现,带动相对落后地区的发展。最后以区域间利益共享和补偿机制为重点完善制度建设[1]。总体来说,既要保护和改善资源开发区域的环境,实现发展的可持续;还要保护相对落后地区的发展权益,必须逐步对区域间资源环境的补偿机制进行完善。因此在制度建设上需要完善区域管理的相关法规,建立独立性较强的区域协调机构。徐康宁(2014)勾勒出当前区域经济协调发展的总体目标。即以区域共同发展为基础,努力促进地区间收入差距可控,民众的公共福利与消费水平大体平衡、趋于一致,生产要素能够合理流动,区域间市场与合作的机制能充分显现,区域能向着更协调、更可持续的发展道路上迈进[2]。

4. 政府治理的法律和制度安排

区域经济协调发展是大国经济发展中不变的主题。从市场经济国家区域经济发展的历史来看,往往市场是"失灵"的,造成区域差距的扩大及区域间的不公。刘水林(2005)认为,从各国目前探索出的办法来看,对市场失灵的纠正最好还是靠政府,实施适当的区域政策并加以立法。陈瑞莲(2006)介绍奥尔胡斯区域协调发展成功经验时,认为最关键的因素在于,合作有健全的制度安排作为保障。它是两国间、各级政府间与区域主体间形成的一套区域合作组织体系。一是通过"奥尔胡斯发展委员会"和"斯堪的那维亚国家部长理事会",从国家层面加强合作;二是由"奥尔胡斯区域委员会"负责和执行区域合作的相关工作,以促进经济发展、日常整合和区域联合。该委员会担

---

[1] 陈秀山 杨艳:《我国区域发展战略的演变与区域协调发展的目标选择》,载《教学与研究》,2008年第5期,第5-12页。

[2] 徐康宁:《区域协调发展的新内涵与新思路》,载《江海学刊》,2014年第2期,第72-77+238页。

当着维持并加强政治对话论坛、跨区域利益的集合点建设以及提升框架条件和发展潜力的角色。三是两国的官方机构，如丹麦的经贸部、环境部、大哥本哈根当局与斯堪的那维亚县政当局、瑞典的外交部，平时合作紧密平等协商，为了共同利益和未来的发展，甚至达成了新关税协议，设立特别税收办公室，建立了共同的网站等。于立深（2006）认为，区域协调发展是人口众多、幅员辽阔、利益多元化、区域发展不均衡的国家面临的一个重要经济、社会与法制问题。处理区域协调发展的制度尝试有20世纪初《中华民国临时约法》创制的地方联合立法模式和美国宪法创制的"州际契约"模式等。"长三角"和"泛珠三角"为了解决区域经济协调发展问题，正在自发生成和示范"省际协议"的模式，试图通过契约治理来应对特定区域内的经济与社会发展问题。可以借鉴地方联合立法模式、州际契约的经验，在中央政府的规制下继续加以完善和推广。周宝砚（2006）阐述了地方政府制度对区域协调发展的影响，包括积极作用和负面影响。他认为，区域协调发展不可能自我实现，必须充分有效发挥政府的作用。因为地方政府既是区域利益的代表，同时也是本地政治、经济、文化等各方面的管理者。地方政府能否实现区域利益关键取决于其职能定位、干预经济的权限和能力的大小以及作用范围等。

四、研究现状述评

在梳理区域经济协调发展、政府治理以及区域经济协调发展中的政府治理的文献后，不难看出，对区域协调发展的内涵界定，学者们大多强调和关注的是区域经济层面，关注点在区域总量、产业结构、产业空间布局等，以期实现宏观经济效率和区域公平的统一。也有一部分学者赋予区域协调发展新的内涵，认为不仅要考虑经济发展水平上的协调、还要考虑到公共服务、社会保障、住房、医疗、教育等其他方面。而随着我国地区间发展差异的变化，本文认为区域经济协调发展的内涵应该更丰富，还应考虑与之关联的社会、文化、资源环境等方面。正如国土开发与地区经济研究所课题组（2003）提及的全面的、可持续的协调发展以及构建新型协调机制等方面的含义。

对区域协调发展的机制的构建，学者们认为包括市场、企业和政府三个方面，发挥市场和企业的双重调控作用，区域协调发展的机制须是一个更为完善的体系，包含根本目标和协调内容、协调主体、协调手段与方法以及协调程序等。这些都离不开政府操作，但是政府在实际操作过程中的许多制度障碍也影响政府治理机制的完善。关于区域协调发展的影响因素,多数学者关注了传统因素,如资源、资金、区位和历史文化等等。如何评价区域协调发展的效果集中在经济发展差距、公共服务水平、人均收入差距、人与自然和谐程度等方面。

国外学者对政府治理的研究集中在对西方国家地方政府治理模式、公民社会层面等,我国国内关于政府治理的研究起步较晚,围绕政府治理能力构成要素、评价标准、模式和路径进行理论上的探讨,针对我国实际发展现状,应将政府治理的研究扩展深入到经济、社会、文化、生态资源环境等方面。从区域协调发展的视阈研究政府治理的研究较少,学者们主要围绕区域协调发展中政府角色转变、功能变迁、府际协同、跨域合作以及政府采取何种手段如何进行有效的体制机制安排来保障治理的顺利进行做了研究。

综合前人的研究,区域经济协调发展及其政府治理过程应分为初级、中级和高级三个阶段,但以往学者在不同阶段、不同类型、不同区域层次方面研究相对较少,过程分析语焉不详,对于区域经济协调发展中政府治理的体制机制的研究不够全面。因此本文试图从政府治理的市场机制、利益协调机制、分工机制、空间组织机制以及政府绩效考核机制等方面系统探究推动长三角区域经济协调发展的路径。

第三节　研究价值

一、理论价值

本文的理论意义有以下几个方面:第一,将区域经济学与公共管理学等学科中的相关理论进行融合。以区域经济协调发展作为研究的切入点,将其与政府治理二者进行有机结合,从不同维度系统探讨政府治理的过程及其表现。第二,探索政府完善市场机制的区域经济协调发展效应,并加以论证;第三,基于博弈论、利益相关者理论和协同学理论,结合长三角区域经济协调发展的现实,对政府治理健全利益协调机制进行理论阐述;第四,结合区域分工理论、合作竞争理论、区域依赖理论等,探究政府治理的合作机制;第五,结合新经济地理学的理论和方法,探究政府治理的空间组织机制,最后从城乡区域协同发展、公共服务便利共享、产业融合发展、生态环境共保联治、基础设施互联互通等五个方面构建了区域协调发展中政府治理绩效考核评价指标体系,以此衡量长三角政府治理的绩效。

二、现实意义

本文的实践意义有以下几个方面:第一,有助于在新发展格局下拓宽政府治理的思路,提升政府治理的有效性和能力。推进国家治理体系和治理能力的现代化需要以实现地方治理体系和治理能力现代化作为基础。本文尝试以长三角区域经济协调发展中的政府治理机制为研究模本,提炼为具有一般意义的可操作模式。深入研究政府治理能力,有助于政府制定相关的发展战略,有助于完善政府治理体系,对提升治理能力具有极为重要的参考价值和指导价值。第二,有利于发挥长三角一体化发展政府治理的示范与引领带动作用。长三角地区政府治理的比较优势,能有效提升区域整体实力,从而可探究、构建、总结新型区域一体化发展的制度和路径的范式,形成长三角区域经济协调发展可复制的经验,带动其他区域的经济协调发展。第三,为推进国家治理体系与治理能力提升以及现代化发展夯实基础。中央政府的政策执行者是地方政府,经济社会发展的服务者也是地方政府,其治理能力及现代化水平的高低,从微观层面来说会影响到企业生产与居民日常生活的方方面面。从宏观层面来说,既关系到一个国家的社会稳定与长治久安,还关系到一个国家经济、政治、社会、文化与生态的全面协调与可持续发展。因此,研究长三角地区在区域经济协调发展背景下如何完善政府治理机制并形成相应的治理体系,对推进整个国家治理体系与治理能力现代化的发展以及和谐社会的建设,乃至实现中华民族伟大复兴中国梦具有重要的指导意义。

三、研究内容

第一章是引言,先提出本文的研究背景,通过进一步梳理与整合区域经济协调发展中政府治理的相关文献,包括对区域经济协调发展、政府治理以及区域经济协调发展过程中的政府治理等,并明确本文的研究价值和创新之处。

第二章主要对区域经济协调发展中政府治理机制的相关概念、理论及分析维度进行阐述。在阐述区域经济协调发展与政府治理机制内涵的基础上,立足党和国家领导人关于区域经济协调发展及治理的思想论述,以及区域经济协调发展和政府治理相关理论,明晰政府治理机制的分析维度,包括促进市场机制完善、健全利益协调机制、强化合作机制、优化空间组织机制以及构建政府绩效考核机制。

第三章主要对长三角区域经济协调发展进程与政府治理机制的现实进行分析。进程分为四个阶段:从上海经济区到浦东开发;再到我国加入WTO,走向经济全球化时期;再者是美国次贷危机以及全球金融危机爆发,引发我国长三角地区外向性需求严重萎缩;最后是2019年"长三角一体化发展示范区"概念首次提出。四个阶段分别概括为政府治理的萌芽期、成长期、成熟期和深化期。在长三角区域经济协调发展中政府治理机制存在着一些现实问题:政府促进市场作用发挥的机制有待进一步完善、利益协调机制不够全面、合作机制不够通畅、空间组织有待优化以及绩效考核机制有待构建等,原因归为政府治理理念差异化、公共政策碎片化、体制分割化等。根据外部环境变化的需求、长三角区域经济协调发展的内在要求以及长三角经济一体化高质量发展的历史使命提出完善政府治理机制的现实需要。

第四章是长三角区域经济协调发展中政府促进市场机制完善的分析。首先对长三角地区政府与市场的关系进行了梳理,继而探究长三角区域经济协调发展过程中政府在市场机制构建中的作用,再运用长三角城市群的市级面板数据,实证市场机制的完善程度与区域经济协调发展的相关性,最后从建立长三角区域统一市场,推进市场全面开放,推进区域微观主体跨区域发展等方面提出对策。

第五章是长三角区域经济协调发展中政府健全利益协调机制的分析。首先从博弈论、利益相关者理论、协同学理论分析长三角各利益主体的行为动机、行为过程及结果,继而对当前长三角区域存在的利益冲突表现进行研究,并在此基础上阐述现有利益协调模式的优势与不足、重点方向,提出利益协调机制构建需要优化顶层设计、把握关键领域、促成机制联动以及加强信息数字化治理。

第六章是长三角区域经济协调发展中政府强化合作机制的分析。构建政府治理强化合作机制有利于促成长三角区域在分工中合作、在竞争中合作、在相互依赖中合作,本文认为长三角区域合作需要以消除行政壁垒、共享利益成果、形成区域经济共同体为目标,针对长三角区域合作存在地方政府竞争、产业规划不协调、协调机制缺位等方面的问题,提出在明确区域分工、优化制度设计的基础上,构建政府、行业组织、企业等为主体的多层次、多样化的区域合作体系。

第七章是长三角区域经济协调发展中政府优化空间组织机制的分析。为了更好地实现长三角区域一体化高质量发展,政府需要优化空间组织机制。基于区域空间组织与经济协调发展的关系,本文在探究了长三角地区主体功能区规划的基础上,提出政府优化长三角地区空间组织机制的对策,包括合理规划区域空间开发次序,严格防止重复建设,以及实施差别化的区域政策。

第八章是长三角区域经济协调发展中政府构建绩效考核机制的分析。根据2019年发布的《长江三角洲区域一体化发展规划纲要》提出五个政府治理目标的要求,从经济发展、科技创新、基础设施、生态环保、公共服务五个维度出发,构建长三角三省一市政府治理的绩效考核指标体系,对长三角政府治理绩效及协同度进行实证研究。研究发现长三角区域经济协调发展政府治理的协同度不高,继而回顾政府绩效考核制度的变化及存在问题,提出完善考核机制的制度保障,包括政府功能的重新定位,完善政府绩效考核的顶层设计,健全评估主体以及奖惩机制等。

四、研究方法

第一,文献研究法。本研究对区域经济协调发展、政府治理相关的著作和论文进行了收集和整理。覆盖面不局限于公共行政视野,而拓展到经济学、社会学、政治学、管理学等相关学科,对这些研究成果的归纳分析奠定了本文的研究基础。

第二,归纳与演绎研究法。在前人研究成果的基础上提炼出可以借鉴的理论依据及经验事实。通过大量对区域经济协调发展、政府治理、制度经济学等领域国内外文献的搜索与研读,总结出区域经济协调发展中政府治理的理论视角及分析维度,从而对区域协调发展中政府治理的五大机制进行深入研究。

第三,比较研究法。通过国内国外、省际经济区、城市群、都市圈(诸如美国的州际间合作、欧盟的区域治理模式、我国东中西、长三角、珠三角、京津冀经济圈、武汉城市群、成渝地区)的比较研究,借鉴国际其他国家区域协调发展及治理的特征及经验。

第四,实证研究法。一是实证市场机制的完善程度与区域经济协调发展的相关性,二是对长三角三省一市政府治理的绩效及其协同度进行测定,便于更好地分析完善市场机制和构建绩效考核机制的重要性。

第四节　研究创新

本书的创新之处有三点:第一,多学科视角。以区域经济协调发展和政府治理机制的相关理论为基础,论述对长三角区域经济协调发展政府治理的启示;从演化经济视角分析长三角区域经济协调发展的历史进程,发现政府治理推动长三角区域经济协调发展的重要作用;从新经济地理学视角构建区域经济协调发展的指标,分析市场机制与长三角区域经济协调发展的关联性。第二,引入实证研究。一是对区域经济协调发展和市场机制的关联进行定量研究,其中运用区域产业协调发展程度替代区域经济协调发展的指标,以市场化指数反映市场机制的成熟程度;二是构建政府治理绩效综合考核指标体系,综合考虑政府在经济、社会、文化、生态环境等方面的治理,并兼顾空间关联和政府治理效率指标等,对长三角三省一市政府治理绩效及协同度进行量化分析。第三,多维主体的研究。长三角区域经济协调发展中的政府治理研究既涉及长三角三省一市层面,还涉及该区域内的行业主体、企业主体和政府官员主体层面,并分别进行细化研究;研究区域不仅仅停留在省域层面,还考虑到地级市域层面,乃至县域层面。

第二章

区域经济协调发展中政府治理机制的理论和分析维度

第二章
区域经济协调发展中政府治理机制的理论和分析维度

区域经济协调发展一直是党和国家关注的问题,政府治理的重要性不言而喻,本章先进行区域经济协调发展与区域经济一体化、政府治理和政府治理机制等核心概念的界定,并对区域经济协调发展和政府治理的相关思想论述及理论进行梳理,在此基础上阐述区域经济协调发展政府治理机制研究的五大维度,即促进市场机制完善、健全利益协调机制、强化区域合作机制、优化空间组织机制以及构建绩效考核机制,奠定研究的理论基础。

第一节 概念界定

核心概念有区域经济协调发展、区域经济一体化与政府治理机制。从概念属性来看,区域经济协调发展与区域经济一体化属于经济学范畴,政府治理机制属于公共行政管理范畴,本书进行的是学科交叉研究。

一、区域经济协调发展与区域经济一体化

"协调"指的是正确地处理组织内外的各种关系,创造良好的条件和环境实现组织正常地运转,以实现组织的目标。推动力有两个:一是市场力,自主协调;另一个则是政府力,干预协调。区域经济协调发展的主流认识达成了三个共识:一是认为区域经济协调发展是一种区域间相互经济关系的状态;二是认为区域之间是开放与联系的,发展上是关联与互动的;三是认为区域间经济发展若能可持续或共同发展,其经济的差异将趋于缩小。彭荣胜(2009)从系统理论、劳动地域分工理论和区域相互依赖理论出发,并结合经济发展不同阶段性的特征,界定了区域经济协调发展的内涵:区域间的经济交往日趋密切、区域分工日趋合理,相互开放加深,整个区域经济能够保持高效增长的状态,区域之间的经济差距能得到合理适度地控制而且能逐渐变小,呈现良性互动、正向促进的状态[①]。覃成林等(2011)提出,有学者的研究把区域经济协调发展衍生到社会和生态等方面,还有学者认为协调是在区域内部经济、社会等多方面进行,对区域经济协调发展的理解不够准确。他认

---

① 彭荣胜:《区域经济协调发展内涵的新见解》,载《学术交流》,2009年第3期,第101-105页。

为区域经济协调发展是在区域开放的条件下,区域相互间的经济联系日趋密切,相互依赖逐渐加深,关联互动和正向促进逐渐加强,各区域的经济都能持续发展,而且区域之间的经济差异将趋于缩小[①]。魏后凯等(2011)从科学发展观的角度阐明区域经济协调发展,认为是全面的、可持续的协调发展以及有新型的协调机制[②]。范恒山等(2012)同样按照科学发展观的视角,认为区域经济协调发展至少有四个要点:一是人均生产总值地区间差距保持在适度范围;二是均等化的基本公共服务各地区的人们皆能享受;三是通过各地区比较优势的发挥,区域间实现优势互补和互利互惠;四是人与自然的关系各地区能够处于协调和谐的态势[③]。徐康宁(2014)综述了陈秀山、郝守义、范恒山、安虎森等关于区域经济协调发展的内涵,界定了区域经济协调发展:在现有的环境与条件下,各个区域的发展机会日趋均等、发展利益趋于一致,总体上处于同步发展和发展利益共享相对的协调状态[④]。

可以看出,区域经济协调发展是区域协调发展战略的重要组成部分,其内涵是动态变化的:在我国推进区域协调发展的初期,主要关注的是区域经济的协调发展,包括实现区域之间经济发展的和谐,经济发展之间的联动,相互促进,关注区域利益是否同向增长,经济发展的差异是否缩小;随着区域协调发展进程的推进,区域经济协调发展与社会、环境紧密相连,包括不同地区的经济协调发展、区域内城市与农村间经济的协调发展、区域经济发展与人口、资源、社会的协调、经济发展中的产业协调等,关注区域经济发展差异、城乡差异、产业结构的转型升级、区域资源利用效率等;当区域协调发展进入更高级的阶段,区域经济协调发展更加重视区域比较优势的发挥、区域之间的分工与共同发展、区域间要素的流动和市场机制的发挥、区域技术合作以及区域经济与社会、资源、环境等全面协调与互助合作的新型区域关系等,关注的是区域劳动生产率的提高、公共服务的均等化、人才技术的流动性以及区域整体效能的提升。

区域经济协调发展的内涵和要求是动态变化的,对于长三角地区而言,

---

① 覃成林　张华　毛超:《区域经济协调发展:概念辨析、判断标准与评价方法》,载《经济体制改革》,2011年第4期,第34-38页。
② 魏后凯　高春亮:《新时期区域协调发展的内涵和机制》,载《福建论坛(人文社会科学版)》,2011年第10期,第147-152页。
③ 范恒山　孙久文　陈宣庆:《中国区域协调发展研究》,北京:商务印书馆,2012年版。
④ 徐康宁:《区域协调发展的新内涵与新思路》,载《江海学刊》,2014年第2期,第72-77+238页。

第二章
区域经济协调发展中政府治理机制的理论和分析维度

其区域经济协调发展主要应体现在：一是区域联动的融合发展，包括基于产业、人口、生态主体功能区的合理分布，产业链与创新链的有效衔接与融合，城市群发展与乡村振兴的协调发展；二是错位发展与合理分工，包括产业与产业链的空间分工、中心城市的功能分工、经济带和城市群的空间分工等；三是区域市场的一体化发展，有效发挥市场的作用，促进资金、技术、人才等要素公平合理流动；四是区域经济发展的利益协调与共享，包括实现长三角区域经济整体效能提升，各地方政府、行业、企业、公民等主体利益的公平分配与共享，以及经济发展与社会、资源、环境发展的可持续。从发展方向来看，长三角区域经济协调发展有以下着力点：一是推进上海都市圈、杭州都市圈、南京都市圈以及合肥都市圈联动发展和深度同城化，既包括基础设施、公共服务、要素流动、就业、社会保障的同城，还包括城市化、工业化以及经济发展水平的同城；二是跨省界的经济带的联动和长三角世界级产业集群的共建；三是长三角多个中心城市的全球资源功能平台和服务能力建设的分工合作，科技创新资源研发与应用的分工合作。

国内外学者对区域经济一体化的内涵存在争论。荷兰学者丁伯根最早提出经济一体化，认为一体化将有碍于消除经济运动的因素，通过协作统一，创造最合适的国际经济结构[1]，但得到广泛认可的是美国学者贝拉巴萨，认为经济一体化是一种状态，也是一个过程，状态是指各地区差异待遇的消减，过程指的是消除各地区差异的种种举措。区域经济一体化可分为国与国之间的一体化、地区间的一体化，本质在于，通过国与国、地区之间的分工与合作带来利益，促进国家或地区的经济社会发展。其实现基础有以下三方面：一是制度一体化，国家或地区在区域同盟框架下，按照约定的协议、契约等，所有成员受到区域制度的约束；二是市场一体化，区域要能够形成统一的市场，能够促进要素自由地流动，以及正确价格机制的形成；三是产业一体化，即各个成员产业的发展要在整个区域产业体系形成有序分工和良性互补。

表 2-1 早期"区域经济一体化"内涵的认识

时间	学者	观点
1954	丁伯根	将有碍于经济运动的因素消除，通过统一协作，创造最适合的国际经济结构

---

[1] 李瑞林　骆华松：《区域经济一体化：内涵、效应与实现途径》，载《经济问题探索》，2007年第1期，第52-57页。

续表

时间	学者	观点
1969	平德	两个或两个以上的国家不仅商品在它们之间自由流动而且还允许生产诸要素自由流动，为此必须消除各国在这些方面存在的各种歧视做出一定程度的政策协调。
1973	巴拉萨	既是一个过程，又是一种状态。过程包括消除各国经济单位之间差别的措施和行动；状态则是各国之间待遇差别的消除。
1976	马克西莫娃曼尼斯和索迈	国家经济间发展深层次且稳定的生产分工关系的过程是具有同类社会经济体制的国家群体框架内的国际经济实体的形成过程。

实质都是通过降低成员国之间的交易成本，提高贸易自由度，实现要素、产品的自由流动达到资源的优化配置。

一体化是区域经济协调发展的高级阶段，是在区域间经济往来日趋密切、相互依存度不断提高、关联发展互动加强的基础上形成的，且通过一体化形成最终的经济共同体的过程。长三角区域一体化发展的提出，经历了自改革开放以来40多年的长三角区域经济协调发展的不断磨合，且当前仍然处在一体化发展的初步阶段。因此，本书的研究仍然用的是"区域经济协调发展"，但考虑到当前长三角区域一体化发展的战略，部分内容表述上使用"区域一体化"。

二、政府治理机制

政府治理机制是政府治理和机制两个概念的结合。"机制"一词在社会科学领域指的是，在某个场域内，由某种动力使得参与主体通过某种方式、方法或途径实现目标的过程。动力是内在的，即参与主体想实现目标，方式、方法或途径是外显的。

"治理"（governance）源自拉丁文和古希腊语，指控制、操控和指导。一直以来，"治理"一词被用来表述跟国家公共事务相关的政治活动和管理活动。后来治理不仅局限于政治学领域，而且涉及社会、经济等多个领域，治理有了更新的含义。世界银行1989年第一次使用"治理危机"一词，用于概括当时非洲的情形。此后，在政治发展的研究中"治理"被广泛地运用，尤其是描述后殖民地和发展中国家的政治状况。长期以来，统治与治理这两个词经常被交叉使用，且主要用于与国家公共事务相关的管理活动和政治活动。在诸多关于治理的定义中，全球治理委员会的定义具有很大的代表性和权威性，他们

第二章
区域经济协调发展中政府治理机制的理论和分析维度

认为治理是有关各种公共的、私人的机构管理其公共事务方式的总和,能使相互间冲突和不同的利益得到协调,而且是一个采取联合行动的、可持续的过程,既包括有权迫使人们服从的正式制度和规则,还包括以人们同意或符合人们的利益的非正式制度和规则。治理与统治的基本区别有两个:第一,最基本、最本质的区别是主体的不同。虽然说治理需要权威,但这权威并非一定是政府部门和机关,而统治的权威必须是政府作为主体,必须是社会公共机构,而治理的主体既可以是公共机构、私人机构,也可以是公共和私人部门合作的机构和团体。第二,权力运行的方向在管理过程中不一样。统治的权力运行总是自上而下的方向,基于政府的政治权威,通过制定政策、行政施令以及政策实施,单一方向地实行对社会公共事务的管理。治理则不同,他的管理过程是上下互动的,主要方式通过确立伙伴关系、合作协商,以及确立认同和共同的目标等。治理的实质在于,确立公共利益、认同和市场原则基础上的合作,其管理机制并不依赖政府权威,而是合作网络的权威,其不是单一的、自上而下的权力方向,而是相互的、多元的。西方的政治学家和管理学家之所以提出"治理",并且主张用其替代"统治",是因为市场会有在社会资源配置的过程中出现失效的时候,而国家在此过程当中也同样存在着一些不足之处。市场失效主要表现在:市场手段根本无法实现经济学意义上的"帕累托最优"状态,那是因为市场约束个人极端化的自私自利行为、在限制垄断、克服生产的无政府状态、提供公共物品以及统计成本等方面存在固有的一些缺陷。单纯靠市场手段实现社会资源的最优配置很难。同样,仅靠政府计划和行政命令也无法实现资源配置的最优状态,最终并不能保障和促进人们的经济利益和政治利益。因此,更多的学者认为治理体制可以应对国家和市场协调的失败[①]。但是治理并非万能的,因为治理既不能代替国家权力机构,也不能代替市场自发调节,必须在国家和市场的基础上建立,本质是对国家和市场手段的有益补充。

关于政府治理的内涵,不同学科的理解各异。从政治学角度看,是政府施政的过程,目的在于让社会全体成员履行其社会义务并遵从法律,政府及其公职人员需要切实保障社会利益,促进社会公共意志的实现(张成福,2000);从公共经济学视角看,是提供社会公共产品的过程(唐娟,2006);从社

---

① [英]鲍勃·索杰普 漆燕:《治理的兴起及其失败的风险:以经济发展为例的论述》,载《国际社会科学杂志(中文版)》,1999年第1期,第31—48页。

会学视角看,是政府为社会自治和发展创造环境和公共价值的过程(霍春龙,2013)。从单一学科视角、围绕治理目标和过程理解政府治理的内涵不够科学全面,本书认为政府治理是一个包括治理目标和内容的制定、治理手段及实施、治理结果评价的系统过程。其中,目标的制定回答"为何治理",内容的制定回答"治理什么",治理手段及实施回答"如何治理",治理结果评价回答"治理得怎么样"。

关于政府治理机制内涵的研究,有学者认为包括公共服务、公共财政与公共政策的治理机制[①](孙力,2010),强调的是政府治理的内容。也有学者认为政府治理机制是治理理念、主体和行为的统一体(易承志,2012)[②],可以被界定为政府与各种组织和个人在合作管理社会公共事务、提供公共产品、解决社会公共问题、促进社会公共利益中相互作用的关系、过程和方式(易承志,2013)。从该内涵可以看到,主体的构成及其关系、过程和方式的选择是决定特定政府治理机制的三大要素[③]。霍春龙(2013)认为,政府治理机制指的是,政府治理主体在特定场域内,在某种动力的驱使下,通过某种方式趋向或实现治理目标的过程。由以上研究可以发现,政府治理机制并无统一的界定,本文总结了学者们的共识,认为政府治理机制指的是为了实现政府治理目标进行的在既定区域内对行为主体、行为内容、制度、行为方式等进行系统设计、安排和实施的系统过程。因此,长三角区域经济协调发展中的政府治理机制研究,应以促进长三角区域经济协调发展以及一体化高质量发展为目标,侧重经济层面治理的实施。具体的实施方式包括一些子机制的探索,如何在区域经济协调发展过程中围绕如何更好地发挥市场作用,如何促进利益相关者相互沟通、协调与互动,如何优化市场主体更好地实现空间合作与布局以及如何对政府治理的效果进行考核。

---

① 孙力:《城乡整合的历史阶段性和政府治理机制》,载《探索与争鸣》,2010年第9期,第17-18页。
② 易承志:《大都市发展转型中的政府治理机制创新:问题与对策研究》,载《江淮论坛》,2012年第6期,第37-42页。
③ 易承志:《基于大都市发展转型的政府治理机制创新》,载《城市问题》,2013年第2期,第83-88页。

第二节　区域经济协调发展及治理的思想论述和相关理论

我国党和国家领导人对区域经济协调发展皆有论述,强调全面、自由发展,以及考虑到区域的差异性的重点发展,且对区域经济协调发展的认识和论断与时俱进,治理举措符合时代发展要求。在此基础上对区域经济协调发展和政府治理的相关理论进行梳理,并探究其在长三角区域经济协调发展中的应用。

一、党和国家领导人关于区域协调发展及治理的思想论述

区域经济发展不平衡一直是我国经济与社会发展中存在的问题,党和国家领导人非常关注。中华人民共和国成立后,以毛泽东为首的第一代中央领导集体提出了"统筹兼顾思想",治理上实行了"均衡发展"的战略。毛泽东"快发展"思想的一个重要特征就是综合平衡和统筹兼顾。"统筹兼顾思想"在实际中表现为:统筹兼顾与适当安排、统筹兼顾与协调发展;统筹兼顾与平衡布局;统筹兼顾与各得其所;统筹兼顾与适当分权等具体的方针和政策。如要统筹兼顾,正确处理"农、轻、重"的比例关系,同时实现速度与效益的统一,促使国民经济协调发展。再如必须适当划分中央和地方的权力,他说,"我们的国家大,人口多,情况复杂,有中央和地方两个积极性,比只有一个好得多"[1],要统筹兼顾,赋予地方更大更多的自主权,才能发挥地方积极性。毛泽东在《论十大关系》中提出的"正确处理沿海和内地关系",面对我国内地与沿海地区发展不平衡的情况,创造性地提出了区域经济均衡发展思想,并系统地进行了论述。他多次强调,在整个国民经济中,平衡是个根本问题;没有全国的平衡,就会天下大乱;"搞社会主义建设,很重要的一个问题是综合平衡"。在《论十大关系》中指出"沿海的工业基地必须充分利用,但是,为了平衡工业发展的布局,内地工业必须大力发展"[2],使我国的工业建设能够在全

---

[1] 《毛泽东文集》(第七卷),北京:人民出版社,1999年版,第1、31、44页。
[2] 《毛泽东文集》(第七卷),北京:人民出版社,1999年版,第25页。

国得以平衡布局与发展。1958年,他提出"经济发达地区应当积极支援经济落后地区,沿海工业基地应当积极支援内地"①。20世纪60年代,为了国防的需要将全国划分为一、二和三线区域,重点发展三线区域的工业经济。在"均衡发展"战略思想的指导下,西部地区的发展主要经历了以下三个时期:一是"一五"建设时期,以西北建设为重点;二是1958年的"大跃进"时期;三是始于20世纪60年代中期的"三线"建设时期,以西南为重点。

以邓小平为首的第二代领导集体在积极倡导和推动经济改革的同时,对区域发展战略进行了深入思考和实践探索,逐步形成了区域发展思想及治理的重要论述,主要包括两个方面:第一,突出重点,带动经济的全面发展。为更好实现发展的战略目标,邓小平提出以重点发展带动全局发展的思想,先要集中资源和力量在重点产业中进行投资,然后再由这些产业带动、保障整个国民经济的顺利发展。邓小平提出,"我国经济发展的重点一是农业,二是能源和交通,三是教育和科学"。邓小平1978年在中共中央工作会议上明确提出:"在经济政策上,我认为要允许一部分地区、一部分企业、一部分工人农民,由于辛勤努力成绩大而收入先多一些,生活先好起来。"②第二,邓小平根据协同论和系统论的观点提出"两个大局"思想。他认为只有根据各地的地理位置和各自的优势安排发展,从而促使地区间的经济协调发展,整个国民经济才能在总体上最大化和最优化发展。1988年,邓小平首次明确提出区域发展要实行"两个大局"的伟大构想:中国地域辽阔,各地条件差异很大,经济发展不平衡,沿海地区要充分地利用自己的优势先发展起来,不能贻误时机,这是一个事关大局的问题,内地要服从这个大局;反过来,发展到一定的程度,则要求沿海拿出更多的力量来帮助内地发展,沿海也要服从这个大局③。在"南方谈话"时邓小平指出,东部沿海地区可以充分发挥其区位优势率先发展,通过示范效应和辐射作用,形成对内地经济发展的辐射,带动全国发展。"两个大局"战略思想的成功实践取得了举世瞩目的伟大成就,对于指导我国区域经济乃至国民经济协调发展具有十分重大的理论意义和实践意义。

以江泽民同志为核心的党的第三代领导集体审时度势,高瞻远瞩,开始以区域经济协调发展思想指导区域经济发展的战略部署,对邓小平"两个大局"战略思想进行了全面继承、具体实践和重大创新与发展。在马列主义、毛

---

① 《建国以来重要文献选编(第十一册)》,北京:中央文献出版社,1995年版,第436页。
② 《邓小平文选》(第二卷),北京:人民出版社,1994年版,第152页。
③ 《邓小平文选》(第三卷),北京:人民出版社,1993年版,第277-278页。

第二章
区域经济协调发展中政府治理机制的理论和分析维度

泽东思想和邓小平理论的指引下,江泽民同志首先提出实施"西部大开发"战略,促进区域协调发展,并一直关心和推动。江泽民同志同时对西部地区提出了具体要求,实现经济繁荣、生活安定、社会进步、山川秀美以及民族团结。党的十四大报告明确指出:"解决地区发展差距,坚持区域经济协调发展,是今后改革和发展的一项战略任务。"[1]在继续鼓励东部地区率先发展的同时,为了加强东、中、西部地区的经济贸易往来和合作,实现区位优势互补和共同发展,2003年和2005年提出"实施西部大开发战略""振兴东北地区等老工业基地""促进中部地区崛起"等区域协调发展战略,支持东北地区等老工业基地加快调整和改造,支持革命老区和少数民族地区加快发展。这是落实邓小平同志"两个大局"战略思想的重大治理举措,对于扩大内需、调整经济结构,促进民族团结、维护边疆稳定,逐步缩小地区差距、实现共同富裕,都具有十分重大的意义。

  2002年开始,以胡锦涛为总书记的中央领导集体对区域经济协调发展问题更加重视,相继提出实施"振兴东北等老工业基地"和"中部崛起"等区域发展的战略。提出科学发展观,强调以人为本,全面、协调、可持续的发展,是以邓小平理论和"三个代表"重要思想为指导,从新世纪新阶段党和国家事业发展全局出发提出的重大战略思想。他提出促进经济社会协调发展,是建设中国特色社会主义的必然要求,也是全面建成小康社会的必然要求。发展绝不只是指经济增长,而是要坚持以经济建设为中心,在经济发展的基础上实现社会全面发展。要更好坚持全面发展、协调发展、可持续发展的发展观,更加自觉地坚持推动社会主义物质文明、政治文明、精神文明协调发展,坚持在经济社会发展的基础上促进人的全面发展,坚持促进人与自然的和谐。"十一五"规划建议提出继续发挥珠江三角洲、长江三角洲、环渤海地区对内地经济发展的带动和辐射作用;由十六届六中全会通过的《中共中央关于构建社会主义和谐社会若干重大问题的决定》可以发现,政府明确提出落实区域发展总体战略,促进区域协调发展,形成区域分工合理、优势互补、特色明显的产业结构,推进各地区共同发展;引导与鼓励东部地区对中西部地区的发展发挥带动和帮助作用,扩大发达地区对欠发达地区和民族地区的对口支持援助,构建以政府为主导、市场为纽带,以企业为主体、项目为载体互利互惠的机制,建立健全关于资源开发有偿使用的制度与补偿机制。

  以习近平同志为核心的党中央在十九大报告中明确提出要"实施区域协

---

[1] 《江泽民论有中国特色社会主义》(专题摘编),北京:中央文献出版社,2002年版。

调发展战略,建立更加有效的区域协调发展新机制"。这是中国特色社会主义进入新时代,党中央审时度势,紧扣我国社会主要矛盾的变化,根据高质量发展的要求提出的重要战略举措,对推动我国经济社会持续健康发展的意义重要而深远。习近平总书记关于新时代区域协调发展的重要论述已形成较为完整的理论体系,涵盖发展动力论、人民中心论、发展增长极论、跨区域合作论、对口帮扶论、对外开放论等主要内容,其核心思想是坚持"以人民为中心",培育区域发展的新动能,实现由依靠外力推动转变为激发内生动力,形成区域自我创新和自我发展的良性循环,推动实现包容性增长[①]。党和国家领导人对区域经济协调发展及治理的思想论述对于长三角区域经济协调发展具有重大的理论价值和现实指导意义。

二、区域经济协调发展的相关理论

区域经济协调发展,相关的理论主要有区域均衡发展理论、非均衡发展理论、梯度推移理论等,能对长三角区域经济协调发展作相应的理论指导和借鉴。

第一,均衡发展理论。均衡发展理论产生于 20 世纪 40 年代,认为在经济发展中,区域间、产业间以及区域内各地基本保持同步和同一发展水平,不仅产业间要协调平衡发展,区域间及区域内各地区生产力部署也要平衡,以此推动区域经济的平衡发展。如卢森斯坦·卢丹的"大推进"理论,认为发展中国家和地区需要对国民经济部门进行大规模的投资,并保证这些重要部门的平均增长,以此推动国民经济整体的高速增长与全面发展;纳克斯的"贫困的恶性循环"理论,认为发展中国家和地区在宏观经济中,从供给和需求视角来看,存在两个恶性循环:从供给方面来看,低收入导致低储蓄能力,低储蓄能力使得资本形成不足,资本形成不足又使得生产率提高存在困难,而低生产率又会导致低收入;从需求方面来看,低收入导致低购买力,低购买力使得投资不足,投资不足又影响了生产率的提高,低生产率又导致低收入,这样不断循环,周而复始,想要破解这个困境,需要向国民经济的主导部门进行大规模投资,使经济增长率迅速提升到一定的高度。当人均增长达到一定的水平之后,才能破解低收入导致的恶性循环,实现经济快速的发展。他提出平衡增

---

① 董雪兵　李霁霞　池若楠:《习近平关于新时代区域协调发展的重要论述研究》,载《浙江大学学报(人文社会科学版)》,2019 年第 6 期,第 16—28 页。

长理论,认为政府采取一揽子政策的必要性:在对消费品生产部门和资本品部门及其各自内部进行投资的时候,保持相互间的比例要适当;提出详细周密而且能够符合具体政治、技术以及社会现实条件的改革与经济增长的时间日程表,实现制度的变革并以之推进社会态度的转变;对不符合平衡增长目标的投资须进行严格控制,运用汇聚社会和政府的力量,通过政治、经济、法律的手段将发展的障碍消除。两位学者都认为对宏观经济进行有计划的调节,才是政府在平衡增长战略中最为有力的手段。

第二,非均衡发展理论。非均衡发展理论的核心观点是均衡发展行不通,因为发展中国家和地区并不具备全面发展所需的资本和资源,因此,有必要集中有限的资本资源支持一部分产业和区域的优先发展,再以其带动、扩大其他产业及区域经济的发展。代表性的理论有赫希曼的"不平衡增长"理论、佩鲁的"增长极"理论。赫希曼认为,无论是发展进程还是增长过程,本质是发展中国家的不平衡和地区资源的稀缺,若实行"一揽子"的投资,那么无法突破资本稀缺这个瓶颈,平衡增长也无法实现,只有选择性地将有限的资源投入到关联度强且具有发展潜力的产业(主导产业)才有可能带动其他相关产业和地区经济的发展。发展中国家和地区资源有限,在直接生产资本和社会公共资本之间的分配具有一定的替代性,于是就会有两种不平衡增长的途径产生:第一,短缺的发展。首先对直接生产增加投资,导致社会公共资本的短缺,直接生产的成本也会增加,投资进而会被迫转移向社会公共资本,以实现两者的平衡,继而再通过投资直接生产成本引发新一轮不平衡增长的过程。第二,过剩的发展。首先增加投资社会公共资本,降低直接生产投资成本,当两者达到平衡后,促使投资者重复下个不平衡增长的过程。经济增长并非在所有地方同时出现,相反,它会首先在某些具有初始优势的地区出现,如沿海港口、交通要道、主要城市以及资源富集地等,即经济空间的中心,称之为"增长极",增长极由不同渠道对外扩散,带动经济发展。会有两个效应:一是极化效应,极点(中心)对外围地区产生的巨大吸引力,将外围地区的生产要素和资源集聚到中心,形成规模经济效应,从而使得中心的竞争能力增强;二是扩散效应,极点(中心)通过其产品、人才、资本、信息等的运动,将创新成果、经济动力辐射到广大的腹地,促进腹地区域经济的增长。以上两种效应相辅相成,前者的表现为集聚,后者的表现为辐射,从不同的角度带动区域经济的发展。

第三,梯度转移理论。拉坦·费农等人创立的工业生产生命周期论,是梯度转移理论的渊源。区域经济学家将该生命周期阶段理论引入区域经济发展的研究中,区域经济的梯度推移理论就此创立,其主要观点如下:第一,地区产业结构的优劣与转移影响区域经济发展的效果,而产业结构的优劣又由地区各经济部门决定,尤其是在工业生命周期中这些专业化部门所处的阶段。第二,创新活动由科技进步引致,包括新产业部门、新产品、新工艺、新的管理与组织方法等大都在高梯度地区首先出现,随着时间的推移、生命周期阶段的变化有序从高梯度向低梯度地区转移,促进区域整体产业结构的更新。第三,梯度转移过程有两种途径,产生的极化效应和扩散效应是动态的,经济要素的高梯度集中与转移,既对周边地区产生支配和吸引作用,又会带动周边地区的经济发展和创新活动,按区域等级顺序由发源地花跳式地向广大周边地区扩散,因此会产生有序地梯度转移。弗农的理论对产品生命周期的特点进行了总结,从发展阶段来看,任何工业产品都经过创新阶段、扩展阶段、成熟阶段和成熟后期阶段。在一般情况下高梯度地区的工业部门,主要是由处于创新阶段至扩展阶段间的成熟部门组成,伴随产品生命周期的变化,高梯度地区的创新活动逐渐向处在成熟与成熟后期阶段间的衰退部门所在的低梯度地区推移。静态梯度推移理论试图将各个区域固化在特定的阶段上,认为梯度一成不变。周起业、刘再兴等(1989)基于这一缺陷,在梯度推移理论中引入缪尔达尔的"循环累积因果"理论,开创性地对梯度发展的动态性进行了分析。他们认为,由于发展是不平衡的,在扩散效应和回波效应影响下的梯度是可变的[①]。在梯度推移理论中"循环累积因果"理论的应用,实现了静态梯度推移向动态梯度推移的理论升华,相关研究集中在区域经济技术与发展水平的差别上。

以上理论对长三角区域经济协调发展具有一定的指导价值。均衡发展理论对长三角区域经济协调发展的启示在于,虽然长三角地区在全国经济社会发展处于领先地位,但仍然存在区域发展不平衡的现象,这种不平衡不仅体现在三省一市之间,还体现在三省一市内部各自的市域和县域之间。均衡发展理论研究的侧重点在于贫困落后的地区如何摆脱贫困落后的状态,需要政府的有力干预与支持,如扩大投资、政策倾斜、引导区域间发展的互助与扶持,避免出现发展差距过大影响社会的稳定。非均衡发展理论对于长三角区域经济协调发展的启示在于,长三角发展的差异是客观存在的,遵循市场经济的轨迹,允许具有初始优势的地区先发展起来,形成区域经济增长极,尤其是对于上海、杭州、南京、合肥、苏州、宁波这样的中心城市,通过其空间相互

---

① 周起业 刘再兴 祝诚 等:《区域经济学》,北京:中国人民大学出版社,1989年版。

作用,带动周边地区的发展。梯度转移理论对长三角区域经济协调发展的启示在于,长三角区域空间产业与产业链、创新与创新链、功能区分布需要实行合理有序的空间组织与安排,需要政府从长三角各地区利益出发,对空间组织机制进行优化,这有助于长三角形成有区分度的经济空间、城市功能空间、产业链空间、创新技术链空间,从而更好地促进长三角区域经济协调发展。

三、政府治理的相关理论

政府治理的相关理论有传统的公共行政管理理论、新公共管理理论、新公共治理理论等,从内容来看,重点关注政府行为与政府的职能,政府行为的组织形式以及政府治理的改革。

第一,传统公共行政管理理论。具有代表性的有威尔逊和古德诺的政治行政相分离的行政理念,以及马克斯·韦伯的行政组织理论。威尔逊的行政思想主要涵盖以下几个方面:一是从专门学科视角对政府管理的行为进行研究。他认为,随着资本主义进入全面发展的阶段,社会性公共事务日益增加,整个社会以及公众对政府职能的要求也会日益增加。因此政府的职能也变得更加艰难和复杂,行政管理部门要能触及每一处地方执行新任务,因此要有专门的学科来研究;二是强调政府应注重其职能的两大目标以及实现其职能的最佳路径。他认为,首先需要弄清楚行政学研究的目标,政府能够适当又能够成功承担的到底是什么任务,还要弄清楚的是,政府如何尽可能高效地以尽可能少的人力和金钱消耗来开展和完成这些任务。三是阐释公共行政学的基本特征,包括独立性、社会性和行政效率性,主张行政的集权;四是政治与行政相分离的主张,他认为行政是政府的操作,也是实际的思想活动,而行政管理在政治之外,政治又是国家宏观重大的、带有普遍性的思想活动,但行政与政治两者之间的关系也是密切的,行政管理的领域具有事务性,不同于政治领域的混乱和冲突;五是对行政学的研究方法进行了阐述[①]。古德诺认为,所有的政府体制都存在国家意志表达和执行这两种主要的政府功能。所有国家机关都是分立的,而每个分立的机关都会用掉他们大部分的时间去行使两种功能的其中一种,即政治与行政。而这两者具有明显的不同,但又无法严格区分开,如果政府的民治程度越低,国家意志表达与执行功能

---

① 张霄:《威尔逊与古德诺的"政治与行政"思想比较》,载《理论界》,2005年第11期,第154-155页。

之间的差别就越小。他还认为尽管政府的功能分化明显,但不可能将这两种功能分派给两个分立的机构行使。政治和行政功能需要相互协调,政治功能主要与国家意志的表达相关,还跟国家意志的执行相关,那是因为,在国家意志的表达和执行之间,如法律的制订与贯彻之间也必须协调,政治必须用行政控制的方式保证国家意志的执行,但为保证政府的民主性和行政的高效率,其所要实现的合法目的又会进一步要求这种控制要适当。马克斯·韦伯行政组织理论有三个组成部分:一是对理想行政组织的界定。他认为理想的行政组织的主要特点在于,为了组织目标的实现,组织成员需要按照一定的程序进行他们的活动;实现组织目标还需要进行活动的分工;按等级制度组织形成指挥链;人员关系是一种非人格化的关系表现;各个职位的人员都要经过甄别筛选,经过培训和考试;对人员实行委任制,所有管理人员都是被任命的,而非选举的;管理人员是非组织所有者;管理人员皆有固定薪酬,而且有升迁和考核制度的明文规定,组织中的法律和纪律管理人员须严格遵守,不受个人情感的影响。二是对权力的分类。他指出某种形式的权利是每一种组织的基础,权力又可分成传统的权力、合理的法定权力以及神授的权力,其中合法的、合理的权力才是行政组织的基础,可以保证管理的合理性和连续性。三是理想的行政管理制度。他提出行政组织中除了最高领导外的每一个官员,都应该按照一定的准则被任命和行使职能,规定每一个成员的职权范围和协作形式,以使各成员能正确行使职权、减少冲突,提高组织的工作效率。这种组织形式在精确性、稳定性、纪律性和可靠性方面都优于其他组织,对后来的管理学家们,尤其是组织理论学家则有很大的影响,他被称为"组织理论之父"。

第二,新公共管理理论。20世纪70年代到80年代,受到信息技术革命的影响,西方国家进入了一个发展的黄金时期,这时各种新的公共问题和运作的行政环境是政府面临的问题,对政府管理的职能形成了新的挑战和更高的要求,故而西方国家迫切需要展开政府重塑运动,即新公共管理运动。登哈特夫妇构建了一套新行政发展架构的理论体系,从市场与经济学的角度对行政的理念和价值进行重塑,基于对新公共管理进行的批判和反思,他们提出新公共服务的新理论,主要内容包括:政府服务而非控制掌舵;公共利益是政府的目标,并不是政府活动的副产品;政府需要进行战略思考;民主的行动服务于公民而非顾客;超越企业家的身份,重视公共服务和公民权等。他们的理论来源于"民主社会的公民权"、"组织人本主义"、"社区和市民社会"和"组织对话理论"。该理论是对公共管理理论的有益补充与完善,呼吁公共利益的维护,强调对公民权利的尊重,认为需要重新对政府的角色进行定位。但问题是该理论过分强调民主价值,忽视了经济和效率价值,所强调的政府改革方向,在操作层面上难以提出具体可行的路径和措施,如各国政府都要努力建设透明政府、参与式的政府民主、绩效政府和责任政府等,因此新公共管理理论要面对的问题是如何科学地对政府职能进行重新定位。

第三,新公共治理理论。该理论强调在公共行政过程中的多主体参与,它既不同于传统公共行政中的政府作为公共服务的提供者主体,也不同于新公共管理理论中市场作为公共服务产品的配置主体。新公共治理理论的产生实质上是新自由主义思想的产物,试图对传统公共行政及新公共管理理论中由来已久的国家中心主义和市场至上主义的抽象对立进行超越,因为不论是作为公共服务的提供者的政府,还是作为公共服务资源的配置者的市场,都不能单独地应对我们这个多元性的社会。传统公共行政管理理论中政府管得过多,往往使得官僚机构膨胀,会对提供公共服务的效率产生影响;新公共管理理论中政府管得过少,而政府是为了公共利益而产生的,政府管得太少可能会造成公共价值观和美德能力的丧失。新公共治理理论家将"社会"引进了公共行政领域,汉娜·阿伦特谈到,我们生存在社会中,但这个社会是一个公共领域和私人领域都缺失的社会,公共领域意味着存在"善治"的空间,私人领域意味着自由存在的空间。除去传统意义上的公共领域和私人领域之后,社会领域是一个新生的领域,随着通信技术和数字媒体时代的到来,个体之间的距离缩短了,这样会导致社会领域更易侵蚀公共领域和私人领域,造成政治共同体一方面面临失序的无力感;另一方面,存在个体同质化的事实。

新公共治理理论与传统的行政管理理论、新公共管理理论有诸多不同。一是目标和管理角色方面。传统公共行政下的目标是政治输入,官僚组织监督下的服务,管理的作用是确保遵守程序和规则;新公共管理下的目标是管理投入与产出,回应客户需求,管理的作用是协助绩效目标的实现;新公共治理下的目标是实现公共价值,管理的作用是在多重网络主体系统中,提供与保持系统的整体能力。二是利益和推动力方面。传统公共行政利益的界定是由政治家或者精英决定的,推动力是权威及其规范和指导意见;新公共管理利益的界定是个体偏好的加总,推动力是个人和组织目标的激励;新公共治理利益的界定是经过了一个考虑个体和组织偏好的复合过程,推动力是关系认同下的使命感与共同承诺。三是关注的焦点方面,传统公共行政关注组织结构和制度;新公共管理关注结果,新公共治理关注的则是过程、政策和结果。四是对参与主体的关注方面,传统公共行政关注内部政治与行政分开的管理,新公共管理关注组织内关系,新公共治理关注的则是组织与参与主体之间的复杂关系。五是政策制定和执行方面,传统公共行政缺少咨询、合作和参与;新公共管理仅限于设置目标、监督行动、管理者决定采取什么手段;新公共治理政策的制定与执行鼓励更多的咨询、主体间的合作。六是时代诉求方面,传统公共行政注重"效率",新公共管理强调"绩效",新公共治理更注重公共价值。

第四,政府治理理论新进展。关于政府治理理论还有一系列的研究。如美国学者B·盖伊·彼得斯强调指导思想的筛选及政府治理变革的系统性的思考,他认为,尽管政府改革有声有色,但总体来看改革是零散的而不系统。他强调现实中的问题在于,人们采纳改革的理念时,并没有审慎地处理不同改革方案之间的矛盾,问题并不在于理念本身存在的缺陷,而在于理念太多,并不清楚哪种理念更为合适,哪些情境与理念之间能够相互兼容,对这些问题缺少技能分析。拉塞尔·M·林登提出了服务的"无缝隙政府"理念。他认为创建无缝隙政府是政府治理变革的方向。无缝隙政府提供优质服务的方式是以整体形式的、而非各自为政。戴维·奥斯本提出了"政府再造"理论,他认为,孤立片面的革新与系统性政府再造间的差异是因为战略的不同,需要寻求基本观念战略能够引起组织变革。他对席卷全球的行政改革运动进行了系统地评价,提出了"参与式国家""市场式政府""解制型政府"和"弹性化政府"等四种模式,并对每一模式从问题、管理、结构、公共利益和政策制定五个方面进行深入的分析。

从政府治理的相关理论可以看到,经济社会发展是处于不断的变革之中,对于政府的治理改革的要求必然提升。以上理论回答了政府治理"是什么""为什么"以及"做什么"的问题。对于长三角区域经济协调发展中的政府治理来说,有以下几个方面的启示:第一,政府治理是为长三角区域经济协调发展服务的——回答"是什么",应形成相应的体制机制。"十一五"规划就强调过,"政府要通过体制机制创新和完善政策,为激发市场主体的积极性、创造性,营造良好的制度和政策环境"。这意味着政府角色将会进一步地转换——由"积极的经济主体"向"制度保障者、市场环境缔造者和公正仲裁者"的重心转移。第二,充分认识长三角区域经济协调发展中政府治理存在的问题——回答"为什么"。长三角地区某个地方政府的经济社会发展不能脱离长三角整个大区域这个系统,各个地方政府是互相依存、互相竞争、互相合作、共同发展的。这必然要求长三角地区基于多元共同体基础上设定公共价值、构建公共利益诉求机制、营造公共话语体系和重构公共主体角色认同。在长三角区域经济协调发展过程中,不能人为地割裂经济、社会、文化、环境生态以及社会文明之间的关系。他们之间相互依存、相互联系,各个环节密不可分。第三,长三角区域经济协调发展到底需要什么样的政府治理——回答"做什么"。因为地方政府是最重要的治理主体,党的十八大对推进新时代"五位一体"总体布局做了全面部署。其中经济建设是根本,政治建设是保证,文化建设是灵魂,社会建设是条件,生态文明建设是基础。政府治理的主要目的是促进长三角实体经济的发展和民生福利的提高,让市场更好地发挥作用,兼顾长三角区域整体利益以及三省一市各政府、行业、企业、公民主体利益,兼顾经济与社会、文化、生态协调发展,推进长三角区域合理有序分工,优化空间组织,形成长三角区域经济发展的合力。

在长三角区域经济协调发展过程中,理论研究需要贴近长三角的本土化和长三角整个经济社会系统发展的现实,以上理论起源于工业革命时代,随着信息革命的兴起不断得到了发展。仍需注意的是,未来社会随着互联网技术的应用,政府治理面临的问题是经济平台化、商业模式的数据化、社会的媒体化和媒体的社会化,这对于长三角地方政府治理和政府治理流程再造提出了新的发展要求,也必然需要对现行的政府治理理论进行重塑,以便能更好地实现经济结构和社会的转型升级。

第三节　区域经济协调发展中政府治理机制的分析维度

长三角区域经济经历40多年来的协调发展,已在全国实体经济发展水平上处于领先地位,且取得了良好的成效,主要表现在经济领先、合作与开放协同高效、重大基础设施基本联通、公共服务初步共享、城镇乡村协调互动、生态环境联动共保以及科技创新的优势明显等方面,已然具备一体化发展的基础。为促进长三角的一体化发展,需要进一步提升政府经济治理的能力。

2006年发布的"十一五"规划纲要,对如何健全区域协调互动发展的机制进行了专门阐述,具体涉及市场机制、互助机制、合作机制与扶持机制。因为区域协调发展涉及的内容包括区域开放与合作、区际产业分工与区域空间组织、区际间的要素流动以及对特殊区域的援助等多个领域,所以需要一个相互联系、相互促进、统一的机制体系,才能系统性地对区域协调发展起到促进作用。覃成林(2011)构建了金字塔型的区域协调发展机制体系,涵盖市场机制、合作机制、空间组织机制、援助机制。2019年5月13日,中共中央政治局会议通过了《长江三角洲区域一体化发展规划纲要》,《纲要》指出长三角要遵循高质量发展的方向,深入地推进重点领域的一体化建设,树立"一盘棋"思想和"一体化"意识。这标志着长三角区域经济协调发展进入了更高层次,朝着"一体化高质量"的发展方向有序推进。本书保留了市场机制、合作机制和空间组织机制,新添了利益协调机制和绩效考核机制。对从长三角三省一市的层面来看援助机制不作重点考察,是因为援助机制主要是针对一些特殊地区的发展,如处于欠发达状态或者面临发展瓶颈的贫困地区、边疆地区、少数民族地区和资源枯竭型地区等,但在其他机制的研究中可以涉及。从政府治理视角来看,不管是从规划纲要的发展战略定位、发展目标,还是从规划纲要的细节内容都明显对市场机制、利益协调机制、合作机制、空间组织机制以及绩效考核机制提出了要求[①](表2-2)。

表2-2 长三角区域经济一体化高质量发展相关规划纲要摘录

章节标题摘录	战略定位摘录	细节内容摘录	治理机制
促进要素市场一体化	大力推动法治社会、法治政府建设,加强和创新社会治理形成一体化发展市场体系	资源要素有序自由流动,统一开放的市场体系基本建立 坚持市场机制主导和产业政策引导相结合 激发各类主体的活力和创造力 建立市场化、社会化推进机制	市场机制

---

① 在"北大法宝"法律检索系统中分别以"长三角""长江三角洲"为主题词检索相关法律法规,共搜集到2005—2022年间465份文件,其中中央法规47份,地方法规418份。利用ROST CM6.0软件对政策文件进行文本分析,设定一个包括"长三角""长江三角洲""经济协调发展""一体化""市场""要素流动""利益""共享""分工""合作""空间""布局""联动""绩效"等词语在内的自定义词典,并将"的""与""允许""相关"等与研究内容关联度较低的词放入过滤词表,最终生成所搜集法律文件中的主题词及其频次。结果显示,在所搜集政策文件中,除"一体化""协调"外,"市场""合作""空间""利益"等相关的主题词出现频次较高,一定程度上反映选择市场机制、利益协调机制、合作机制、空间组织机制的合理性。绩效考核机制的选取是因为在该规划纲要中提出"全面了解规划纲要实施情况和效果,适时组织开展评估"。

续表

章节标题摘录	战略定位摘录	细节内容摘录	治理机制
加快公共服务便利共享 强化组织协调	开创普惠便利共享发展新局面 公共服务普惠共享构建区域创新共同体	区域生态补偿机制更加完善 加快建立都市圈间重大事项协调推进机制，探索协同治理新模式 支持地方探索建立区域创新收益共享机制 建立与产业转移承接地间利益分享机制	利益协调机制
加强产业分工协作 共同加强生态保护、推进环境协同防治、推动生态环境协同监管 推进更高水平协同开放 完善多层次多领域合作机制	深化跨区域合作 科创产业深度融合 生态环境共保联治	发挥苏浙皖比较优势，强化分工合作、错位发展 共建省际产业合作园区 联合推动跨界生态文化旅游发展，在旅游、养老等领域探索跨区域合作新模式 完善三级运作、统分结合的长三角区域合作机制	合作机制
强化区域联动发展，加快都市圈一体化发展，促进城乡融合发展，推进跨界区域共建共享 提升基础设施互联互通水平 高水平建设长三角生态绿色一体化发展示范区	全国发展强劲活跃增长极 实现基础设施互联互通	探索共建合作园区等合作模式，共同拓展发展空间 加强规划衔接，统筹布局生产生活空间	空间组织机制
全面了解规划纲要实施情况和效果，适时组织开展评估			绩效考核机制

　　选择市场机制，因为它是被普遍认为区域经济协调发展的重要机制，协调发展必须遵循市场规律；合作机制的选择是因为区域合作既可以使得区域建立稳定的联系，还可以减少或避免区域间的无效竞争，能够促进区域分工以及形成发展的合力；选择空间组织机制，是因为区域经济发展具有明显的空间相关性，在长三角地区空间组织机制能够促进经济空间布局的优化实施；利益协调机制的提出是因为不管区域合作还是空间组织优化都需要建立在各主体利益协调的基础上，马克思主义的利益观以及习近平总书记关于新时代区域协调发展的重要论述都强调坚持人民利益主体地位，要求基于人民的利益，谋划国家治理的各项举措；绩效考核机制的提出是因为长三角一体化发展纲要提出，要全面了解规划纲要实施情况和效果，适时组织开展评估，因此将对绩效考核机制进行探索性研究。

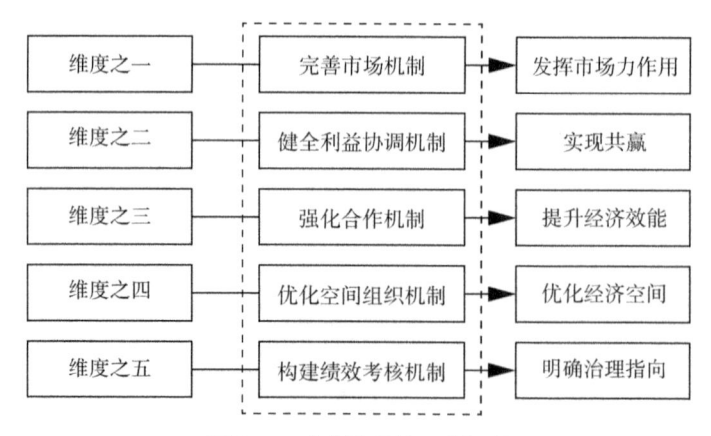

```
维度之一 ──→ 完善市场机制 ──→ 发挥市场力作用
维度之二 ──→ 健全利益协调机制 ──→ 实现共赢
维度之三 ──→ 强化合作机制 ──→ 提升经济效能
维度之四 ──→ 优化空间组织机制 ──→ 优化经济空间
维度之五 ──→ 构建绩效考核机制 ──→ 明确治理指向
```

图 2-1 政府治理的五大机制

因此政府治理需要围绕上述五大机制进行(图 2-1),明确一体化发展治理的思路、目标以及具体举措,突破政策与行政区划壁垒、有效提高政策协同水平,促进区域内外要素在更大范围内自由畅通地流动,充分利用和发挥各地区的比较优势,明确各自定位和分工,形成更强大的合力促进高质量发展。

一、促进市场机制完善

推动区域经济发展需要发挥政府和市场作用,其中政府可以集中要素资源,改善促进经济增长的条件;而在推动区域经济协调发展过程中,市场会存在认识不足、思路不明、措施不善、效果不佳等现实问题。党的十四大提出"建立社会主义市场经济体制"以来,我们的党就不断深化认识社会主义市场经济的规律,高度认识、重视市场对资源配置的基础性作用。从市场体系、市场准入、市场运行以及宏观调控等方面不断进行创新改革,为市场作用的发挥提供了有利条件。党的十八届三中全会提到"使市场在资源配置中起决定性作用",在党的十九大报告中习近平总书记强调"坚持社会主义市场经济改革方向""加快完善社会主义市场经济体制"等内容,因此,应该充分认识到在区域经济协调发展过程中市场机制配置资源的能力。在改革开放初期,我国施行的是沿海开发政策,这是政府力的推动,结果是我国东部地区经济迅速崛起,加之有良好的产业基础,与中西部的区域差距逐渐拉大。

随着我国市场化改革进一步加强,政府管制逐渐放松,市场机制得以发挥更多的作用。从区域经济协调发展来看,市场机制愈发凸显对其影响力,具体体现在:第一,企业的自由流动。企业及其相关的要素资源的流动都是利益导向的,往往考虑其成本与收益,市场机制是影响企业及其相关要素流动的温床;第二,产业的集聚与扩散。当集聚产生规模收益递增时,企业的集聚就会产生,与此伴生的要素集聚会强化集聚的整个效果,产生规模经济和范围经济,集聚区会形成相关的产业中心,其他地区形成产业中心的外围区,可为中心提供要素和市场支持。在此过程中,由于市场机制的作用,中心与外围经济发展的差异会加大,出现 H-L 结构(高值被低值包围)。中心区域若出现集聚不经济时,即随着企业与要素资源不断汇聚,土地、劳动等要素成本将会提升,这个时候就会出现企业外迁,寻求要素资源、政策更好的区域,而在企业向外转移的过程中,原先的外围地区会因此而获益。区域经济发展的差距因此会逐渐缩小,出现 H-H 结构(高值被高值包围)。因此,在区域经济协调发展政府治理中,需要加强市场机制的作用。

二、健全利益协调机制

地方政府是一个相对独立的主体,对自身利益的考量成为现实中地方政府职能履行的内在动力与微观激励,因而地方政府行为的选择偏好、策略以及手段会有所不同。在现行的中国政治体制下,地方政府身兼多重角色,其利益结构是由多重利益组合而成,包括上级政府的满意、地方民众的认可及自身价值利益的实现。政府间利益冲突是地方利益冲突的主要表现,原因在于,政府是区域经济协调发展的主要推动者和参与者,行政分权后,地方政府作为独立的利益主体,宏观上要制定和执行区域发展战略,微观上还要制定实施区域发展的政策,支持鼓励区域中具有优势的企业积极参与市场竞争。市场主体往往在地方政府的干预下会处于被动地位。地方政府如果要确保自身的经济利益,就会存在政策、资源环境以及要素与产品市场等方面的激烈竞争。根据"府际竞争"的理论逻辑,其竞争性体现在多个方面,包括争市场、争资源(包括自然资源、资金、人才、技术等)、争制度、争政策等。区域利益具有综合性和复杂性,而唯有政府才能具有管理区域全面事务的权力,因此对区域利益的争夺,政府必然直接参与,在此过程中,政府所起的作用往往会大于区域的某个企业或企业集团。长三角经济一体化的核心是利益的重新分配与调节,而合作能否成功关键在于对政府治理的利益协调机制是否科学合理。在长三角区域经济协调发展政府治理中需要明确的是,利益协调的主体、利益协调的对象、利益协调的目标及其实现。区域经济协调发展涉及多主体,主要包括政府、行业协会、社会团体和企业等;利益协调的对象是地方经济发展和民生福利,包括经济、社会、环境、文化等方面;利益协调的目标是促进长三角区域经济的协调发展,缓解因区域经济发展的不平衡所带来的压力,在我国当前新发展格局中,形成区域经济发展的合力。

三、强化区域合作机制

面对国内外形势的复杂多变,长三角的发展需要形成有效合力,这亟待长三角各省(直辖市)、各个地级市乃至各个县域,在各自区域范围内,进行有效的分工合作,并形成相应的体制机制。地方政府之间的竞争与合作机制可以从三个层面展开:一是创新地方政府竞争,二是消除区域壁垒,三是深层次的制度以及地方官员的晋升激励制度的改革。中国的分税制改革与官员晋升机制带动了地方政府推动本地经济发展的主动性和积极性(吕勇斌等,2020)[1],但问题是,我国现阶段城市群内部存在着竞争大于合作的情形。也就是同一区域城市间分工协作时往往表现不积极,即使面对双赢的区域合作机会也缺乏关注,反倒是对人才引进、财税优惠、项目投资等竞争项目表现出极大的热情,尤其是在那些多中心结构的城市群中,城市间发展水平实力相当、优势相近,因为战略定位与分工的不明确,往往就会出现低水平的重复建设与过度的竞争,损害了各个城市经济发展的效益,也有可能引发不利于协调发展的市场分割、地方保护、各自为政与效率损失,故而强化合作机制有助于区域经济的协调发展。

四、优化空间组织机制

关于空间组织,有两类理论:一是场所空间,二是流动空间。场所空间以克里斯塔勒的"中心地理论"作为基础,关注的是区域内城市中心的层级,衍生出发展经济学中的"增长极"、新经济地理学中的"核心-边缘"、区域经济学

---

[1] 吕勇斌 金照地 付宇:《财政分权、金融分权与地方经济增长的空间关联》,载《财政研究》,2020年第1期,第25-44页。

中的"点轴式"[1]等空间结构模型。流动空间关注的则是区域内城市网络体系的结构、功能以及联接的关系,区域经济发展的变化带动了要素资源空间组织的变化,流动空间逐渐成为各地方政府描述各自关系的重要方面。那是因为现代经济更加依赖新的交通运输方式和新的通信技术,换言之,区域关联可以突破行政区的限制,获取关于交通运输、信息传输、产业组织关系、资金等方面的数据信息,并据此讨论人口迁移、自然气候、区域科技信息的协作等对区域经济协调发展的影响。长三角区域经济协调发展政府治理的空间机制指的是,政府治理涉及特定的区域经济空间,既包括长三角三省一市各自区域内部,又包括省市之间。因为各地区存在区域自然资源、人力资本、制度文化、历史基础及政策支持不同,不管是从省级层面,还是地级市层面都存在经济发展的差异。从横向来看,各地级市正式进入长三角组织框架的时间有先后,在协调发展的空间协作程度上也不尽相同。政府需要根据不同地区的要素资源、产业发展、城市集群、基础设施、自然因素等范畴在经济活动中的结合、相互作用进行地域布局。

五、构建绩效考核机制

政府治理需要有明确的导向,2020年,江苏、安徽、浙江、上海先后发布了各自的区域一体化的实施方案,明确了地方政府间有关机构对接、政策协同、产业互补、市场建设、产学研创新等合作的制度安排。长三角协同发展源自各类市场主体的内生驱动要求,但同样离不开政府间的合理分工与统筹协调,作为地区经济和社会治理的主体,政府间的协同配合在实现区域合理分工、资源有序分配、处置争议等方面不能缺位。因此,为激励各地政府在长三角一体化发展过程中加强协同和主动作为,破除旧的体制机制障碍,需要出台科学、准确的考核评价顶层设计、优化考核主体、完善绩效考核的奖惩机制,探索设计绩效考核指标体系以精确量化政府在区域协同治理过程中的绩效,使得政府治理更有明确的方向。

长三角区域经济协调发展需发挥政府与市场的合力,其中外在动力是政府,政府治理在市场机制、合作机制、利益协调机制、空间组织机制以及绩效

---

[1] 在增长极与周边点的交往中,产生越来越多的商品、人员、资金、技术和信息等的运输要求,因此就会建设连接它们的各种交通线路、通信线路、动力供给线路等。

考核机制的构建与完善将会发挥关键作用；内在动力是市场机制的完善，因为有效的市场机制是区域分工与合作、利益协调和空间组织机制的基础，也有助于长三角区域一体化市场的形成；除市场机制外，要形成长三角区域合作机制并能有效执行，先要健全利益协调机制，因为长三角区域整体利益以及区域内各地方政府、企业、居民利益的兼顾是长三角区域各主体合作的基础；确定合作的领域和具体实施需要在特定的空间进行，因此空间组织机制的优化是区域合作机制的深化与延伸；而最终区域经济协调发展政府治理的效果需要有匹配的绩效考核机制作为指导和保障，可以分别考察市场机制的完善程度、利益协调机制的健全程度、合作机制的强化程度、空间组织机制的优化程度，也可以综合考核政府治理的过程与结果。由以上分析可以看出五大机制的逻辑关联，进一步地，分析政府治理的五大维度按市场机制、利益协调机制、合作机制、空间组织机制和绩效考核机制的先后顺序（图 2-2）依次展开。

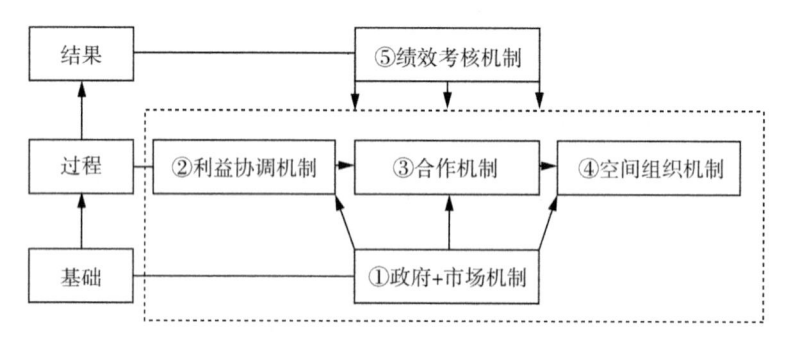

图 2-2 五大机制的逻辑联系

第三章

长三角区域经济协调发展进程与政府治理机制的现实分析

第三章
长三角区域经济协调发展进程与政府治理机制的现实分析

上一章系统阐述了区域经济协调发展政府治理的相关概念及理论。理论产生于实践过程,同时能够用于指导实践活动。本章对长三角区域经济协调发展的过程及政府治理活动的变迁作简要的综述。分析政府治理机制存在的问题,如促进市场作用发挥的机制不够完善、利益协调机制不够全面、合作机制不够通畅、空间组织有待优化以及绩效考核有待健全,原因归为政府治理理念差异化、公共政策碎片化、体制分割化等。根据外部环境变化的需求、长三角区域经济协调发展的内在要求以及长三角经济一体化高质量发展的历史使命提出完善政府治理的现实需要,也为后续章节分别研究长三角区域经济协调发展政府治理的五大机制奠定基础。

第一节 长三角区域经济协调发展进程

长三角覆盖江苏、浙江、安徽和上海全域,面积达到35.8万平方公里,经济总量约为全国的四分之一。这是我国创新能力最强、开放程度最高、经济发展最活跃的区域之一,是中国已初步走上高质量发展轨道的区域板块。政府治理的变革伴随着长三角区域经济协调发展的进程,可分为四个阶段:一是政府治理的萌芽期,从20世纪70年代末到20世纪80年代末,契机为上海经济区的成立,长三角其他地方政府积极融入,但是协调困难;二是政府治理的成长期,从20世纪80年代末到20世纪90年代末,契机是浦东开发,长三角地方政府形成省市长的座谈会、地级市市长的协调会以推进区域经济协调发展,但由于地方政府间利益的博弈,成效不够明显;三是政府治理的推进期,时间段为2001—2008年,以加入WTO为起点,长三角迎来外向型经济发展的有利环境,区域内各省市政府在推进区域经济协调发展方面逐渐达成了共识,区域经济协调发展组织架构已然建立;四是政府治理的深化期,时间段为2008年之后至今,2008年全球金融危机爆发,导致我国长三角地区外向性需求严重萎缩。2009年长三角两省一市吸纳安徽作为正式会员,2018年11月,习近平总书记宣布支持长三角区域一体化发展并上升为国家战略,2019年,安徽全域加入长三角城市经济协调会。同年,"长三角一体化发展示范区"概念的首次提出,标志着长三角区域经济协调发展进入新的历史高度,这也对政府治理变革提出了新的要求。

一、萌芽时期(20世纪70年代末—20世纪80年代末)

1982年末国务院决定成立上海经济区,最初涵盖十个城市,分别是杭州、绍兴、宁波、嘉兴、湖州、无锡、常州、苏州、南通和上海,后逐渐扩展为江苏、浙江、上海两省一市全部,江西、福建、安徽后来加入,范围不断扩大。

党的十一届三中全会以来,改革与开放成为时代发展的主题,上海、江苏、浙江作为全国经济发展的排头兵,苏南乡镇企业迅速发展,浙北乡镇企业亦是如此。伴随着经济体制改革而来的是政治体制的改革,中央将一部分权力下放到地方。由此源于地方政府"本地经济"发展的推动,导致各个地方政府发展经济的激烈竞争。问题是,竞争带来的是资源要素的地方分割,难以对经济协调发展和区域内分工形成促进作用。在20世纪80年代,地方政府就提出打破分割,推动区域经济协作,这也是上海经济区成立的背景。

当时上海经济区的联络机构仅仅是一个"规划办公室",主要功能是规划组织上海、江苏、浙江首脑会议以及十市市长会议,具有协商的性质,可以说这是一个对话的平台。从积极意义来说,有利于地方政府首脑间的交流沟通,也因为在这个历史阶段,计划经济向市场经济转变的观念在地方政府间已然形成;但遗憾的是政府间统一的要素市场并未形成,地方竞争却愈发激烈;在市场竞争驱动下,有些城市逐渐被边缘化,有些城市发展越来越快,越来越好,也因此有更多的地方政府想融入上海经济区。如上文所述,上海经济区从最初的十个城市扩展到华东五省一市,协调也越发显得困难。

但从民间的实践来看,区域经济协调发展更多地在微观层次体现。因为上海经济区成立正好是苏南和浙北乡镇企业兴起的时期,苏南和浙北的乡镇企业得益于上海的优势资源,承载了上海的"横向联合"和"技术转移"。所谓"横向联合",指的是苏南和浙北的乡镇企业与上海的大企业挂钩或者挂靠,进行多种形式的技术经济合作,江浙的乡镇企业为上海的大企业提供零部件和部分原材料,当时一些耳熟能详的大品牌自行车、缝纫机等都能在江浙找到为他们提供零部件的厂家。"周末工程师"现象很好地诠释了这个变化——工程师平时在上海企业上班,周末则到周边邻近的苏南、浙北的乡镇企业进行技术指导、培训,并引入上海企业新的生产线和管理经营理念。可以说周末工程师对长三角地区内部技术转移与产业转移发挥了非常积极的作用;除此之外,江浙的部分乡镇企业因为挂靠上海的大企业,可以在销售自己产品的时候,冠以"上海经济区"或上海大企业的牌子,这为乡镇企业扩大了销路和提高了市场影响力。

从政府治理层面来看,"上海经济区"实质是一种制度供给:有组织化的名义和平台,也有规范地方政府的区域经济合作行为,但因为当时我国处于体制转轨的变动期,组织、制度以及改革的方向政策存在一些缺陷,组织效果并不太明显;从产业发展来看又近似"垂直分工",上海为主,江浙为辅:政府主要设定相应的制度框架,营造协调发展的氛围和环境,协调发展本身主要体现为上海大企业的外部性,和江浙企业的积极配合,换言之,主角是微观企业,实现了技术、人员的交流和合作,也为后期长三角更深层次的合作与交流奠定了基础。

二、成长时期(20世纪80年代末—20世纪90年代末)

上海作为全国经济金融发展的排头兵较早地得到国家的政策支持,随着改革开放的深入和市场化的稳步推进,20世纪90年代初,在邓小平的积极推动下,国务院决定成立浦东新区,在推进上海成为国际经济金融中心的同时,希望能够带动长三角地区以及长江流域地区经济的发展,为此需要更加宏观的制度安排。长三角各方进入了新的地区博弈,浦东新区的开发为上海周边的地区包括江苏和浙江在内的多个城市提供了更好的发展机遇,如金融改革首先就在上海推行,更多的外资进入上海,FDI因为浦东开发迅速流入,FDI的溢出效应也带动了长三角地区的要素资源的流入[①]。

区域经济协调发展的方式在此过程中沿袭了过去上海经济区时期的"宏观务虚与微观务实",务虚表现在利用大上海得到的中央优惠政策,在上海周边与上海区位上邻近的地区设立出口加工区、技术开发区,主动积极地对进入上海的外商开展联络工作和接洽工作,争取更多的资源在进入上海的同时,能够溢出到周边地区。换言之,上海周边地区引资、引技术、引人才的步伐加快。尤其是江苏的苏州、无锡、常州优势明显,然而与其具有相同地理优势的浙江嘉兴成果则不明显,究其原因,苏南地区主要还是以各级地方政府为主导的共同推进,而浙江与上海链接更多的靠的是民间或者个体力量。很

---

① 陈建军:《长三角区域经济一体化的历史进程与动力结构》,载《学术月刊》,2008年第8期,第79-85页。

多经济学者曾经探讨江苏的"苏南模式"和浙江的"温州模式",这就是两地差异明确的体现,不管是江苏还是浙江,在这一时期进驻上海的企业占据外地企业数量的半壁江山,而且一直不断增加。

从政府治理层面来看,如何利用浦东开发带来的机遇促进区域经济协调发展？可以从两个方面概括：一是省级和地级市政府层面,在组织上包括江浙沪省长市长的座谈会和长三角15市市长的协调会,但具体成效不够大。原因主要在于,在地方政府竞争和GDP考核的情境下,江浙地方政府担心浦东开发会导致本地人才、资本、技术外流,也就是上海会有发展经济学中所说的"虹吸效应",因此江苏和浙江的地级市层面甚至没有具体的、有实质性内容的协调发展政策；二是县级市层面,由于地理上的邻近性,上海经济区时期已有联系的微观企业合作模式得以加强,技术转移的模式迅速转变为利用上海对外开放的资源,利用上海浦东开发的外溢效应。

总之,上海具有政策资源上的优势,浦东开发吸引外资和技术能力加强,新的资源、技术优势强化了上海在长三角一体化进程中的核心作用。上海经济区时期的技术转移转变为浦东开发时期的政策、制度和吸引外资的优势。江浙地区在此过程中与上海的联系日趋强化,但高层仍旧谨慎,县级市层面或民间组织依然活跃。

三、推进时期(2001—2008年)

进入21世纪,市场化和国际化的进程都在加快,随着我国加入WTO,中国更高程度地参与到国际分工中,国际产业转移如火如荼。上海及长三角地区由于地缘和政策优势,成为外商外资首选区域之一,长三角区域的经济国际化程度在不断加深,长三角的制造业因此而兴盛。几乎所有的外商投资均将企业的研发、销售和事务机构集中布局于上海,而生产基地则无一例外地分布在上海的周边地区。此时长三角外商直接投资分工的区域分布,跟长三角地区上海、浙江以及其他省市的分工有一定联系。这对长三角区域经济的协调发展起到了推动作用。从企业主导的产业分工来看,国际性的大公司进入上海后,企业事务分工地域性明显,长三角地区间的联系加强,这种分工也日趋被企业接受。

加入WTO后,政府对企业的控制力逐渐弱化,尤其是20世纪90年代国有企业改制后,企业大多自主经营,自负盈亏。江浙企业开始跨区域转移,尤其是温州地区企业以及与上海有密切联系的民营企业纷纷通过各种途径向上海转移。与此同时，外资商业机构进入上海以后，也积极向周边地区布局，发展自己的子公司或者连锁企业。江苏的苏州等城市和浙江的嘉兴等城市外商投资数逐年增长，以苏州为例，苏州有着自己的招商引资的模式，以外资吸引外资，利用与台资企业割舍不断的联系，为台资企业提供好的政策、环境以及便利措施，台商投资数量甚至超过了上海，而与台资有密切联系的新加坡，也进入了苏州，当地政府成立了新加坡工业园区，又构成了苏州经济的增长点。同样地，在长三角其他地区，外商投资企业构建了区域的分工网络，这进一步推进了长三角区域经济的协调发展。

从政府治理层面来看，长三角三省一市政府在推进区域经济协调发展上逐渐形成了共识，除了上海、浙江、江苏省市主要领导互访之外，每一年还定期举办长三角主要城市市长会议，这不同于以往浮于表面的平台形式。这从某种程度说明，长三角区域经济协调发展的组织架构和制度保障职能已然形成。除此之外，"联政"促协调还需一些基础，这在长三角地区有一些具体的表现，如基础设施的互联互通，可以称之为"联地"，如长三角地区利益的共享，可以称之为"联利"，再如长三角地区的联合出资开发，可以称之为"联政""联资""联地""联利"，构成长三角区域经济协调发展政府治理的"四联动"。

四、深化时期（2008年至今）

美国2007年爆发次贷危机，引发了2008年的全球金融危机，为应对全球金融危机，各国分别采取了相应的财政货币政策，以应对金融危机的负面影响。长三角地区由于外向型经济需求严重缩减，外向型经济发展受挫，对于产业、行业发展造成了巨大的冲击。在如此背景下，长三角区域经济协调发展面临着巨大的挑战，主要存在以下几个问题：从经济外部性效应来说，产品和要素的跨区域流动值得重视，如上海经济区和浦东开发时期，上海的各项优惠政策一方面促进上海的经济发展，另一方面给上海经济带来了附加产品，即对上海周边地区带来的巨大外部经济效应，如苏南的昆山地区，利用自身的区位优势，吸引了从上海来的经济金融资源，另一方面，也吸引了一些有可能流向上海的资源。从产业层面来看，上海经济区时期的产业技术转移发生了较大的变化，由上海和江浙地区的变化可以看出产业转移和产业水平分工的基本状况。

从政府治理层面来看,长三角区域的经济协调发展有了新变化:一是制度更加立体化,如2008年构建的决策层、协调层和执行层的区域合作机制,决策层指的是长三角地区主要领导座谈会;协调层指的是长三角地区合作与发展联席会议;执行层则指的是联席会议办公室和重点合作专题组。2009年后安徽的城市逐渐加入,2016年国务院批复了长三角城市群的发展规划,更为重要的是2018年专门成立长三角区域合作办公室。办公室共有15名工作人员,分别来自江苏、浙江、安徽和上海,其中浙江3名、江苏和安徽各2名、上海8名,他们有的来自长期负责长三角区域合作事宜的发改委,有的来自交通部门,也有研究机构的专家学者。国务院要求他们制定好三年规划,总体来说聚焦规划对接、战略布局、专题合作、市场统一和机制完善五个着力点,以此来共同促进长三角区域经济协调发展。2019年12月《长江三角洲区域一体化发展规划纲要》发布,要求发挥上海的龙头带动作用,江苏、浙江、安徽发挥各自所长,加快城乡区域融合发展,加强区域间互联互通,促进长三角都市圈一体化高质量发展。

表3-1 长三角区域经济协调发展政府治理的进程

阶段	年份	事件
萌芽期 (70年代末—80年代末)	1982	上海经济区成立
成长期 (80年代末—90年代末)	1992	长三角经济协作办主任联席会议制度建立(15个城市)
	1997	长三角城市经济协调会(联席会议的升级)
推进期 (2001年—2008年)	2001	发起成立"沪苏浙经济合作与发展座谈会"制度,由副省(市)长参加
	2004	启动苏、浙、沪三省市主要领导座谈会制度
深化期 (2008年后)	2008	实行"决策层、协调层和执行层"的区域合作机制
	2009	安徽加入
	2010	盐城、淮安、合肥、马鞍山、金华、衢州等六市加入
	2011	安徽省第一次作为轮值方
	2013	徐州、宿迁、连云港、丽水、温州、淮南、滁州、芜湖加入
	2016	长三角城市群发展规划得到国务院批复
	2018	"长江三角洲区域一体化发展"上升为国家战略 长三角区域合作办公室成立
	2019至今	《长三角区域一体化发展规划纲要》发布 长三角发展高层论坛、企业家联盟

从1992年最初的15个协调会员城市至今所有三省一市全域地区渐入长

第三章
长三角区域经济协调发展进程与政府治理机制的现实分析

三角,用了近 18 年的时间,2003 年浙江台州被接纳为会员,安徽 2009 年被两省一市吸纳作为正式会员,出席长三角地区主要领导座谈会以及合作与发展联席会议;合肥、盐城、马鞍山、金华、淮安和衢州等 6 个城市 2010 年被纳入;徐州、芜湖、滁州、淮南、丽水、温州、宿迁、连云港等 8 个城市 2013 年正式进入后,成员城市数量增长了近 1 倍,浙江和江苏全域至此时全部进入;长三角经济协调会 2018 年又吸纳安徽的安庆、铜陵、宣城和池州加入,成员数量达到 34 个;随着 2019 年安徽省蚌埠、黄山、淮北、六安、亳州、阜阳和宿州这剩余的 7 个城市最终加入,长三角城市经济协调会在三省一市实现了全覆盖。

在 2018 年的第一届中国国际进口博览会上,习近平总书记宣布支持长三角一体化发展并上升为国家战略。这块我国经济发展活跃程度最高、创新能力最强、开放水平最高的区域,至此将承载着非同一般的历史使命,引领我国区域经济协调发展以及高质量发展。首届长三角一体化发展高层论坛 2019 年 5 月在安徽芜湖举行,以"长三角:共筑强劲活跃增长极"为主题,来自苏、沪、浙、皖的有关官员、企业家、专家、智库代表和研究机构进行了研讨;随后,长三角企业家联盟 2020 年 6 月在浙江湖州成立,是一个非营利性组织,企业家分属不同的所有制企业和不同的地域,主要由一些重点和支柱产业的龙头企业、相关行业商会协会的负责人组成。联盟的成立是企业参与到长三角一体化发展的重要标志,其建立的目标和作用在于:搭建有效平台,有助于企业与政府的高效沟通;促进产业链整合与合作,有助于打造世界级产业集群;推进企业创新,搭建长三角企业协同创新的平台,有助于科技创新的协同;引领长三角企业参与全球资源的配置,有助于加强国际合作交流;围绕产业一体化发展机制和产业等方面创新的问题咨政建言,成为推动产业链协同发展的重要智囊和重要载体。2020 年 8 月,习近平总书记主持长三角一体化发展座谈会,对长三角一体化高质量发展一年多以来的成绩给予了肯定,并对长三角提出促进科技和产业创新、形成发展新格局、打造改革开放新高地等要求。

可以看出,在新的历史时期,党和国家对长三角的发展给予了高度重视,长三角区域在我国经济社会发展中的地位和作用不言而喻,面对新的严峻复杂的形势,需要肯定自上海经济区成立以来长三角区域发展取得的辉煌成就,以及政府治理好的经验,但也要找出在区域经济协调发展和一体化进程中政府治理存在的不足,积极应对,在新的历史条件下提升政府治理的水平,更好地促进长三角一体化高质量发展。

第二节　长三角区域经济协调发展中政府治理机制的现实问题

20世纪80年代以来,我国经历了由计划向市场经济转轨的时期,经历了社会主义市场经济体制的建立,经历了浦东开发,加入WTO,经历了国际金融危机,这么多年来政府治理体制机制不断健全和完善,也逐步建立层次分明、分工合理的区域合作与协调机制。目前,长三角区域经济协调发展进入了新时期更高的阶段,即一体化的高质量发展,对政府治理机制必然提出更高的要求,故而需要审视自上海经济区成立以来,长三角区域经济协调发展政府治理机制存在的不足之处,如促进市场作用发挥的机制不够完善、健全利益协调的机制不够全面、强化区域合作的机制不够通畅、优化空间组织的机制有待推进以及开展绩效考核的机制有待构建等。

一、政府促进市场作用发挥的机制有待进一步完善

区域协调发展的市场机制是指以市场规律为基础,促进区域市场的开放,形成统一市场,引导要素跨区域流动、企业跨区域发展和产业跨区域转移,进而加强区域、企业以及行业之间的联系,推进区域间的分工,提升区域经济的发展效率。而区域合作需要在一定的市场机制下进行,各合作方需要经过一定的磋商、沟通和协调来实现。市场机制强调要素资源价格根据市场需求来决定。但问题是市场存在着固有的缺陷,如外部性、垄断和信息不对称等问题,而政府在处理这些问题方面则非常有效。从长三角整体来看,市场机制的不完善体现在区域内共同市场并未完全形成,区域间市场存在着一定的行政垄断和地区封锁。市场是分割的,表现形式如下:第一,地方政府及其附属部门为了追求各自的利益,往往以行政手段如规章制度、文件的形式直接限制或者禁止资源要素流向外地;第二,以罚款没收或不合理收取费用的方式阻碍周边地区的商品进入本地市场;第三,加高其他地区商品进入本地的"门槛",阻碍外地经营者进入本区域从事生产经营或销售活动,或者人为控制本地市场,将外来者排斥在外。

这种分割实际上是市场机制不够完善造成的,长三角地区并未形成真正意义上统一的要素资源按照市场需求自由流动的市场。其实自党的十八届三中全会以来就一直强调要处理好政府与市场的关系,要让市场更好地发挥作用,政府善治显得尤为重要。在善治的政府条件下,要素资源才能按照市场规律流动,正是由于各地方政府各自为政,关注行政区,却忽略了经济区,才导致市场机制无法正常发挥。具体表现在以下几个方面:第一,从市场价格机制来看,有些地方为了保护当地企业和市场,人为造成当地企业产品或要素的垄断高价或低价,恶意提高外地企业的进入门槛;第二,从要素流动机制来看,要素流动的方向本应是能给它们带来价值增值的地方,但要素资源是一地区实现经济增长和社会发展必不可少的因素,一旦流出必然会对该地区造成较大的影响,因此地方政府往往就会制定一些应对政策,限制要素资源的流出,一方面造成核心区要素资源集聚缓慢,影响其辐射效应,另一方面周边地区同样因为得不到辐射而发展缓慢;第三,从市场规则制定来看,在长三角地区各地方不乏产业与行业发展的协会组织,但尚未形成有效的市场规则和制度,部分地区存在着恶性竞争,而恶性竞争最直接、最严重的后果会破坏区域内的公平市场环境。与此同时,该种恶性的市场竞争手段人为地扭曲和降低了区域内企业的运营成本,使得一些技术水平低、竞争力弱的企业鱼目混珠,过于轻松地进入了长三角地区,一方面很可能会导致产业同构,另一方面导致重复建设严重,造成资源的错配和浪费,并影响整个长三角地区产业结构的优化升级。

二、政府健全利益协调的机制不够全面

利益协调的机制应涉及主体、内容以及手段等三个方面。利益是否能够有效协调关乎长三角地区是否能够有效地进行合作以促进区域经济的协调发展。从主体来看,当前长三角的利益协调主要发生在地方政府主体之间,行业组织与企业主体间利益的协调有待完善和健全,因为行业组织和企业主体也是推动长三角协调发展的主要力量。从内容来看,随着长三角协调发展环境的变化,现有利益协调的内容还未根据规划的方向进行相应的调整和设计,如整体与局部、长期与短期、精神和物质等利益关系的协调方面。涉及利益的分配、共享、补偿、保障等机制方面缺乏有效的联动,且利益协调的领域虽然涉及方方面面,但重点不够突出和深入。从手段来看,目前主要行政手

段的协调方式,不管是上下级政府之间还是同级政府之间的利益协调,虽对长三角的经济协调发展起到一定的积极作用,但存在行政手段固有的缺陷影响协调的效果,对市场、法律、信息技术等手段的利用有待加强。

三、政府强化区域合作的机制不够通畅

长三角区域经济协调发展的合作机制仍然不够通畅,主要体现在以下几个方面:一是合作的利益机制层面。由于处于不同的行政区,在各自利益驱动下,各行政主体出自自身利益最大化的考量,且各地方政府行政力量较强,由于没有共同的利益机制,协调发展的动力缺乏后劲,只能停留在表面层次。二是合作的协调层面。区域间和区域内政府的分工协作需要有效的协调,可分为不同的层级:体现在政府与政府之间,政府与企业之间,部门与部门之间,行业与行业之间,企业与企业之间等等。涉及不同主体,政府及政府官员、行业及行业工会组织、企业及企业团体等,都需要相应多方位的系统协调。纵观长三角区域经济协调发展的过程,尽管经历了多年的治理,其合作的协调机制还不够成熟,有待完善。三是民间合作的培育机制层面。从民间经济合作关系来看,相应的合作机制一样存在,那是因为,民营经济是长三角发展的坚实基础,但同样是因为长三角地区民营经济强大,且大多数为家族企业,缺乏全局意识和长远眼光,导致了其合作意识的淡薄。另外,上海、江苏和浙江在产业发展中缺乏统筹规划和有效协调,生态治理方面也未通盘协作,长三角地区难以形成相应的区域性行业和产业组织。此外区域内要素流通的阻碍很大程度上限制了要素市场一体化的进程,对区域内经济的协调发展不利。四是合作考核的机制层面。在各自经济发展的过程中,往往很多政府过多地追求本地区经济的高速发展,有时候甚至会采取"以邻为壑"的竞争性的策略,尽管上一级政府有推进地方协调发展的一些重要举措,甚至要求建立互助互利的制度化的平台,但由于缺乏地方合作方面的考核机制,使得地方政府间的合作失去了动力和方向。总体来说,长三角区域协调发展合作机制在利益、协调和考核等方面都存在一个发展的过程,随着协调发展的逐渐深入,仍需逐渐在合作机制上细化和完善,只有如此,才能进一步深化且更有效率地推进长三角区域经济协调发展。

四、政府优化空间组织的机制有待推进

优化区域经济协调发展的空间组织也尤为重要,包括空间组织形成和空间结构的优化,运用空间的规划、开发和空间等多种形式,整体地进行既定空间的区域规划,在此基础上去定位各个地方政府的功能,强化区域间的联系,实现要素资源、产业在空间上结构的优化,促进空间经济的配置效率的提高。

长三角空间组织的问题体现在:第一,产业同构问题。一方面的原因在于长三角地区各城市空间上的邻近性,具有相同的要素禀赋,初期发展主要是加工业;另一方面的原因在于长三角各地区经济发展水平比较接近,其相同的需求结构和供给结构导致产业高度相似。第二,设施可达性问题。基础设施建设在长三角区域经济协调发展过程中是非常重要的,这关系到长三角城市群之间的空间可达性,从上海经济区成立40多年来,高速公路、高铁、机场拉近了长三角城市之间的距离,但问题是信息网络设施方面的建设相对滞后。人类社会经历了几次重要的演变,信息社会是未来社会发展的重要方面,地方经济协调发展信息共享是重中之重,政府治理不管是经济、社会、还是文化、生态都需要协同。而实际在地方经济协调发展过程中,虽然建立了地方合作平台,政府的定期组织和制度安排,在信息基础设施方面的建设和共享成效尚不明显。第三,功能区规划有效性的问题。各地方政府虽在区域范围内有一定的功能区分布,但从更大的区域范围来看,并没有真正地实现功能区有效分布,不仅会造成前文所提及的重复建设、恶性竞争和资源错配,也会影响子孙后代的发展,导致形成长三角区域协调发展的合力变得困难。

五、政府开展绩效考核的机制有待构建

自改革开放以来,政府绩效考核大致经历三个阶段的发展:第一个阶段为改革初期。1979年末,中共中央组织部明确提出要"鼓励先进,激励后进,调动干部的积极性",以对干部的工作成绩及对我国现代化经济建设所作的贡献作为绩效考核评价的方向;第二阶段是20世纪90年代中后期。随着我国市场化改革进程加快,尤其经历了1994年的分税制改革之后,各地方政府具有了其地方经济发展的剩余索取权,以经济指标GDP为政府绩效考核形式在各地逐渐兴起,甚至有些地方发展到"唯GDP论"的状态。第三个阶段是

21世纪初期。地方政府认为"唯GDP论"忽略了生态环境、民生福利等方面，2002年出台了关于党政领导干部的选拔任用工作条例，在原有绩效考核"德、绩、勤、能"的指标之外又增添了"廉"，即除了考察GDP外，还要看任期廉洁和责任状况。之后随着经济社会的发展，中央制定政策鼓励各地方政府因地制宜，激发干部工作的积极性，尤其是党的十八届三中全会以来，中央再一次强调"完善发展成果考核评价体系"，对政绩考核机制进行改革，着手解决地方政府"形象工程"，以及政府不作为、乱作为等问题[①]。但问题是考核仅仅聚焦于地方经济与社会发展等方面，而对区域经济协调发展的绩效考核有所欠缺。对长三角的地方政府来说，在治理区域经济的协调发展过程中，政府是否能对公共交通基础设施建设投入，是否在长三角区域内对产业规划进行重构，是否能积极参与到长三角区域生态环境的协同治理以及政府是否能够制定和执行对行业、企业的相对应的协调发展的政策，以及构建长三角区域经济协调发展的组织机构等，这些都应该纳入长三角区域经济协调发展政府治理的考核体系中去。

第三节　长三角区域经济协调发展中政府治理机制问题的成因

政府是长三角区域经济协调发展的主导，其治理效果影响区域经济协调的成效，故对政府治理机制问题的研究变得十分重要。在协调的初期，地方政府主要的作用在于加快本区域市场化，引导区域之间社会投资合理配置，成为区域合作的主要推动者和组织者。即在协调初期行政手段发挥着尤为重要的作用。到了中级阶段，除行政的手段外，经济和法律手段也被逐渐引入，协调的程序也逐步细化，并日趋完善；到了高级阶段，协调发展的目标需更明确，手段更完善，主体更多样，内容更充实，程序更规范。长三角区域经济协调正由低级阶段向高级阶段转化，而政府治理理念的差异、政府治理政策的碎片化以及治理体制的分割，往往会影响这一进程。

---

① 尚虎平：《激励与问责并重的政府考核之路——改革开放四十年来我国政府绩效评估的回顾与反思》，载《中国行政管理》，2018年第8期，第85—92页。

第三章
长三角区域经济协调发展进程与政府治理机制的现实分析

一、政府治理理念差异化

第一,区域地方政府治理目标不同。治理目标不同会导致治理的方向存在着差异。因区域地方政府处于不同的发展阶段,政策措施的侧重点有所不同。如在20世纪80年代末90年代初,苏南重点发展乡镇企业,而浙北重点发展民营企业,"苏南模式"与"温州模式"皆是在各自政府的引导、扶持下形成的,并作为各个地方经济的增长点。苏南地区多为乡镇企业,借助和利用上海企业的人才、技术、资金的外溢和扩散,由政府统一筹划和集资兴办乡镇企业,企业的利润上交一部分给乡镇,亏损则由乡镇政府承担。而"温州模式"则不同,多为非农产业和企业,由家庭工业和专业化市场的方式发展而成,形成的是"小商品、大市场"的格局。政府也因此制定有利于乡镇企业和民营企业发展的政策;21世纪初,我国加入WTO后,长三角各级地方政府开始以引入外资、引进技术设备等作为首要任务,并对各级地方领导制定招商引资的任务和考核指标,各级工业园区、新兴产业园区层出不穷。很多地方政府注重短期利益,忽视区域内的长期发展,往往忽略区域内的长远规划,过早地过多地将大量人力、物力先以园区的方式圈起来,尽管长时间内园区交通不便,周边土地闲置,杂草丛生,经济社会效果不好;2008年全球金融危机后,由于外向型经济发展受挫,各地方政府原有发展模式因时调整,外向型企业需求严重萎缩,长三角地区外向型经济占比较高的城市与地区受到的影响就比较大,表现在部分外向型企业破产,工人失业,农民工回流;而外向型经济比重较低的地区,所受影响就比较小。因此,在不同发展阶段地方政府治理目标本身就存在较大差异,更不会考虑到区域经济协调发展。

第二,区域地方政府协作认知偏差。区域经济协调发展需要政府间的协作,首先要有协作的意识。意识取决于认知,而认知则由地方政府官员决定。地方政府之间为何协作,怎样协作,有何具体的协作机制都需有远见,这就需要政府官员有大视野。有的地方政府官员唯自身GDP论,追求经济增长的数字,只注重短期的、眼前的利益,其行为方式、决策思路往往基于本地利益最大化,并没有认识到与区域其他地方政府合作的长久的外部性;当然也有地方政府认知到合作的必要性,但合作方式和手段并没有明确的方向和认知,在一个大区域内,各地方政府应该抱团取暖、合作共赢,可能在短期内部分地方政府利益受损,但从长期看必然受益。还有些地方政府不知经济发展需因地制宜,往往简单模仿或者移植其他地区的先进的成熟的做法,如以发展房地产行业作为地方经济的增长点、生态农业与生态旅游行业作为地方经济增长点。然而各地区的要素禀赋不同,经济发展的产业与行业基础不同,简单复制只能造成区域内重复建设严重,资源竞争激烈,反而会造成地方经济发展得缓慢,继而被周边地区边缘化。

第三,区域地方政府信任资本缺失。区域合作是否顺利取决于地方政府相互之间是否信任,是否存在行为规范与彼此文化的认同。长三角地区存在着区域合作意识淡漠、地方恶性竞争较为突出、文化不包容等问题。社会资本是一种无形的资本,以社会参与网络为主体,以信任、合作、规范与文化认同为基础,地方之间的合作应本着互惠互利和共同发展的基本原则。而在发展过程中政府信任资本存在一定程度的缺失,具体表现在:第一,政府信用的缺失;从政府官员来看,为官一任,造福一方。同一个官员在甲地任职和在乙地任职对于同一个发展主题会有不同的主张,因而部分政府官员的可信度以及政府的可信度大为降低。第二,企业信用的危机。企业信用主要体现的是一种商业信用,在经济协调发展的进程中,长三角企业之间的合作基础是企业信用,因为信用是商业合作的基石,贯穿企业之间契约的签订、履行整个过程。第三,个人信用滑坡。这主要体现在民间组织团体中,有些个体经济者因为经营不善,发生违约现象,抑或直接对其他个人、企业或者金融机构采取骗贷、骗保等行为。第四,区域信用体系尚未构建,从整个长三角区域来说,并未形成完整的社会信用体系,个人、企业、政府都需要建立信用档案,对于不守信行为需要加以记载,要让不守信用的一方受到惩罚,遵守信用的一方能够得到奖励。正是由于长三角地区部分地方政府信任资本的缺失,使得长三角地区政府间、企业间、个人间的合作大多成为一种口号,或者即使有合作,合作的效果也不佳,这该引起各级政府的重视。

二、政府治理中公共政策碎片化

第一,政策制定缺乏统一性。正是由于各地方政府的各自为政,将追求自身利益的最大化作为出发点,在制定各地方发展政策的时候,往往缺乏全盘考虑,也缺乏长远发展眼光。以修建公路铁路为例,长三角最有名的铁路线就是沪宁线,随着铁路交通技术的发展,普通列车、动车、高铁逐渐进入沪宁线上,每次施工都会进行大规模的投入,其积极意义在于能带动各地区

GDP 的增长,因为规划设计的问题会带来商业用地和农村用地的变化,因为缺乏统一长远规划,会造成国家资源的使用浪费,抑或土地的利用效率不高,直接影响经济社会的可持续发展。原因在于以下几个方面:第一,地方政府间的沟通协调机制不够完善,各地方政府都有地方经济发展的特点,有各自的要素禀赋,因而发展的着力点有所不同,故而沟通协调对于区域经济发展来说尤为重要,由于沟通协调不够,必然使得区域内政策制定缺乏统一性;第二,部分地方官员的流动性。鉴于官员流动的益处,国家有相关政策要求官员的流动,这会给其他地区带来不同的治理理念,但不足之处在于有时候因为官员的离开,使得地方政策缺乏连续性,前任走后,后来官员将前者的思想、理念推掉重来,这使得政策前后可能会不一致;第三,来自外部环境的压力,受到国内外经济环境的影响,国内经济产业结构都亟须调整,不能继续沿袭以往的发展思路,故而区域发展政策需要调整。

第二,政策执行缺乏合作性。从政策执行来看,在协调发展过程中,尽管经历多年的磨合,仍然存在区域合作的盲点。当区域经济协调发展不再是口号的时候,各地方政府必然会落实协调发展的方向与政策,但问题是有想法并不代表有具体的路径,若没有区域协调发展的想法,政策执行合作则必然没有方向;即使有具体的路径,但合作的方式,合作的制度并不明确,政策执行的时候也同样会发生偏差。如长三角力图打造国际制造业中心,制造业中心的打造非一省之力可以完成,只有上海、江苏、浙江两省一市合理定位,通力合作才可实现。但问题是在政策执行的时候会发生偏差,缘于政策制定时缺乏通盘考虑,没有兼顾到地方政府的责权利,具体到地级市政府层面,这种合作往往缺乏总体设计,也缺乏联系沟通的有效平台。

三、政府治理体制分割化

第一,互不隶属的行政管理体制。在地方利益和部门利益的共同驱动下,地方政府往往会忽视整体利益。我国曾经所采用的政绩考核办法,过重地看待经济增长速度,必然会导致有些地方政府官员在自己任期内过分追求直接的、显而易见的短期效益,却忽视区域经济的长期发展,这必然会引发区域经济关系的一系列问题。在地方经济社会发展过程中又会涉及不同的上级主管部门,如交通运输、商务贸易、司法、行业等方面。不同的行政管理隶属关系使得合作协调的成本上升。

第二，政府管理体制刚性切割。行政区的刚性切割，意味着地方政府管理社会公共事务处在一种有界的状态，同时又是一种切割的闭合的状态。因此，地方政府会往自己的利益倾斜，关注自身经济规模的迅速扩张，因此往往会影响要素资源的流动。尤其体现在长三角资源整合、项目投资以及环境治理等方面。此外，地方政府在决策和规划方面缺乏连续性，那是因为地方政府官员上任之后大多有自己新的理念和方法，否定前任政府的做法和努力，实则意味着前任政府投入的前期成本大量浪费，沉没成本巨大。

第三，政府协调机构调控乏力。长期以来，尽管长三角地区成立了相应的政府、行业等组织协调机构，但缺乏有效调控，又隶属不同的管理部门，因此并不能有效发挥作用。党的十九届四中全会提出"构建权责明确、依法行政的政府治理体系"，并已经在中国特色社会主义制度建设中将其纳入，目的在于让政府能更好担责，在推动经济发展、管理社会性的事务、服务民众以及完善国家治理等方面提供有力的组织保障。

对于长三角区域经济协调发展来说，需要从以下几个方面完善政府治理：第一，明确政府与市场的关系。这个关系随着我国经济社会发展的实际在不断改变，在明晰政府与市场的双向作用后，考虑长三角当前经济社会发展的现实，应让市场在政府的推动下，更加有效地发挥对资源配置的决定作用；第二，强化利益协调与合作。在明确各自比较优势和利益协调的基础上推进分工，形成分工的推动力，这也是长三角政府治理的积极推动力。第三，优化空间组织和绩效考核机制。这在以下的章节中将结合前文的分析维度详细加以论述。

第四章

长三角区域经济协调发展中
政府促进市场机制完善分析

第四章
长三角区域经济协调发展中政府促进市场机制完善分析

有效的市场机制是区域分工与合作、利益协调和空间组织机制的基础，2022年4月10日，《中共中央 国务院关于加快建设全国统一大市场的意见》发布，更是彰显市场机制完善的重要性。本章将聚焦政府在促进市场机制完善中的作用，实证市场机制完善程度与长三角区域经济协调发展之间的关联，并提出完善市场机制的政府治理对策。

第一节 政府促进市场机制完善的理论阐释

有效的市场机制是实现区域经济协调发展的根本途径，首先要冲破地区的行政封锁，促成区域统一市场的建设，促使生产要素自由流动以及实现产业的自由转移；政府治理是区域经济协调发展的推动力量，原因是政府在资源调动与协调方面具有强大的能力，可在很大程度上修正市场调节资源的不足。

一、政府与市场的关系

政府与市场是在资源配置中起互补作用的两种制度安排。一般地，政府通过法律和行政手段来协调和配置资源，可以通过公共支出、政府税收等方式直接调节资源配置，也可以通过转移支付制度、公共事业投资和财政补贴等收入分配手段调整资源配置，政府亦可以通过财政政策和相应的制度安排这两种手段来进行资源的配置。而市场则是通过协调人们的自利行为来提高社会福利。在市场机制中，消费者追求消费效应最大化，生产者追求成本最小化以及利润最大化，生产者和消费者都有充分、自由的选择权，他们可以分散地进行决策，利用市场交换与竞争实现各自利益的最大化，促使市场在价格、竞争等机制的作用下实现供需均衡，从而促使资源达到最有效配置。

政府与市场存在一种相互依赖的关系，体现在两个方面：一方面，市场失灵要求政府介入社会经济运行。市场机制发挥作用的前提是商品和服务的产权得到有效界定，而政府的基本功能就是保护促进效率的产权结构；市场利用其选择和激励功能配置资源往往具有一定的自发性、事后性和盲目性，为了有效地克服市场机制的失灵，政府需要采取宏观调控措施以确保经济正常运行。另一方面,政府各项活动的组织很大程度上也对市场有依赖,单纯靠政府的行政力配置资源,常会出现政府失灵的现象,主要表现是政府的主观发展努力与以人为中心的发展要求有距离、政府行为的低效率和政府决策的时滞等。

在区域经济发展中,市场机制可以立足各区域的比较优势,有效地配置资源,既包括可流动生产要素资源,如对劳动力、资本和技术等的合理配置,也包括合理安排传统产业和新兴产业的分布。区域经济格局在市场机制下会逐步合理,进而能够实现均衡发展。然而,不同区域的市场化程度存在比较大的差距,往往带来先发展区域和后发展区域间的市场难以有效衔接,造成区域间"市场失灵"的现象。主要表现为:一是生产要素价格存在差距会使要素在某一区域市场过度集聚,不利于市场在区域整体配置资源;二是市场机制不完善和信息的缺失加深了区域间的市场壁垒,易造成区域经济发展的两极分化;三是市场不规范的运作引发区域间的恶性竞争,带来资源消耗严重或市场配置低效乃至无效。总而言之,概括为两点:一是市场机制自身的缺陷,二是区域间市场机制的禀赋差异。

在区域"市场失灵"的情形下,政府可以发挥弥补性、引导性以及规制性的作用,通过充分发挥其在宏观调控、公共服务、市场监管、环境保护和社会管理等方面的职能,有效去弥补市场的失灵。主要方法一是政府对市场直接干预,限制区域间生产要素的定价,达到缩小要素价格差距的目的,从而在区域间使得生产要素能合理流动;二是在中央政府的管控约束下,地方政府与区域其他政府合作,破除区域市场的壁垒,加强区域之间的经济联系,融合区域间市场;三是通过市场相关制度安排的不断创新和优化,逐步对市场运作机制进行规范,协调区域间的经济发展。然而,诸如地方保护主义、地方政府恶性竞争等不当或过多的干预措施,会导致市场作用机制的积极效应受到限制,市场失灵现象将愈发严重,从而会加剧区域间发展的不平衡。因此,在区域经济协调发展中需要协调好政府与市场的关系,充分发挥两者的合力在资源配置中的作用,加强区域内的分工协作,减少甚至消除内部摩擦,控制和降低经济增长的成本,提高区域经济发展的效率和质量。

二、市场机制对区域经济协调发展的作用

传统理论认为市场机制能自发使得区域经济趋于均衡发展的状态,但也

有一些著名的学者如缪尔达尔、赫希曼等持不同看法,他们指出,在经济发展的初期,发达地区与欠发达地区的经济差距会在市场机制的作用下进一步扩大。而新古典经济学家则认为,随着市场经济的发展,劳动力和资本等生产要素将出现回流现象,这种流动有利于区域间经济趋向于均衡发展,因此区域差距可能会缩小。这仅仅是理论上的争论,然而现实是我国区域发展的不平衡使得学界对市场机制的认识产生了误区,认为市场机制只是追求短期收益,未通盘考虑,若是市场机制能够重视长期收益的话,经济会发展得更好。实际上,长期收益由各个短期收益构成,完善的市场机制更为注重长期收益与短期收益的协调。市场机制正是通过统一公平的竞争,促使各个企业、各个地区积极发挥生产潜能和比较优势,追求利益的协调化和最大化,能够增加长期收益。樊明(2006)认为,区域均衡发展需要规范化市场制度的建立,还应以市场作为主体,自发进行区域经济的调节。从宏观层面来看,国家宏观调控不能替代市场的作用,而是能有益补充,因为政府可以通过经济、法律、行政等手段全方位促进区域经济协调发展。

改革开放以来,我国区域间经济、环境资源空间失衡。然而,长三角地区以市场竞争为基础,却并未产生无序和盲目竞争,原因是长三角地区在区域一体化发展过程中对地方政府的行政权力边界进行了限制,同时也尊重市场主体的独立利益。在我国经济转轨的时期,市场竞争主体和利益主体形成了两大独立的层面:一是企业主体层面,尤其是国有企业、国有控股企业,决策行为往往受制于地方政府;二是地方政府主体层面,政府职能被界定得过宽,其参与市场运作的能力非常强大,这并非标准化的市场行为,进一步地说,在行政区域内政府追求垄断利益最大化或者成本最小化的行为(利益自享,成本他担),必然会导致区域之间盲目竞争。因此,在市场经济体制情景下,经济协调发展必须强化市场机制的决定性作用,遵循市场规律,建立和健全有利于区域协调发展的市场经济体系,使政府和市场都能够更好地发挥各自作用,促进和引导企业跨区域发展,推进产业在区域间转移,从而实现发展的协调。

对市场机制的认识往往存在三个误区,一是市场机制关注短期利益,二是实现共同富裕难,三是难以兼顾整体利益。事实上,市场机制下短期利益和长期利益是辩证统一的,长期利益往往是由一系列相互联系和影响的短期利益组成。不要因为市场是较有效的资源配置方式,就去否认市场机制会导致我国地区差异的进一步扩大这一倾向;也不要因为担心上述倾向,就终止我们持续30多年的市场化改革,正确的思路应是既坚持市场取向的改革,又积极应对市场机制导致地区差异扩大的现实,保持清醒认识,并及时借助政府协调和控制加以纠正①。

三、区域经济协调发展中的政府治理与市场机制完善

一般来说,区域经济协调发展由两大机制共同发挥作用:一是市场机制,即改变行政界限与分割的状态,促进要素资源的自由、合理和有序流动,构建区域内统一大市场;再一个就是政府作用的机制,政府通过其行政力进行战略规划、政策与协调,很大程度会影响到市场机制的发挥。传统公共行政管理理论中政府管得过多,往往使得官僚机构膨胀,会对提供公共服务的效率产生影响;新公共管理理论中政府管得过少,而政府是为了公共利益而产生的,政府管得太少可能会造成公共价值观和美德能力的丧失。因此,政府行为需要适度有效。从区域经济协调发展的历史演化来看,政府作用及市场机制作用的发挥经历了如下几个阶段:第一,初级阶段。此时中央政府是主要调控者,其制度干预手段主要包括区域经济合作的规范、区域经济市场化的推进,以及加快区域经济的一体化进程,政策手段主要是引导资源在区域间合理配置,并逐步对地方政府经济行为进行规范。而地方政府则会协调与其他地方的经济关系,提升本地区环境的吸引力和本地企业的竞争力,开放本地市场,立足比较优势展开地区间的经济合作,推动本地企业与其他地区企业的合作。在这一阶段,政府制度干预发挥着不可或缺的作用。第二,中级阶段。协调发展的机制趋向完善和成熟,中央和地方政府除了继续发挥既有的作用之外,一般成立专门的区域协调组织机构,不同于初始阶段的是,初始协调是自上而下的,而此时区域内地方政府的协调机构是自下而上形成的,形式多样。在初始阶段区域间产业趋同现象严重,与政府短期行为有关,在中级阶段发生了很大变化,除了运用行政手段外,还广泛地运用经济和法律手段,具体而言,经济手段包括财经政策、经济补偿和投资导向;法律手段主要是制定区域协调发展的法律、法规体系,协调程序日趋复杂。第三,高级阶段。该阶段的协调目标更加明确、内容更充实,手段更完善,程序更规范。其实政府的制度

---

① 钟昌标:《区域协调发展中政府与市场的作用研究》,北京:北京大学出版社,2016年版,第35-36页。

干预与市场机制的构建本身存在一种互补和协调变化,日趋和谐。

在区域经济协调发展过程中,政府促进市场机制完善有以下要点:第一,促进本地的市场化改革。若一地区市场化改革的程度较好,该地区就必然有较高的要素生产率,区域综合竞争力也较强,政策障碍相对较少,同时与其他区域之间的交易成本低,易于形成分工合理的区域协调发展格局;第二,助推要素资源有序合理流动。不少地方政府在经济发展进程中经济管理职能缺失,经常出于短期利益,实施行政保护和地方封锁,出台一些不利于本地区开放本地商品和劳务市场的政策。从经济发展理论来看,一个地区在产业发展的初期,保护有利于防止市场竞争的冲击,但长期来看,保护会增加改革和创新的惰性,越是保护越可能使得本地经济陷入慢增长的泥潭;第三,在区域经济协调发展过程中政府还能够有效弥补市场的缺陷,承担公共产品的提供和基础设施的建设任务,营造有利于经济社会发展的美好环境。

第二节 市场机制与长三角区域经济协调发展关联效应的实证分析

市场机制被认为是推动区域经济协调发展的基础,为从现实的角度分析市场机制与区域经济协调发展的关系,为进一步论证政府治理完善市场机制的重要作用,本书运用长三角城市群市级面板数据进行相应的实证研究,从而为厘清市场机制与区域经济协调发展的关系提供经验证据。

一、主要变量设定

主要变量有两个:一个是衡量区域经济协调发展的指标,另一个是衡量市场机制的指标。在区域协调发展的定量研究中,不同的学者对衡量区域经济协调发展有不同的看法,并没有形成统一的评价体系。张佰瑞(2007)从经济系统、社会系统、资源系统、环境系统四个方面运用 18 个具体指标,对我国省级行政区、四大区域和全国的协调发展情况进行综合评分[①],作为区域协调

---

① 张佰瑞:《我国区域协调发展度的评价研究》,载《工业技术经济》,2007 年第 9 期,第 90-93 页。

发展路径探究的基础。问题是,虽然指标体系很全面,但涉及的指标过多,很难形成连续可比的衡量指标。新经济地理学认为市场需求的规模差异首先会对区域的产业结构产生影响,继而影响产业协调发展再到社会的其他方面,诸如就业等。据此,本研究采用产业协调的发展指标作为代理变量衡量区域经济协调发展。产业协调发展的指标主要测度的是区域间产业聚合的质量,即要素资源投入结构与产出结构的匹配度,既能反映区域间产业协调的程度,还能够反映以劳动力为代表的要素资源有效利用的程度,能够更好地兼顾指标的全面性和连续性。新经济地理学研究结果表明,在一个区域内部,要素资源在三大产业间的配置效率直接显示出该区域的经济发展程度,产业协调发展的程度越高,区域协调发展的能力就越强。区域产业的协调发展程度一般用改进后的泰尔指数反映,如下所示:

$$\mathrm{TL} = \sum_{i}^{n} \left(\frac{y_i}{y}\right) \ln\left(\frac{y_i/y}{l_i/l}\right) \tag{4-1}$$

其中,TL 代表泰尔指数,y_i 为第 i 产业的产出,y 是经济总产出,l_i 代表第 i 产业的就业人数,l 为就业总人数,n 是产业部门数。理论上若区域经济协调发展呈现均衡时,各个产业的生产率将会与总体经济的生产率相等,资源配置实现最有效的状态,此时 TL=0。然而在现实中,这种均衡状态难以存在,各产业的生产率通常不会等于总体经济的生产率,泰尔指数一般处于不等于 0 的状态,且泰尔指数越高,其区域产业的协调发展程度越低。

关于市场机制成熟度的衡量指标,樊纲等(2003)开展了一项具有开拓性的课题研究,从政府与市场的关系、产品市场的发育程度、非国有经济的发展、要素市场的发育程度、法律制度环境和市场中介组织发育这五个方面,选取了 25 个指标构成指标体系,进行"主成分分析方法"计算,得出一个市场化指数并以此衡量市场化的相对进程[①]。政府职能相关的部分在该指数中占据了 34.79%,足以反映在我国市场化改革中改革政府职能是主线内容。长三角地区改革开放以来一直是国内经济最有发展活力的区域之一,也是工业化水平最高的地区。因为工业在长三角地区经济发展中的地位举足轻重,既引领和主导长三角地区的经济发展,同时还是市场化改革的先行者,其市场化程度能够较为全面地反映长三角地区的市场化改革进程。缘于实证数据的

---

① 樊纲 王小鲁 张立文 等:《中国各地区市场化相对进程报告》,载《经济研究》,2003 年第 3 期,第 9-18+89 页。

可得性和准确性，采用规模以上国有工业总产值占规模以上工业总产值之比作为衡量市场化程度的指标，来反映区域市场机制成熟程度。表达式为：

$$\text{MARKET}_{it} = \frac{\text{GYindustry}_{it}}{\text{industry}_{it}} \quad (4-2)$$

其中，MARKET_{it} 是第 i 个区域第 t 年的市场化程度，GYindustry_{it} 代表规模以上国有工业总产值，industry_{it} 表示规模以上工业总产值。市场化指数越小，说明市场化程度越高，政府干预市场的程度就越低；反之，政府干预的程度就越高。

二、模型设定及变量描述

结合长三角地区的数据可得性和准确性，运用 2010—2019 年长三角区域 41 个市区的面板数据，对市场机制与长三角区域经济协调发展的关联效应进行研究，模型设定如下：

$$\text{TL}_{it} = \beta_i + \beta_1 \text{MARKET}_{it} + \varphi \text{Ctrl}_{it} + \alpha_t + \varepsilon_{it} \quad (4-3)$$

式子中，i 代表的是区域，t 代表的是时间，β_i 作为截距项，α_t 用来控制年度的时间效应，ε_{it} 为随机扰动项。TL_{it} 是被解释变量，以经过改进后的泰尔指数来表示，根据 41 个地级市的产业产值和就业人口的数据整合计算得出，以反映区域产业协调程度。主要的解释变量为 MARKET_{it}，用规模以上国有工业产值比规模以上工业产值，用以表示市场机制成熟度，β_1 为其系数，预期为正。

关于控制变量，首先，选择 GDP 作为控制变量来衡量不同发展水平下市场机制对区域产业协调发展的影响；其次，引入投资率（Invest）作为另一个控制变量，可以衡量投资水平，而投资水平能够有效地反映要素资源合理配置的程度，可以侧面反映区域间协调发展的倾向；最后，选取第三产业与第二产业产值之比（TS），用来衡量服务化趋势，因为经济服务化是当今产业升级的基本趋势，第三产业的增长率比第二产业高可以反映产业升级的方向。

考虑到数据资料的可得性及统计指标的前后一致性，本书的研究对象为长三角区域内 41 个市区，样本观测期为 2010—2019 年，数据来源于各地区的统计年鉴。具体的原始数据包括各地区 GDP、三次产业增加值及从业人员数、全社会固定资产投资额、规模以上国有工业总产值和规模以上工业总产值,其中,根据居民消费价格指数对全社会固定资产投资额进行调整。实证中所涉及的主要变量的描述性统计结果显示在表 4-1 中。

表 4-1　各主要变量描述性统计

变量	样本量	均值	标准差	最小值	最大值
TL	410	0.078 362	0.060 622	0.000 209	0.348 289
Market	410	0.044 938	0.038 019	0.000 379	0.257 781
GDP	410	4 123.412	4 483.950	344.230 0	28 183.51
TS	410	0.859 050	0.274 536	0.416 522	2.339 072
Invest	410	21.245 12	15.839 26	1.206 369	65.463 95

三、结果分析

实证估计结果可见表 4-2,结果的选择遵循 Hausman 检验,在 5% 的显著性水平下通过 Hausman 检验,因而拒绝原假设,选择固定效应模型的结果。

表 4-2　2010—2019 年长三角市场化趋势与区域产业协调发展的时序回归结果

自变量	系数	标准差	t 统计量	P 值
Market	0.350 3	0.106 4	3.293 6	0.001 1
GDP	$-2.11E-05$	$2.01E-05$	$-1.046 068$	0.296 6
TS	$-0.069 399$	0.019 441	$-3.569 797$	0.000 4
Invest	7.34E-05	0.000 549	0.133 725	0.893 7
C	0.129 402	0.017 216	7.516 396	0.000 0
R^2	0.201 196	N	10	
F	4.378 686	Prob>F	0.000 001	

表中的回归结果显示:Market 系数为 0.350 3,且在 5% 的显著性水平下显著,这表明市场化改革下加强市场机制作用对区域产业结构协调发展具有正向促进的作用,即市场成熟度提高能够提升区域产业结构合理化的程度,市场化程度每增加 1 个单位(Market 减少 1 个单位),能够使得 TL 指数减少 0.350 3 个单位。这验证了前文的理论分析,也证明市场化趋势对区域产业结构协调发展正向的影响是稳定的。控制变量方面,除了 TS 的回归结果通过了 5% 的显著性检验,其他变量的系数与显著性大多存有差异,这可能与选择

估计方法的不同有关。

四、稳健性检验

表 4-3 列出固定效应模型和随机效应模型的回归结果。主要内容包括各个变量的回归系数、t 统计值与显著性水平，模型的拟合优度 R^2，F 统计量和 Hausman 检验值与其显著性水平。观察发现两个模型回归的结果有明显差异，Hausman 检验的结果在 5% 的显著性水平下通过检验，因而拒绝原假设，选择固定效应模型。

表 4-3　固定效应与随机效应模型的回归结果

	固定效应模型	随机效应模型
Market	0.350 301*** [3.293 624]	0.219 907**
GDP	−2.12E−06 [−1.046 068]	−5.54E−06*** [−3.208 975]
TS	−0.069 399*** [−3.569 797]	−0.038 528** [−2.267 902]
Invest	7.34E−05 [0.133 725]	0.001 101** [2.468 472]
C	0.129 402*** [7.516 396]	0.101 032*** [6.843 738]
R^2	0.201 196	0.141 070
F [p 值]	4.378 686 [0.000 0001]	9.649 027 [0.000 000]
Hausman [p 值]	12.984 179 [0.011 4]	
样本量	240	240

表中括号内为 t 统计值，* $p<0.10$，** $p<0.05$，*** $p<0.01$。

如表所示，市场机制成熟度的指标系数是正值，说明市场机制的完善对区域产业的协调发展具有正向促进的作用，且通过 1% 的显著性水平，这与前文假设的结论是一致的，实证结果表明市场机制的成熟度与区域产业协调发展的稳定关系。在固定效应模型下，市场机制指标每上升 1 个单位，产业协调发展水平会上升 0.35 个单位，政府行政干预逐步放开，更好地发挥市场进行资源配置的决定性作用，区域自主发展的能力会加强，能够提高三次产业间及三次产业内部的投入-产出结构的耦合度,能够更有效地促进资源的配置,促进区域产业协调发展程度明显提升;相反,产业间及产业内的投入-产出结构耦合发生扭曲,就会影响和制约区域产业的协调程度。

另外,常数项系数为正且显著。在控制变量方面,GDP对区域产业协调发展的系数为负,但未通过显著性检验。投资规模系数(Invest)为正,同样没有通过显著性检验。反映产业高级化趋势的指标(TS)的系数为负,通过了1%的显著性检验,说明产业升级在某种程度上会促进区域产业的协调发展。

五、实证结论:完善市场机制有利于促进长三角区域经济协调发展

运用长三角城市群的市级面板数据,被解释变量为区域经济协调发展程度,以区域产业协调发展程度作为其代理变量来衡量,市场机制的完善程度作为解释变量,以市场化指数来衡量,GDP、投资率、第三产业产值与第二产业产值之比作为控制变量,实证市场机制对区域协调发展的关系,发现市场化指数与产业协调发展程度之间存在正向关系,由此实证了完善市场机制的重要性。从现实逻辑来看,第一,完善市场机制有利于形成区域间一体化的要素市场,充分遵从市场价格规律促进要素公平、合理、有序流动;第二,完善市场机制有利于长三角各主体实现自身利益,从而使得经济协调发展更加具有动力;第三,完善市场机制有利于长三角区域打破市场壁垒,实现产业链、创新链、功能区、城市群以及经济带的合理分工与空间分布。因此,长三角区域经济协调发展中的政府治理应促进市场机制的完善。

第三节 长三角区域经济协调发展中政府促进市场机制完善的路径

政府治理完善市场机制可以从如下几个方面着手:一是促成区域统一市场的建立,确保区域市场主体依法享有公平公正的市场地位;二是推动区域产品和要素市场的全面开放,消减和破除区域的市场壁垒,为其跨区域流动创造有利的条件;三是推进引导微观主体跨区域的发展与互联,充分发挥企业对促进区域经济协调发展的带动作用;四是推动市场机制与政府调控相结合。

一、建立区域统一市场

市场机制的内在要求是建立区域统一市场,区域统一市场有两个方面的内涵,即硬件和软件的一体化。硬件方面的一体化指的是区域间实现交通、信息网络等市场基础设施的相互联通,确保产品和要素能够实现在空间上自由流动,发挥市场优化配置资源的作用;软件方面的一体化是指从制度层面统一并规范不同区域内的市场竞争规则,包括区域间产品质量与技术的标准、财税经济制度、社会公共政策和环保生态要求等相互认同与互用。

在硬件一体化方面,首先,政府亟须加强长三角区域间交通等硬件基础设施建设,改善落后的硬件设施,整合碎片化的空间结构,以此减少产品要素的流通成本,提高生产要素的流动速率并拓展要素在区域间的流动渠道。其次,强化信息化建设,充分发挥网络的信息媒介功能,有效降低区域间要素资源配置的交易成本,从而推动区域一体化市场的形成。最后,完善区域交易平台建设,建立健全各类产权交易平台、自然资源资产交易平台、区域性股权市场等。

在软件一体化方面,首先,中央政府应制定统一公开的区域市场规则以规范市场秩序,防止市场歧视以确保各经济主体在区域中享有公平公正的地位,规避市场特殊现象以保证各地区的市场体制和政策具有一致性。其次,通过制度方式对产权进行合理界定,完善长三角区域间产权供求的市场,为市场机制的构建打下良好的基础,并据此打破地区间的市场壁垒限制,加强经济联系,缩小经济差距。最后,中央和地方政府应充分发挥其监管职能。对中央政府而言,一方面,通过建立信息披露制度和反垄断制度约束市场行为,防止区域中出现垄断、限制竞争和不正当竞争等现象,降低信息成本;另一方面,规范地方政府行为,建设法制化的营商环境,包括打破地方保护主义,打破区域市场的行政性封锁和地区垄断,监管地方政府的经济政策,以确保区域统一市场健康发展。对长三角地方政府而言,不仅要加强对本地市场的监管,还要加强与其他地区在市场监管、法治和社会信用体系建设等方面的协调合作,减少市场参与者跨区域经济活动的交易成本,通过培育更加有效率的市场机制促进区域经济效益的整体提升。

二、推动区域市场全面开放

区域经济协调发展的一个重要前提是实现区域市场的全面开放，以及各生产投资要素能够在区域间自由地流动。要实现这一点，长三角地方政府须发挥有效的宏观调控作用，制定相应的产业政策和市场规则，消除区域政策特权与地方保护，即打破地方行政性垄断和市场分割，实现商品和要素在区域范围内自由流动。具体而言，从劳动力市场来看，首先，政府要深化体制改革，完善户籍制度和社会保障制度，去除影响劳动力自由流动的不合理制度，营造公平竞争的就业环境，从制度层面保障劳动力市场的正常发展；其次，政府应在长三角区域的欠发达地区增加教育的投入，加强对劳动力的精准培训并对劳动力的流向进行引导，实现劳动力市场供需的匹配；最后，建立健全区域性人才交流中心和人才市场，完善劳动力信息平台，确保劳动力供求信息及时公开。从资本市场来看，首先，金融市场发育较好的地区应着重加强市场交易秩序和制度规则的建设，规范市场的信息披露，加强市场的监管力度，使之更规范更稳健地发展；其次，金融市场欠发达地区一方面要努力健全金融体系，改善投资环境，构建多层次、多元化的金融市场，充分发挥金融对地区经济发展的促进作用，另一方面要加强市场监管，完善信用体系，通过建立更加公开透明的投资环境来吸引资本从发达地区向欠发达地区流动，从而为自身整体发展创造有利契机；最后，鉴于资本逆向流动会影响区域经济的协调发展，政府可以通过制定差异化的金融政策来促进落后地区金融市场的发展。在其他要素资源市场，要秉持市场定价原则推动重要资源价格形成机制的建设，让价格能够充分反映资源市场供求的情况，以便提高资源的利用效率；在价格机制尚未完善的情况下，政府还应推动资源产业链之间的合理价格利益调节、关联行业的价格联动以及弱势行业针对性的价格补贴等。从技术市场来看，在长三角大区域层面应建立技术市场的发展战略，引导科技资源按照市场需求合理优化空间的配置，促进创新技术要素充分流动；各区域还应通过有效整合区域内的产业或行业领域的科技资源，带动整体技术市场的发展。

市场开放的前提和基础是合作共赢。随着市场的全面开放，地区间的分工协作、竞争与联合将会日趋加强，长三角区域间各政府须在开放的环境下联合行动，减少、继而消除相互之间的无效竞争，形成互联互通的发展格局，促进各自经济的发展，并提高区域整体的发展水平。首先，中央政府要积极推进区域合作相关法律法规建设，对区域合作的性质、原则、主体的职能权限和行为方式等事项从法律上进行规范，使区域合作走上规范化、法制化的道路，并保证区域合作的持续稳定开展。其次，长三角区域内需要积极构建多层次的区域合作体系，例如政府和企业间的区域合作、不同产业间的区域合作等，各区域应因地制宜，采取最适宜的合作形式，实现区域各主体间优势互补或共享，充分调动各主体的积极性，盘活区域内的经济发展，区域间形成相互支撑、共同发展的良性互动关系。

三、推进微观主体跨区域发展

推进微观主体跨区域发展包括两个层面的内容：促进企业跨区域流动和引导产业跨区域转移。企业跨区域发展对区域经济协调发展具有双重效应：一方面，企业跨区域流动不仅能够实现在企业内要素和产品的跨区域流动，还能够促进其他关联企业要素和产品的跨区域流动，进而实现区域间的要素和产品流动规模的扩大及不同区域的互联互通；另一方面，企业跨区域流动还能增强区域之间经济利益的联系，促进地方政府合作共赢。长三角地区促进企业跨区域流动可以采取下列对策：第一，企业跨区域流动的前提是企业为真正的市场主体，拥有独立自主的经营权、发展权和管理权。因此，政府治理必须深化企业制度与政府经济管理职能的改革，大大减少行政性的干预，切实维护和保障企业市场主体的地位，促使企业在跨区域流动中拥有充分的话语权和自由选择权。第二，政府治理要以制度创新和体制改革为突破点，根本解决区域市场的分割，只有消除区域障碍，形成统一的市场体系，才能够促使企业进行跨区域的扩张，实现跨区域的内部分工。第三，必须健全和完善长三角产权市场的法律法规体系，促进产权市场的发展，为企业的产权交易提供制度保障，如为了加强沿海沿江港口江海联运合作与联动发展，长三角政府鼓励各港口集团通过市场化的方式，如采用交叉持股等方式强化合作，推动长三角港口协同发展。以连云港和上港集团实现的战略合作为例，双方以资本为纽带，实现长三角区域港口资源的战略重组，推动长三角港口协同发展；以连云港港为合作平台，引入上港集团作为战略投资者，整合港口资产，实现优势互补，以提高港口资源的科学开发利用水平，助力连云港未来发展。

产业跨区域转移有利于促进转入地和转出地之间的分工协作,从而加强了区域间的联系。对转入区而言,新产业的进入可以调整区域内的产业结构,并且形成一部分产业集聚,给转入区带来新的经济增长极;对转出区而言,产业转出可以在一定程度上减少资源环境压力,调整传统的产业结构,有助于产业的转型优化升级和维持经济持续稳定发展。在市场机制下产业的跨区域转移是企业个体自主自发的行为,受到市场规律约束,但有可能在这一过程中由于信息不对称,会产生对区域经济协调发展不利的状况,因此,需要从促进长三角区域经济协调发展的全局出发,统筹规划、合理引导产业的跨区域转移。第一,制定产业跨区域转移的总体规划,依据长三角产业分布的特点和空间布局,并结合各自产业基础,在产业的区位导向下,在产业园区连接和环境管制等方面对产业的跨区域转移进行总体安排和指导。第二,政府还须有税收优惠和财政信贷的支持,为促进产业的跨区域转移制定配套的政策,在市场机制的基础上,政府发挥其宏观政策指引的作用,制定有利于激励产业合作和转移的政策。第三,政府还可以鼓励企业把握转移的机遇去调整内部组织结构,将生产性环节进行转移,研发、营销和企业管理环节保留在原地或者向中心城市迁移,这更有利于建立产业转出地与转入地之间的联系,促进区域价值链的形成。此外,转出地政府与转入地政府间也可进一步地强化工作联系和政策协调性,提高两地政府工作的协调性和互信程度,从而使得产业转移的盲目性降低,大幅度减少产业转移过程中的交易费用,提高产业转移的效率,从该角度讲,应重视政府治理在产业转移中的关键作用。

四、推动市场机制与政府调控的结合

完善市场机制还需实现市场机制与政府调控的结合。从两者的关系来看,政府和市场双方是正向互动向上的关系。没有市场机制有效发挥作用的长三角区域经济,其发展只是一纸空谈。在计划经济时期,区域均衡是低效率的,由于没有市场机制,也不用去考虑投资效率的区域差异,客观上对长三角区域经济的发展形成阻碍;而政府人为的调控既忽略和轻视了各区域所具备的初始资源及其拥有经济主体的天赋,更忽略和轻视了在经济活动中各个区域努力程度的不同。因此长三角地区政府治理需要改变传统的计划思想的管理惯性,采取间接的方式。随着长三角地区企业确立了其在区域经济发展中的主体地位,政府就需要根据这一趋势来合理设计相应的治理手段,引导企业发挥能动性去推进长三角区域的经济协调发展。那么,各行为主体将会追求各区域间的平等及其发展决策和行为的自主性。在选择经济协调发展的方式时,必须承认区域之间进行竞争的合理性和必然性,也不否定区域简单一盘棋,在兼顾各地经济利益的前提下有序分工协作,竞争与合作是推动长三角区域经济协调发展的长效途径。此外,还需要市场与服务型政府的共同作用,长三角政府治理转型的关键在于,在区分市场和政府的界限的基础上明确政府的职能,对于市场能解决问题的领域政府应该及时适当的退出,对于因当前市场机制存在缺陷无法解决但完善后能够解决的问题,政府也应该慢慢地退出,政府的职能主要是为市场主体提供公平的游戏秩序和规则,弥补市场机制不足。长三角有效的政府治理应是,让市场充分发挥其调节要素资源流动的功能,为参与主体营造公平有序的市场环境。面对百年未有之大变局,长三角地区政府应抓住战略机遇期,完善市场机制以促进长三角区域经济一体化高质量发展。

第五章

长三角区域经济协调发展中政府健全利益协调机制分析

第五章
长三角区域经济协调发展中政府健全利益协调机制分析

除市场机制外,长三角区域整体利益以及区域内各地方政府、企业、居民利益的兼顾是长三角区域各主体合作的基础,以往地方政府只习惯于接受上级政府的行政指令,只负责辖区内的经济社会事务,较少关注行政区的边界和跨行政区的公共问题,地区经济运行按照行政管辖范围进行组织,地方政府对本辖区经济的干预作用很强,这延缓了长三角区域经济的协调发展。在新时期,随着长三角区域经济一体化高质量发展的提出,更应重视政府健全区域利益协调机制的作用,长三角区域整体的利益、三省一市各自的利益、各下级地方政府的利益以及行业组织、企业、个人利益等都是利益协调的对象。从长三角政府治理的视角来看,协调各主体之间的利益是促进区域经济协调发展的动力所在,需要明确政府治理的利益协调目标、当前利益冲突的表现及原因,在此基础上探究健全利益协调机制的对策。

第一节　政府健全利益协调机制的理论阐释

利益协调指的是通盘考虑与兼顾处理多种利益诉求与目标之间的矛盾,处理公和私、远和近之间的关系,是基于行为主体利益的分析。重点协调几组关系:一是国家、集体和个人利益间的关系,二是短期与长期利益间的关系,三是物质与精神利益间的关系。从博弈论视角看,健全利益协调机制有利于促进长三角利益主体的"正和博弈",从利益相关者理论视角来看,健全利益协调机制有助于协调和处理长三角利益相关者的矛盾和冲突,从协同学理论来看,健全利益协调机制有助于推进长三角整体利益的协同。

一、促进长三角利益主体的"正和博弈"

1928年冯·诺依曼提出博弈论,研究在竞争中个体行为预测及其应对策略,又被称为"对策论"。经过后续学者研究的不断丰富。在"囚徒困境"的背景下参加博弈的双方会采取各异的竞争策略,博弈问题的解决方法有两种:一是"正和博弈",也被称之为"协同性均衡",若博弈的双方寻找有利于共赢的战略而去协调一致,就会出现这种均衡,双方能够实现双赢。二是"零和博弈",若博弈的双方没有协调去选择战略,并不考虑其任何伙伴或者对手的利益,只考虑对自己最有利的战略,一般来说就会带来"非协调性均衡"。但通常博弈都是构建在个体理性行为的基础之上的,双方都会根据对自己最优的决策去行动,实现自身效率和利益的最大化。但结果是,不合作会导致个体不一定能实现其当初的目标,往往出现"一盈一损"的情形。这也说明个体理性与集体理性是存在冲突的。博弈双方在正和博弈中的利益有几种结果:一是双方利益都能增加,二是至少有一方获得利益,而另一方不损失利益,总体看系统利益是提升的。而对抗的方式或者非合作的方式会导致整个社会系统福利的损失;因此,在区域协调发展中理想的状态是"正和博弈"。

从长三角经济协调发展的治理进程来看,如果说20世纪80年代的上海经济区发展是以周边地区的利益损失,推进和强化上海作为中心城市的地位,而上海发展成为中心城市之后,更大范围更大程度地汲取要素资源得以迅速发展,继而对周边地区产生辐射和示范的作用,这可看作是一种"正和博弈"过程。短缺经济时代集中要素资源优先发展上海,再以上海的发展反哺周边地区,尽管初始阶段周边地区面临相关利益损失,但从长远来看,也正是因为上海的反哺,促进了周边地区经济社会的发展;21世纪后,我国加入WTO,在上海的带动下,长三角地区三省加快了开放的进程,同时因地因时制宜,各地方政府还是会根据自身最优的决策行动,可视为"零和博弈"的过程;长三角一体化高质量发展的提出,是政府审时度势的英明决策,当前我国面临百年未遇之大变局,自贸区建设、"一带一路"、长江经济带等国家重大战略,都是我国推进双循环发展新格局的重要举措,长三角三省一市更应融成一体,加强联动,在服务国家整体利益的基础上,健全协调机制,实现各自区域利益的最大化,促进形成长三角利益主体的"正和博弈"格局。

二、协调和处理长三角利益相关者的矛盾和冲突

美国斯坦福大学研究所1963年对"利益相关者"进行了定义,强调在组织中利益团体需要相互支持,这样有利于组织的生存。1984年弗里曼最早提出"利益相关者理论",主要分析的是企业经营管理者的管理活动,目的在于对于各个利益相关者的要求进行综合平衡。在其著作中谈到,"利益相关者是所有个体和群体,能够影响组织目标的实现,或者他们受到组织实现目标过程的影响"。

在长三角区域经济协调发展的政府治理中,需要明确不同的利益主体和

内容。从区域来说,区域空间是多尺度的,有不同的行政区,国家级、区域级、省级、市级、区县级、乡镇级、村级,各级政府都有其个体利益,也必然存在个体与集体利益的冲突和矛盾,但也会存在在同一区域范围内个体与个体的竞争与合作关系;从时间维度来说,不同区域不同主体的利益又有短期和长期之分,在长三角三省一市中,上海作为率先发展的地区,在其发展初期造成江苏、浙江和安徽资金和人才的外流,使得短期内周边的省市利益受损,但随着上海的不断发展,辐射能力加强,又能给周边省市带来资金、技术、人才乃至社会福利的溢出,从长期来看是有益的,不同地区的发展也存在着短期和长期利益之分,有些地区关注眼前短期利益,尤其是经过分权制改革后,作为独立的利益主体,在管理地区事务和推动地方发展方面,地方政府是主要的推动者和利益相关者,也是协调者,既执行上级政府的政策,又推进本地具体事务。在此过程中对短期利益的重视采取产业趋同政策、竞相抢夺各种要素资源、形成相互间的行政区壁垒,阻碍了区域经济协调发展的进程。因此,政府治理应能够有效协调和处理利益相关者的矛盾和冲突。

三、推进长三角整体利益的协同

著名物理学家哈肯1971年提出了"协同"的概念,且在1976年进行了完善,对"协同理论"加以阐释,他认为在一个大系统中,各个子系统间是相互联系和相互影响的。任何复杂的系统在外来能量的作用下,或物质的集聚状态到达某种临界值时,协同作用就会在各子系统间产生。该理论可以探究不同事物的共同特征及其协同机理,多年来该理论的研究获得了发展并被广泛应用到其他学科。有三个方面的基本原理:一是协同的效应,协同作用会使系统能在临界点发生质变,进而产生协同效应,帮助系统实现由无序向有序的转变。二是伺服原理,即快变量服从于慢变量,序参量能够支配子系统;三是自组织原理,即内部子系统具有自动形成一定结构或功能的能力,无须外部指令的作用,说明其具有内在和自生的特点。

从长三角区域经济协调发展的政府治理来看,若把长三角区域整体视为一个系统,其有三省一市各自的子系统。从协同效应来看,长三角三省一市区域经济协调发展的过程正是经历了一个由无序变为有序的过程,不管是官方还是民间组织,这归功于政府组织和引导下的市场自发协同,表现为政策、制度、立法、要素资源的协同,正式组织与非正式组织的协同、官方与行业企业主体的协同、交通运输的协同、环境治理的协同、社会保障体系的协同等；从伺服原理看，长三角的整体效应需要强化，三省一市存在发展的差距，尤其是安徽省相对落后，各省市内部也存在发展差距，以此类推。各地方政府也存在"五位一体"治理方面的短板，虽然本书的重点是区域经济协调发展的政府治理，但脱离社会、环境、文化的治理很明显不符合协同学的基本原理；从自组织原理来看，在当前复杂的国际经济社会环境下，长三角作为中国经济社会发展的先行区域，其内部秩序的稳定非常重要，这关乎长三角区域一体化发展的大局，关乎中国"双循环"发展的大局，关乎我国应对外部冲击的大局，因此，长三角三省一市须抱为一体，形成协同合力。在国家、区域、个体利益发生冲突的时候，需要健全政府治理的利益协调机制，使得在长三角区域经济协调发展中各主体更具动力，因此，需要进一步明确和分析政府治理在长三角区域经济协调发展中利益协调机制存在的问题。

第二节　长三角区域经济协调发展中的利益冲突及原因

长三角区域无论是在国内还是涉外经济发展中都具有重要的地位，对我国经济社会发展的大局具有极其重要的影响。一直以来地方政府扮演了推动辖区经济增长的重要角色，而促进地方利益的公平实现是发挥其作用的应有之义。从长三角地方政府来看，有以下几个方面的利益冲突：一是整体利益和局部利益的冲突，即长三角作为一个整体，和长三角三省一市各自的利益存在冲突；二是从长三角内部省市之间、地级市与地级市之间、县区与县区之间存在诸如产业结构、技术创新、人力资本、居民是否拥护、自然环境治理等方面的利益冲突；三是区域经济发展的差异引发的利益冲突，表现在发展模式、市场结构和资源禀赋的不同。

一、整体利益和局部利益之间的冲突

阿罗的不可能性定理谈到，当个体理性与集体理性发生冲突时，往往表现为个体理性，而非集体理性。意思是指当区域若从自身利益最大化的视角

第五章 长三角区域经济协调发展中政府健全利益协调机制分析

出发去治理经济，必然会产生地方政府之间的恶性竞争、经济结构产业结构的盲目跟从，造成资源浪费严重，难以形成整体合力。长三角不管是从省级政府、地市政府、县区政府层面来看，这种矛盾始终存在（图5-1）。如果形成上级政府的推动，形成正式的制度框架，将有助于缓解这对矛盾冲突。区域利益的统一性与地方利益的差异性间的矛盾，类似整体与局部之间的关系。一方面，区域利益由各地方利益构成，是在各地方共同利益基础上形成的利益整体。区域利益不能脱离地方利益，而地方利益又是区域利益的组成部分，两者不能分割。另一方面，与整体和局部间的相互影响类似的是，区域整体利益的性能状况及其变化会对地方利益产生影响。同时，地方利益也影响区域整体利益，其性能状态和变化也会对区域利益的整体性能状态起决定性的作用。甚至当地方利益不能协调而发生冲突时，将影响区域利益的整体实现。

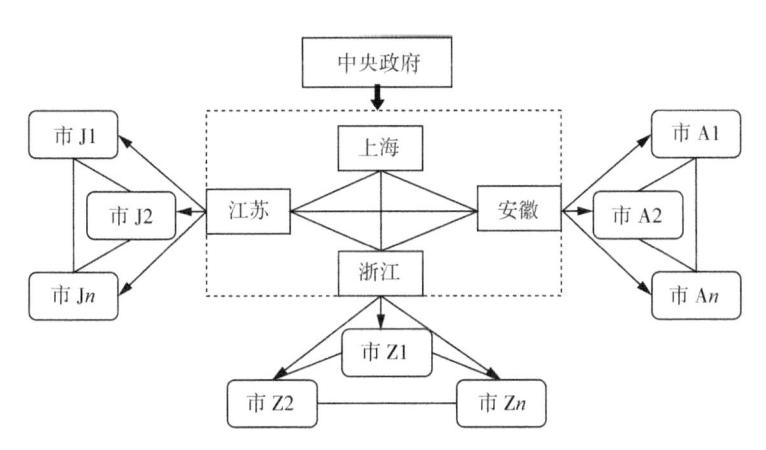

图 5-1　长三角区域整体与局部利益示意图

纵观长三角区域经济协调发展的历史，可以看到，不同时期这种冲突表现有所差异：在上海经济区时期，地方政府"本地经济各自为政"发展的推动，导致他们发展经济时存在激烈竞争，经济相互分割，难以形成整体利益的最大化；浦东大开发时期，因为有上海政策以及金融资源要素的外溢，形成上海与周边省市的利益博弈，周边省市开始积极地争接上海，争用上海发展带来的成果，表现为一种"中心-外围"模型体现的经济利益模式，助推上海中心的集聚，又积极利用其外溢效应；加入世界贸易组织之后，上海、浙江、江苏使出浑身解数推动涉外经济的发展，表现为积极引入外资、外资企业以及其他资源，大力发展和支持出口企业，给予优惠政策和补贴，皆从地方利益最大化的角度出发,造成的结果往往是发展模式趋同、产业结构趋同、政策导向趋同;2008年全球金融危机之后,外向需求严重萎缩,长三角地区及时调整经济产业结构,淘汰落后产能,积极推进和参与到国家新的发展战略中,如长江经济带建设、自贸区建设、"一带一路"倡议等,以自贸区建设为例,推进自贸区建设是长三角地区各省市当前经济治理中的重要问题,因为在自贸区内有政府的政策支持,能链接内外循环,也是带动地方经济的增长极,上海由于累积优势成为第一个批准成立的自贸区,浙江、江苏、安徽申请和获得自贸区建设的批复时间则不同,各地都花费了大量的行政经济资源,然而若是四地自贸区能形成一个经济共同体,自贸区有序布局,合理分工,那么建设自贸区功能的合力必会大幅提升。

二、经济利益的冲突是集中体现

地方利益的主要表现是经济利益,而其具体又体现在各地区产业的淘汰和升级、区域发展模式与市场结构的不同、要素资源与市场的有限性、环境与基础设施的跨区域治理等方面(图5-2)。

地方利益与其产业的发展休戚相关,产业发展的地方利益冲突和矛盾对区域经济协调发展产生了影响,而产业的专业化分工是构成长三角一体化发展的重要基础。不同地区的区位条件、资源禀赋以及发展的历史基础差异决定其在发展中的比较优势。那么产业的淘汰、转型与升级的矛盾也会日益紧张和激烈。主要原因在于如下几个方面:一是不同产业的收益率各异,地方政府往往会因为追求更高的经济效益而偏好高回报的优势产业;二是由于区域的临近性,自然条件如地貌地况、自然气候等较为相似,决定了这些地区会有趋同的农业和工业的生产结构,那么农业和工业部门也会趋同;三是同属长三角这一经济圈,相邻地区经济发展水平比较接近,使得市场供求力量的对比也趋于相同。

区域发展模式和市场结构的差异也会影响长三角区域一体化发展的协调成本。长三角区域处于改革开放的前沿阵地,40多年来发展成果丰硕,但长三角现有的经济体制和市场结构的形成,来自改革初期对传统经济体制的不断创新和变革,涉及地方政府管制的不断放松,国有和集体企业产权制度的变革,是在强化市场配置要素资源的功能下逐渐形成的,而在此背景下需要差异化的发展模式与市场结构,需要相互之间的协调与合作,任何发展模

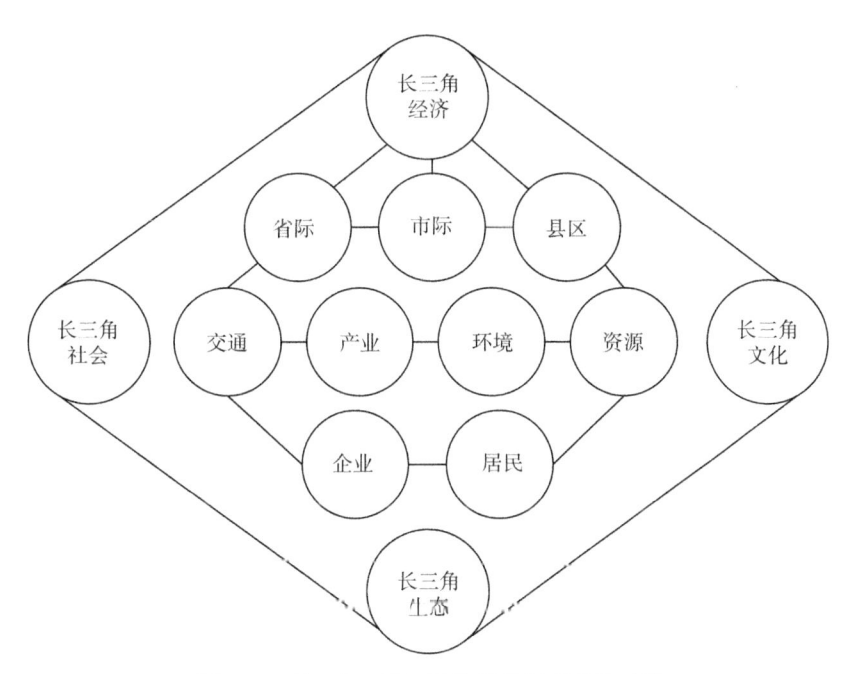

图 5-2　长三角区域经济协调发展利益关系图

式的变化都会导致本地区的局部利益、企业利益和产业利益发生变化,引发利益相关主体的冲突与矛盾。

要素资源供给与需求的差异会导致不同地区争夺经济资源发生矛盾和冲突,因此形成地区壁垒。资源是有限的,不可能同时满足多个地区的共同需求,由此便会产生争夺。体现在技术、人才、资金等重点要素方面。从技术角度来看,科学技术的发明与应用是产业集群兴起以及发展的重要推力,也是地方政府发生利益矛盾和冲突的重要原因之一。一项技术的成功,初期必然投入大量的资源,不成功将形成大量沉没成本,但是技术创新一旦取得成功则具有溢出效应,使得非创新投入者获益,企业的创新技术将很快为其他企业熟知和研究,因为企业集群的存在,一个企业的技术创新所带来的新管理、新工艺、新组织、新流程甚至是新的市场会有部分外溢,成为产业集群里的公共信息与技术,而相邻地区可以利用这种外溢,省去大量的成本,造成技术创新收益在本区域的流失;人才是各个地区经济发展的重要因素,长三角区域经济协调发展将进入新的更高的阶段,随着一体化的推进,人力资本市场将会逐步融合共享,这将有利于企业在更易获取人才的同时降低人才搜寻的成本,若在自由流动的市场环境下,人力总是趋于流向能给其带来较好个人发展和就业的地区,企业也会更容易找到专业化的、充足的人力资源进行生产投资。对于人才流入的地方政府来说是好事,因为没有花费太多的培养成本,而对于人才流出的地方政府来说则是个损失,因为之前花费了太多的资源培养人才反而被吸引到其他地区。为了防止这种情形发生,地方政府往往会构筑制度性障碍如户籍、社会保障等,阻碍人才的自由流动,这也会引发区域经济协调发展中的人力资源争夺的矛盾与冲突。

跨界污染的治理也存在矛盾与冲突。长三角地区的跨界污染主要包括自然资源的消耗、环境的污染、水土的流失等方面。究其原因有两类,一是自然污染,大地运动产生的对生态圈的破坏,受限于人类科技水平无法预测、控制与预防。二是人为的污染,存在于人类的生产生活,使得局部环境受到影响,环境质量恶化,进一步影响到正常的生活和生产活动。在长三角区域经济协调发展中,跨界污染主要来自人为因素,而某一个地区因为生产和生活造成的污染会影响到其他地区的生产者或者居民,或许这本身并不是他们有意识的行为,但某些地区也存在"以邻为壑",以牺牲其他地区的环境利益为代价,改善自己的生活和生产环境,这种行为必然会引发地区间的矛盾和冲突。

三、长三角区域经济协调发展利益冲突的原因

近年来,长三角多方互访和多方协商也在不断强化,但尚未建立起一套高效的高层领导磋商对话机制,也未能对区域内的产业结构调整、基础设施建设以及生态环境的治理等重点领域进行深入协调并采取一致行动,在各方利益结合点和合作的切入方面未能取得重大突破。

从市场角度来看,经济行为中政府力较强,以市场为主要力量的协作和协调发展则相对缓慢,政府失灵与市场失灵同时伴生,市场失灵需要政府的补充,而政府失灵之处同样需要有力的市场,因此,如果社会组织发育迟缓或者能力不足,那么难以在政府引导下参与到区域的经济利益协调中去,也无法有力地推进区域经济协调发展的进程。

从政府角度看,区域利益协调中频现源于地方官员晋升考核诱发的机会主义行为,通俗地讲就是政绩竞赛,地方官员追求政绩最大化,在工作重心方面主要抓经济,这为其行政干预提供足够的动力。经济发展的速度往往是衡

量地方政府绩效的重要参考和标准,主要关注经济增长率、招商引资水平等,在此导向下地方政府会竭尽所能争抢那些投资大、利税高以及经济效益高的投资项目。争项目、争资金、争空间、争政策成为地方政府间博弈竞争的主要目的。在成本可控的情况下,地方政府对有利于其发展的事情进行激励,当然对于竞争对手不利的事情也会激励;对有利于官员晋升的事务保持积极主动的态度,而对利己利他的"共赢"合作则激励不足;正是由于这种政绩竞争,才会频现机会主义行为。从本质上讲,还是行政区观念下的"区域本位主义",皆是从本区域的角度和自身利益出发考虑是否合作或者是否积极合作。我国实行的分税制改革调动了地方政府的积极性,政府招商引资、抓项目等方面的积极性空前高涨,政府在促进财政增收的同时,也会经常使用各种手段刻意保护本地区的实际利益,干预市场、干预要素的自由流动,构筑各种行政、法律等手段的壁垒。如某地级市要迁出一个企业,因为企业发展面临商务成本提升,会选择向成本稍低的地区转移,从市场角度来看无可厚非,但在行政体系下需要经过市委常委会、市长办公会等研究通过,市委主要领导签字后才能转移,为何有如此多壁垒,还是利益问题。企业的转移带来的是GDP、财政税收的流失以及对本地消费投资乃至就业的影响,客观上催生了市场封锁、行政分割以及产业同构等问题的发生。

第三节　长三角区域经济协调发展现有利益协调机制的优势与不足

长三角区域各方主体的利益冲突会影响经济协调发展的进程,政府治理应健全利益协调机制,实现利益主体的合作共赢,须构建以利益协商分配、利益补偿与共享、利益争端调解及利益保障实现为一体的系统,确保各方利益的实现。长三角现有的利益协调机制有行政契约型和行政约束型两种,都存在一定的优势与不足,下文将进行相应的剖析。

一、长三角利益协调机制的主要目标与实施内容

长三角利益协调机制构建的目标在于促进各方利益主体的合作与共赢。

由于长三角各地方政府都是独立存在的利益主体，一般会以自己的真实意愿与利益表达、维护与实现为最基本出发点，在以往的区域经济合作中体现的是"以我为本"；而区域经济协调发展切实需要以开放、信任与合作为基本特征，故而在区域合作中需要强调共赢的理念。这就需要地方本位主义向合作主义转变，根除自身的"独赢思维"，根除以自我为中心的错误认知，向"合作共赢"转变，而且要有"融合共赢"的行动。为此，各利益主体要跳出单一的行政区划圈，加强开放与合作，去除传统的"行政区"观念，关注"经济区"，主动融入区域公共事务和区域治理体系之中。长三角各地方政府在进行产业结构升级与转型时，需要遵循经济圈内的产业规划，防止出现产业同构；与此同时，应主动消除市场割据，扫清制度障碍和市场壁垒，促进各种要素资源的自由流动，促进区域一体化的有效推进。

政府需要利益协调机制来保障和实施区域经济协调发展，包括利益分配的协商、利益的共享与补偿以及利益争端的调解等机制。一是利益分配的协商。参与利益分配的主体主要是以各级政府为主，行业组织、企业和居民参与相对较少；从利益分配的手段来看，主要以行政手段和行政协议为主，法律和第三方协调则较少；从利益分配的协商形式来看，同级别政府间通过协商和协议达成，加上上一级政府的调解或裁定；从协商效果来看，上级的调解与裁定比同级间的协商更有效率。这种模式下，行政级别代表了协商和调解的能力，但存在几方面弊端：第一，行业组织、企业和居民等利益休戚相关的主体难以参与进利益分配的协商中来，无法表达其利益诉求；第二，既然上级政府具有主导能力，那么下级地方政府就会将大部分精力投入到上级政府的现有倾斜政策中，造成更多行政资源错配，而对地方事务关注度不足。二是利益的分享与补偿。利益的分享与补偿在利益协调机制中非常重要，利益的分享有以下几种路径可以实施：一是基于契约的利益分享，即合作主体根据合作时签订的协议，确定要素资源的投入方式、期限、权利、责任以及收益的分配等，按照既定的分配比例承担成本和分配收益；二是基于既定股权的分配，即按照约定的比例形成相应的股权结构，合作主体根据各自的股权大小来分配合作的收益；三是基于分工的分配，即在大的区域范围内，对参与主体进行区域分工，再根据各自的"比较"利益分享成果与收益，但这种模式依赖于有效市场机制和市场体系的完善。而补偿主要通过上级政府的总体调控来实现，主要手段是通过税收返还和财政补贴的方式。可以看出，利益分享和补偿是一个问题的两个方面，利益分享强调的问题是效率，各参与主体应获得

第五章
长三角区域经济协调发展中政府健全利益协调机制分析

其应得的那份利益,而利益补偿强调的问题是公平,本质是参与主体利益的再分配。三是利益争端的调解。区域经济协调发展的各个参与方全都是利益相关者,在发展过程中只有认可和维护他们的利益,且要体现公平,才能汇聚利益相关者的人心和意愿,从而才能激发和调动各方动力和协调的积极性,解决协调发展中出现的问题。因为在区域经济协调发展过程中存在多方主体,不仅仅包括政府,还有行业组织、企业和居民,一旦出现利益争端,不能仅仅靠某一机构解决问题,而是需要多重治理模式。新公共管理理论强调公共利益的维护,强调对公民权利的尊重,认为需要重新对政府的角色进行定位。因此,在调解和协调机制上,可以采取的形式有法律、行政仲裁、第三方协调等。硬约束和软约束须兼而有之,硬约束是指法律和行政命令,当某些主体违反区域协调发展的协议规定,必然要承担约定的责任,也会按事先规定进行相关处罚。软约束是指"熟人社会",即关系圈,在一个区域共同体中,各参与主体有共同的责任目标导向,也有在区域活动的基本原则,若违反原则,则会受到"处罚",但这"处罚"并不是硬约束中的处罚或者制裁,而是因为害怕被孤立于"熟人社会",害怕自己声誉受到影响,导致原先合作有可能被叫停、优惠政策有可能会被取消,不被容于整个"熟人社会"圈,影响其后续的发展。四是利益共享的保障。区域经济协调发展进程中各利益主体最终利益的实现是其动力所在,而该过程中实现的方式和可操作性要可预见且易理解,因此,利益共享的保障机制就显得尤为重要。从保障形式来看,就是跨区域的机构组织要完善,因为其功能定位关系到协调的成效,需要考虑区域的整体功能合理,因此要综合考虑区域整体的资源状况、各地区的区位优势和经济发展程度,在基础设施建设、产业规划、环境治理等领域进行协调,提升区域综合竞争力和整体效能;从目的来看,利益共享保障机制的实现在于为区域市场的一体化服务,消除地区间的制度壁垒,服务区域的均衡协调发展,实现强强联合或者强弱对口,从而实现共同繁荣;从内容来看,主要完善区域制度设计和法律约束。区域内的合作行为形成相应的规则或者惯例,博弈论中有个合作均衡,但必须以一致同意作为基本前提,体现所有参与者的一致性意见,并以文字的形式加以规定,即制度性设计,在此基础上有正式的执行路径,在具体的协调发展实践中,由跨区域的协调管理机构或者上级政府充当利益纠纷的中间人,对出现的违规行为作出裁决,有力维护区域经济协调发展的合作秩序规则。

二、长三角行政契约型利益协调机制的优势与不足

长三角区域经济协调发展的利益协调机制有两类：行政契约型和行政约束型。行政契约型的利益协调机制，即正式的利益协调模式，通过合法合规性途径完成条约或者协议的签订，主要通过正式的组织机构进行集体谈判，具有三方面的特点：第一，缔结契约的主体是对等的。主体可以是长三角的行政机关、省、地级市、县区人民政府或职能部门，契约性行为发生在级别对等的主体间；第二，缔结契约是自愿的。主体间遵循自主、自愿的原则缔结契约，内容要体现互惠互利、求同存异和互信互助，能对即将实现的目标事项达成共识——往往是主体共同努力的目标方向以及马上付诸实施的行为举措；第三，契约履行是非强制性的。因为是基于各方主体的合作与信任下签订的契约，履约只是道义上的责任，并无强制力。

长三角行政契约型的利益协调机制有效地协调了区域内各利益主体的冲突，促进和实现了经济协调发展的良性循环。主要表现在正式的集体谈判对区域内产业规划和调整有利，长三角发展过程中也出现不同程度的地方保护主义与产业趋同现象，通过三省一市间的产业结构的规划和调整，有效避免因产业同构出现的资源消耗与恶性竞争，也避免了要素资源和生产能力的错配。与此同时，以行政契约手段消除准入的壁垒，整合优化区域内资源，构建区域共同市场体系，另一方面提高跨区域公共产品的供给数量与质量，提升地方政府的治理水平，通过地方政府之间的正式谈判与协议的缔结，促成环境保护、公共交通、教育医疗、科技资源的共享，以及各种类型开放区政策的统一协调，制度化的区域协调机制实现了长三角公共产品供给的规模效应，推动地方政府公共治理水平的提升，并不断推动制度创新变革，提升政府的治理能力。

问题是尽管有契约化的利益协调机制来协调长三角地区的利益冲突，但从单个地方政府来看，处理区域性事务的时候仍然是"理性"选择。固然地方政府都会认识到区域利益是区域成员的共同利益，但区域利益与成员的自身利益是不同的，因此，对协调利益冲突的行政契约仍然会采取追求自己利益最大化的行为；再加上部分地方政府官员因为考虑自身政绩的最大化，行为短视，在面对具有公共产品特性的团体又会"搭便车"。究其原因，主要是长三角地区利益协调机制的内容过于原则化，大多表现为一种意向或某种认

识,而事后各方采取的有效措施不多,因而履行协约的执行力不够,难以实现当初预期的效果。长三角地方政府应该认识到,制度性协调机制不能由政府包办,需要发挥市场机制的作用,考虑利益相关者的广泛参与。

三、长三角行政约束型利益协调机制的优势与不足

所谓"行政约束型"的利益协调机制指的是设立专门的管理机构,有效约束长三角地方政府的利益协调。有三种主要方式:一是由中央政府直接行使财政权和行政权,对长三角内各地方政府进行约束和规制;二是由国务院批准牵头成立长三角特别经济区或行政区,摒除财政边界,成为真正的利益共同体,合并财政收入,并按各地区财政收入比重分配,并划拨到财政收入属地;三是不改变现行行政区域,构建跨行政区的专门的"长三角经济协调管理"部门,对各地方经济社会发展形成具有强制约束的规制和规划,着手对长三角一体化发展进行有计划的调节与控制,重点实施协调与长三角区域内经济利益相关的事务。

行政约束型的利益协调机制是一种上下级政府的约束行为,本身具有非对等性,约束的内容是自上而下的,体现上级政府对利益协调的方针、意见以及态度,地方政府在其中具有附属性,可以表达自己的想法,但无法改变只能被动接受,且基于行政命令和财政约束,若未能执行,上级政府就会采取相应的惩罚措施,如财政罚款、行政撤职,甚至会通报批评。在长三角区域经济协调发展进程中这种模式有过实践,但效果不尽如人意。20世纪80年代上海经济区规划办公室的设立,目的是以上海这样的城市为中心,以上海的发展带动消除其他地区的条块矛盾,带动生产力的解放和发展。工作流程是由规划办公室先做研究再制定各种规划,继而交送国家计委部门审批,国家计委再指派专人对规划进行深入的研究,最后批准执行并以行政命令的形式送达经济区内各个省市。规划办与各个省市的沟通交流主要通过每年一到两次的省市长会议,去协调地区的利益矛盾和冲突,但问题是考核仍然按行政区进行,加法易做,但如果涉及某个行政区产业转移到其他行政区,必然遭到拖延甚至反对使得协调无果而终。

行政约束型的利益协调机制的不足有以下几点:一是财政权下放情况下地方政府独立的利益诉求。为了保证自身利益,会采取投机主义行为跟上级政府进行博弈。上级与下级政府利益考虑的重点、方向以及范围并不完全一

致,在涉及利益协调的方案安排以及分配时,地方政府会讨价还价,也会利用其本土信息优势采取逆向选择行为,通过改变政策实施的方向和力度满足自身的利益诉求。二是下级对上级政府的主动迎合。如上文所言,地方政府可能舍弃经济圈利益而获取上级政府的政策倾斜,因为能否获得上级政府的青睐以及特殊的政策支持,是地方经济能否腾飞的重要因素,故而其对区域经济协调事务的关注和推动略显不足,导致协调效果不佳。三是行政约束型协调机制的具体方案内容不明晰。因为从上级政府来看,其信息掌握程度不如下级地方政府,故而制定协调方案过于宏观、笼统,不易操作,在协调发展的实践中不免会出现一定摩擦:上级政府可以对下级政府的事务进行干预,故下级政府很难有效地履行自己的权力和职责,而下级政府也常会出现变通的做法和越权的行为,使上级政府的政令难以有效落实。

第四节　长三角区域经济协调发展中政府健全利益协调机制的路径

新公共治理理论中利益的界定经过一个复合的过程,考虑个体和组织的偏好,推动力是关系认同下的使命感与共同承诺,需要政府的协调。政府健全利益协调机制的目的在于实现共赢,形成区域经济共同体,共享发展的利益成果。但协调机制形式与内容的不完备影响了利益冲突协调的效果。部分政府的机会主义行为倾向影响利益协调的治理绩效,利益协调机制的真正主导者应是市场。因此健全长三角区域经济协调发展中政府治理的利益协调机制,需要加强顶层设计,明确利益协调的重点和方向,实现利益协调机制的联动,加强利益协调的信息化数字化创新。

一、加强利益协调的顶层设计

首先利益协调要得到中央政府的支持,从我国应对外部环境变化及宏观经济发展的可持续角度出发,构建长三角区域经济协调发展的目标,制定三省一市区域一体化高质量发展的战略和具体实施路径,在条件成熟的情况下,成立长三角区域一体化发展的行政组织机构,在党和人民实现第一个百年奋斗目标、全面建成小康社会,正在向着建成社会主义现代化强国的第二个百年奋斗目标进军的进程中,长三角是我国经济体系中非常重要的增长极,其不同区域之间的利益协调可为其他经济圈提供经验借鉴,中央政府的权威性、积极性、宏观性、控制性可为长三角地区更好地推进一体化高质量发展战略,以及积极融入自贸区建设、长江经济带建设等国家战略中发挥巨大的指引作用、协调作用。

其次,要处理好长三角协调发展进程中的几组利益关系。一是短期利益与长期利益的关系,需要有战略眼光,长远规划,固然短期利益受损,如落后产能的淘汰、环境污染的治理、功能区的重新分布等皆能带来长远利益,故而需要改变短视行为;二是整体利益与局部利益的关系,政府治理者应有大局观,形成治理域内的统一共识,形成"我为区域,区域为我"的发展意识,为了实现区域整体的利益需要暂时性牺牲局部的利益,这是"我为区域",当区域发展起来了进一步反哺局部的发展,这是"区域为我";三是国家、地方、企业利益的关系,国家利益属于宏观层面,地方利益属于中观层面,企业利益则属于微观层面,分属不同的圈层,在进行利益协调的时候遵循企业利益要符合地方利益,地方利益要符合国家利益,国家利益要符合人民福祉。

最后,形成多方利益协调的合力。除市场机制外,还要发挥法律和第三方协商的作用,促使各利益主体基于长三角区域经济协调发展的共同目标,增强公共产品供给,减少争议,消除发展中的不确定性与风险。开辟一条官方与非官方结合的协商和沟通交流渠道,将各种利益团体广泛吸收到参与规划的过程中,通过公平准则的制定,公开规划设计体系的建立,寻求消解长三角各种利益冲突的路径,制定出更加透明、更加可信,且能够满足全区域利益愿望与诉求的发展规划。

二、明确利益协调的重点领域和方向

利益协调的关键在于强化决策和执行,并有效评估利益协调的结果。从决策层面来看,需要改变过去的协商和倡议层面,加强统筹推进,面对政策落实有可能来自各利益主体的掣肘,难以有效联动,各级政府、机关、企业组织等需将长三角发展并入一盘棋考虑,上下同心,明确行为准则与思路,共同协商,科学谋划,加强各种规划的对接,充分调研将规划做透做实,并发挥其引领和统筹区域经济协调发展的作用。上级政府层面可以考虑建立以各个部委和其派出机构实现纵向职能管理,从宏观视角和政策导向方面,指导和制定区域经济协调发展规划,并建立激励措施促进地方政府合作与利益协调,从更高战略角度破除长三角地区一体化发展中的地方壁垒和经济分割问题,与此同时促成长三角地方事务共同处理机制,保证经济秩序的正常运转,协调合作进程中的纠纷与冲突,缓解利益矛盾和维护各利益主体的平衡。

从执行机制来看,因为利益主体日趋多元化,其利益需求也日趋多样化,冲突与矛盾总是存在的,故而需要有畅通无阻的利益表达机制以适应利益主体的分层化和多元化,会使得利益表达更加便利,信息沟通更加及时有效。能够确保地方利益主体有利益诉求表达的途径,也应该让市场与社会力量具有相同的机会表达其真实的意愿,体现社会的公平正义。相反,如果没有有效的利益表达渠道,信息沟通与反馈渠道缺乏,带来的将是利益主体矛盾的激化。

区域经济协调发展中,利益协调涉及的重点领域包括关键产业布局和转移,因经济社会发展带来的环境生态治理以及领导干部的跨区流动等方面(图5-3)。区域经济协调发展的最终方向是一体化,包括制度、市场和产业的一体化等。首先,要去除地区保护主义、市场壁垒以及垄断形成的区域经济协调发展障碍,积极应对此过程中出现的地方财政收支矛盾与冲突,以及地方政府官员考核与升迁诱发的利益冲突,这就需要形成一体化的制度约束;其次,市场一体化非常重要,各地区都有较好的市场化发展的成功经验,但要使得要素市场和产品市场都充分融合,流动自由,形成一体化的价格机制和竞争机制,减少因为竞争而出现的各种矛盾和冲突;产业一体化因涉及区域内产业的分工与转移或跨区域的合作,则应发挥不同地区比较优势,科学合

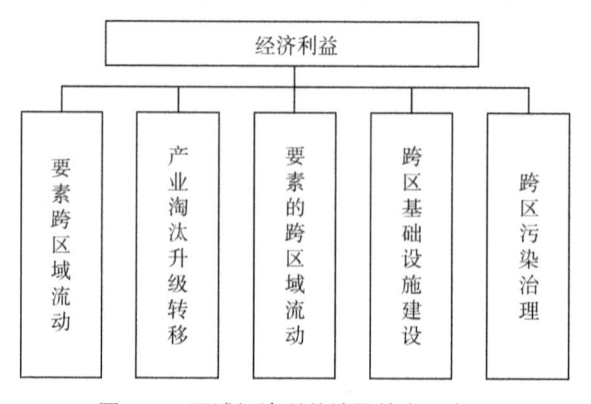

经济利益
├── 要素跨区域流动
├── 产业淘汰升级转移
├── 要素的跨区域流动
├── 跨区基础设施建设
└── 跨区污染治理

图5-3 区域经济利益涉及的主要方面

理布局规划,长三角地区上海主要是服务导向,江苏和浙江工业与服务并重,安徽仍以工业发展推动为主,在省域范围内统筹安排,协调各地区产业发展的利益,促进产业跨域转移和分工制度障碍的消除。

平衡各方利益诉求需要利益的共享机制,形成正式制度安排去协调各方的利益关系,具有一定激励和约束的功能,能够促进各方利益关系的平衡,帮助各利益方形成合理的预期,减缓协调发展中存在的不确定性,降低协调的成本并为经济合作创造有利条件,保障经济合作进行顺利。以长三角交通卡一体化建设为例,虽然早在2002年10月上海和无锡就可以互刷,也有很多学者、政府官员支持,但是到目前为止还未得到有效推进,尽管手机支付、二维码等替代了交通卡的功能,联通和技术条件也已经成熟,问题是需要一大笔资金,由谁出资、出资方式、收益如何分配,这就需要有相应的利益协调机制。因此,在完善利益分配和共享机制得到健全的条件下,各地方利益主体的种种顾虑将会消除,合作动机与合作意识也得到激发,这有利于促进地方政府间建立长期稳定的合作关系。长三角利益共享机制如果能够公平合理,就能实现在化解利益冲突矛盾的同时,消除恶性竞争,减少产业同构,从而有利于加强各地区的交流和协作,有利于促进区域要素和资源的流动,有利于各地区形成错位发展、优势互补的局面。也会很大程度地解决各个地区、各个产业的利益分配和补偿问题,奠定区域要素流动和产业结构优化坚实的基础,这既是我国走出"行政区经济"的必由之路,也是长三角走向合作与经济协调发展的重要基础。

三、形成利益协调机制的联动

从行政协调转向利益协调,应充分尊重市场规律并以市场为主体,尽快在长三角现有区域经济合作机制上,推动各省市政府间的利益协调与沟通正常化、法制化机制的建立。建议在长三角联席会议的基础上,强化与国家相关部委的联系与合作,定期组织召开有关利益协调的联席会议,对长三角规划、政策和发展中的一些重大利益问题进行统筹协调。

第一,对各利益主体的利益诉求和真实意愿表达充分考虑,进一步完善分配机制。可从组织形式、治理结构、治理机制和制度四个方面进行构建:从组织形式来看,以政府为主导,构建其与企业及社会行业组织等有效关联的网络结构,有利于整合原先各利益主体分化和分散的意愿和信息,形成多主体广泛深入参与的利益协调结构;从治理机制来看,不仅需进一步完善制度化的利益协调机制,也需加入非制度化的利益协调机制,改变过去以行政协调为主的范式;从治理结构来看,强化参与渠道建设,力争公平、开放和透明,为各个利益主体提供有利的发展环境;从制度环境来看,主要构建信任、共识、和谐、协商为基础的伙伴关系。

第二,利益的补偿与保障是利益协调机制健全的基础。长三角非均衡发展,即差异化发展,是一种常态,因此普适性的区域政策的执行使得部分区域获益,而部分区域利益受损。从对各参与主体利益保护的角度来看,确实该有相应的补偿,可以进行市场、法律和行政手段的综合化应用,以此保障政府治理的顺畅。尤其是涉及生态治理和水资源方面,应对地方政府保护生态和强化环境治理进行奖励或者补偿,对因生态恶化和环境保护遭受利益损失的企业、个人做出补偿,以此激发市场主体自发地保护自己的生态,促进其生态环境和经济发展的协调;对于那些因为产业转移、淘汰或者基于长三角整体利益进行调整的利益主体,应形成制度化的补偿形式和内容,因为产业的转移、淘汰或者调整或多或少会影响地区的产出、税收、就业、消费和投资等,必然短期内会形成对区域经济的重大影响,也是一些利益主体不愿、不积极变化的原因。除行政上的政策奖励、补贴等,还需要有更加正式的保障,长三角区域组织、区域性规划以及政府间的协议不可或缺,但需要在法律层面加以精确定位。

第三,消除利益协调的体制障碍。利益协调机制受限于当前的政府治理体制,如财税体制、规划体制、官员绩效考核体制等,这些体制都对推进区域利益的协调影响很大,因此在健全利益协调机制时要切实消除长三角协调发展的体制障碍。强化市场规则约束,因为仅仅靠政府的强制力或者道德因素约束平衡各利益主体的诉求违反了市场经济的规则,也会影响各利益主体的积极性和创造性,造成区域经济效率低下甚至导致经济利益冲突。规则约束的重要性体现在维护市场参与主体的公平,因此要根除长三角经济协调发展中的机会主义行为,为稳定合作关系提供保障。

第四,优化长三角地方政府和官员的绩效考核机制。把促进长三角利益协调的地方保护消除与区域一体化发展推动的成绩作为区域政府和官员绩效考核的要点,由此根除因地方保护而生的政治经济利益基础。之前大多地方政府和官员绩效的考核通常是以区域国内生产总值、就业、财政收入、固定资产投资等为主要指标,虽然充分发挥了政府和官员推动经济发展的积极性,但是地方政府及官员会进行地方保护,片面追求本地短期的、局部的利益,忽视长三角区域统一市场体系的建设,忽视地区间有效的分工协作。

四、推动利益协调模式与手段的创新

行政契约型利益协调和行政约束型利益协调都是制度性利益协调的方式,主要由正式的组织通过集体谈判或者行政命令形成相关利益协调的契约、规制和规则等,在长三角区域发挥了一定的作用,但也存在如协调内容不完全、利益主体的机会主义行为以及市场力不足等问题。因此,以行政协调为主的形式亟须改变,在地方利益协调上存在政府失灵的问题,应在政府的指导下更好发挥市场这只看不见的手的作用,利益冲突主要是因为各利益主体间的合作和博弈的综合结果,是长三角经济协调发展过程中内生的,不是单靠政府统一布局、统一协调、统一要素资源整合,而是要靠更多的协调机构组织或者行政指导机构,顺应市场发展规律,制定符合经济社会发展的产业政策,在政府经济治理中要尊重利益主体的选择和市场的作用,促进要素自由流动。也可以引入非正式的协调方式,即主要通过非正式的组织机构进行集体磋商,以口头承诺的方式实现。尤其是当区域间出现公共突发事件的时候,就需要政府间的这种集体磋商或者应急协调的形式,并没有事先的固定的沟通机制。这两种协调机制的运作方式与内容各异,其成效也有所差别,能在一定程度上形成互补。(表5-1)

表 5-1 利益协调的模式

正式的协调模式	非正式的协调模式
法律约束下的条约或协议的缔结	口头承诺
集体谈判	集体磋商
正式组织	非正式组织

构建利益协调机制需要加强信息合作。不同地区之间经济政策及其变化需要沟通交流以及信息共享,这就需要通过不同的媒介来执行,如网络、传媒或者其他途径,定期、完整、及时、详尽地披露经济政策信息,以便接受区域内各利益主体的查询、监督和评价。还要强化数字化治理在利益协调中的应用。随着网络大数据等信息技术的应用,数字治理将成为地方政府未来发展变革的重点,掌握经济协调发展相关的要素资源、行业企业、环境、交通等方

面的数据信息资料,据此在长三角区域科学地精确地统筹,加强规划,可对利益冲突进行事前的规避;发生利益冲突和矛盾时,各地方政府可以及时根据相关数据分析作动态调整;也可以根据利益协调的结果,对政府治理行为进行相应的评价和总结。

第六章

长三角区域经济协调发展中
政府强化合作机制分析

第六章
长三角区域经济协调发展中政府强化合作机制分析

在协调好各方主体利益关系的基础上,政府治理更应重视强化合作机制。新公共治理政策的制定与执行鼓励更多的沟通、主体间的合作。政府治理应推进合作机制的深化,形成经济协调的合力,需要以消除行政壁垒、共享利益成果、形成区域经济共同体为目标,针对地方政府不合理性竞争、产业规划不够协调、协调机制缺位等问题,明确区域分工、优化制度设计,构建多层次主体的、多样化的区域合作体系,推动区域合作,促进区域经济的整合发展。

第一节 政府强化合作机制的理论阐释

众多国内外学者对区域经济合作皆进行了论述,故长三角政府治理强化合作机制具有理论指导,如可从区域分工理论论述长三角要在分工中合作,从区域合作竞争理论论述长三角要在竞争中合作,从区域相互依赖理论论述长三角要在相互依赖中合作。这些经典理论可以进一步分析长三角区域合作产生的原因、区域合作采取的主要方式以及强化区域合作的经济意义。

一、促进长三角区域在分工中合作

社会分工表现为部门分工和地域分工,经济利益是决定分工的动力。具有代表性的区域分工理论很好地阐释了这一点:一是绝对成本理论,提出者是亚当·斯密,他在《国富论》中提出,在自由贸易的前提条件下,交换可以得到绝对利益,对于交换双方都有好处[1],斯密的学说解释了贸易活动为何发生。二是大卫·李嘉图的比较成本理论,不同于亚当·斯密的是,他更强调的不是绝对成本,而是比较成本,要依据比较优势来进行国际分工与贸易[2]。三是约翰·穆勒提出的相互需求理论,探究国家和地区间的贸易条件、动力及其确定的方式。四是赫克希尔和俄林提出的资源禀赋理论,认为要素使用价格的差异影响了其比较优势,贸易之所以促进经济发展是因为贸易国善用

---

[1] [英]亚当·斯密著,孙善春 李春长译:《国富论》,郑州:河南大学出版社,2020年版。
[2] [英]大卫·李嘉图著,周洁译:《政治经济学及赋税原理》,北京:华夏出版社,2013年版。

自身资源及要素禀赋①。五是赫尔普曼和克鲁格曼提出新贸易理论,新贸易理论对国际贸易的解释运用产业组织、市场结构理论中的规模经济、外部性以及不完全竞争等,认为贸易的原因除了比较优势外还有规模收益递增,区分影响产业间和产业内贸易的因素分别是要素禀赋差异和规模经济。另外,成本优势和竞争优势也是重要的。六是迈克尔·波特的国家竞争优势理论,认为优势产业的建立与创新是国家竞争优势形成的关键。

区域合作是与区域分工相伴产生的。因为,在区域分工的深化过程中,长三角各区域经济发展的专业化倾向日益突出,三省一市的合作不仅能有效地扩大产品的市场范围,还能促进资源和要素在长三角区域间的自由流动配置,进而产生扩大投资的效应和转移产业的效应,促使要素投资的回报率提升以及更大的本地竞争效应,促进产业、企业的换代升级,推动区域经济的进一步发展和整体利益的提升。比如上海及其区域中心城区可以着重进行营销与研发职能的开拓,而生产、制造与服务等其他职能则可以分布在长三角其他具有优势的区域。因此出于各自发展利益的需要,区域之间在分工的基础上就必然要开始寻求合作。区域分工能够使得不同区域实现社会化、专业化的生产,形成各自具有特色的产业体系,从而进一步推动要素资源的自由流动,对其他地区经济发展起辐射作用,促进区域经济协调发展。

二、鼓励长三角区域在竞争中合作

竞争的对抗性是其固有的缺点,合作竞争理论就源于这种认识,而竞争的对抗性需要能够适应如今复杂的环境。亚当·M·布兰登勃格和拜瑞·J·内勒巴夫指出,企业经营活动是一种特殊的、能实现双赢的非零和博弈②。在长三角长期的区域经济协调发展实践中,地方政府受到"经济人"利益最大化观念的驱动,在与其他政府博弈的过程中,始终面临贸易自由或进行地方保护的两难选择,即出现"囚徒博弈"困境③。本来长三角区域间合作能够有效避

---

① [瑞典]伯特尔·俄林著,晏智杰编,逯宇铎译:《区际贸易与国际贸易》,北京:华夏出版社,2008年版。
② [美]拜瑞·J·内勒巴夫、[美]亚当·M·布兰登勃格著,王煜全 王煜昆译:《合作竞争》,合肥:安徽人民出版社,2000年版。
③ "囚徒博弈"困境是指当一个社会中每个个体都只是为自身利益打算时,即使大家都遵守社会规则,个体的行为也不一定符合集体的或社会的利益,甚至也不一定真能实现个体最大化的利益。

免无序的市场竞争和有限资源的浪费,有利于优势互补,但是各地区按市场法则追求自己个体理性所得到的结果反而不是最经济的。故可从博弈的角度分析在区域贸易中各种商业互动之间的关系,以参与商业博弈活动所有主体公平合理的合作竞争关系的建立为重点,减少乃至避免"搭便车"的行为。合作竞争理论的新观念在于提出"参与者价值链",在价值链中界定所有参与者、描述所有参与者竞争合作的互动关系,如竞争者、客户、互补者和供应商之间的互动,强调同时的竞争与合作而非单独竞争或合作,且是一种动态关系。利益主体间的竞争有利于提高其内部成员的积极性,戴维·厄恩斯特和乔尔·布列克认为,未来企业将由单纯竞争转为合作为主,合作竞争将是企业长期发展战略关注的重点之一。简而言之就是强调建立和保持参与者的动态的、竞争的、合作的关系,最终实现共赢。

因此,对于长三角区域经济协调发展来说,以往的地方保护是一种对竞争的隔断,不利于发挥市场主体经济活动的积极性和创造性,因此,政府治理强化合作机制有利于鼓励各主体在竞争中合作,促使其迫于市场竞争的压力,通过区域合作,实现优势互补或扩大比较优势,也更能明确在长三角区域中的分工。与此同时,长三角区域之间通过优势互补、优势共享或优势叠加,把分散的经济活动有机地组织起来,把潜在的经济活力激发出来,形成竞争力的合力,追求各自经济发展的稳定以及规模效应,形成长三角区域经济协调发展的合力。

三、强化长三角区域在相互依赖中合作

马克思和恩格斯1848年在《共产党宣言》中提到世界经济必然走向相互依赖。理查德库伯(1968)对国际相互依赖理论进行了系统阐述,指出区域相互依赖有特定的表现形式的本质原因:一是国家和地区间存在的差异决定发展路径与模式的多样化,各国相互往来,互为补充;二是科学技术在区域之间的传播与合作,地区间相互依赖会加强;三是随着市场经济越来越发达,相互依赖程度会提高。发达资本主义国家和欠发达的第三世界国家间就存在这种依赖关系。前者对后者产生控制作用,主要通过其经济和技术方面的优势、制订游戏规则的优势,从而实现剩余价值的剥削。由于经济的落后,后者往往在经济和贸易交往中处于一种被动地位,表现为对前者的依赖或依附。尤其是在前殖民地国家这种依赖就更加明显,依赖的程度也更深。布鲁克菲

尔德进一步阐述,发达国家在经济发展时对资源和资本密集的技术的依赖程度不仅比欠发达国家更大,而且还得依赖欠发达国家的人力、资源和广大市场。受这种依赖关系的影响,欠发达国家的内部变革也使其依赖发达国家的资源、技术和资本。因此,很难区分到底谁依赖谁,换言之,实则是相互依赖。没有世界范围内相互之间的依赖,经济社会的发展就无法进行。任何国家之间都存在相互依赖关系,只不过程度不同而已。相互依赖指的是依赖双向的影响和传递,而并非只某一方的单一作用。相互之间依赖的领域与程度不断地发生变化。因此,对相互依赖可以这样进行理解,国家间经济发展上即经济政策和经济行动之间发生的双向影响的现象或过程。相互依赖所产生的影响对相关国家经济发展来说,可能积极也可能消极。相互依赖程度的变化对于不同的国家来说会有不同的结果,对某些国家有利的变化对另一些国家来说可能是不利的。另外,相互依赖的影响并不一定是积极或消极的表现,而可能是积极和消极影响的共同存在与交织的结果。

  长三角区域经济合作是其一体化的核心,因为区域经济合作能够促进资源配置改善以及提高生产效率。长三角区域间存在产品、技术、服务、人力资源等方面的关联而形成互补关系和相互之间的依赖,只有通过相互合作才能满足各自的多方面需求,使经济发展获得一定的稳定性。随着长三角各区域之间相互关联的日益加深,通过合作机制的强化可以消除长三角要素区际自由流动的障碍,引导资源要素向最优的区位流动,区际经济间的联系得到加强,区域间经济网络得以形成,区域间整体协调能力得以提高。通过不断加强区域间联动创新发展,可以实现长三角区域协调联动发展。长三角一体化发展还需对接我国正在深化实施的国家战略,如"一带一路"倡议和长江经济带发展,培育和构建更多的具有区域主导作用的经济中心,创新合作形式,重塑区域经济地理空间格局,推动区域经济高质量协调发展。

第二节　长三角区域经济协调发展政府合作的目标

  长三角区域经济分工合作的深化,有利于促进资源配置的效益改进和产品生产效率的提高,如实现区域规模经济与范围经济、打破区域垄断和促进投资的融合扩大,可以更大范围实现区域的帕累托改进,可以提升长三角整体的影响力和国际竞争力,以及应对外部环境变化冲击的能力,抑或称之为"抗逆力"。江、浙、沪、皖正积极加强推进区域经济的整合以及多层次多主体的区域合作,这种区域合作有助于促进长三角地区城乡统筹和发展的协调,不断提升市场产业广度和深度,延伸产业链条,构建产业链共生发展,从而能够发挥长三角地区产业集群的整体效应,并通过其外部性和溢出效应,对周边省市和其他关联地区的发展起到带动作用。

一、消除行政壁垒

长三角之所以有强烈的合作诉求,究其原因主要是行政壁垒的存在,引发着长三角经济发展过程中一系列的矛盾和冲突。首先,国民经济被过去行政区划、条例和行政命令等分割为各种条条块块,而在转型过程之中又难以形成替代性的机制和组织,资源配置功能的实现仍是靠行政手段;其次,由于受到特定发展阶段和水平的限制,地方政府在转轨过程中,经济职能仍然受中央政府的干预,而且由于对大量的国有企业的保留,中央许多行政管理职能下放,可以直接广泛深入地干预企业行为和当地市场,而这必然使得其利益边界是以行政边界来划分界定,限制了产品和要素的跨地区自由流动。尤其是,政府在招商引资过程中的相互恶性竞争,扭曲了市场的资源配置能力,同样导致长三角地区整体利益的损失。借鉴"囚徒困境"的解释,虽说地方政府走出困境、实现共赢的最佳选择是各自都实行市场自由的政策,但地方政府在缺乏有效沟通与协调的情况下都会以各自发展利益去考量进而选择保护本地的策略,选择这种理性保护的策略能短期地、一定程度地带来地方政府的收益,但是本地保护一方面导致本地市场垄断,另一方面导致创新改革的惰性。故步自封的发展是难以长期持续的,其结果必然是市场价格机制的扭曲和区域经济效率的损失。因此,在长三角区域协调发展过程中,消除行政壁垒的关键在于政府自身的变革,尤其是要平衡和协调好竞争政策与产业政策之间的关系,能够有效抑制政府"有形之手",减少过度的、不当的对市场干预的行为;再次,地方政府要能够摆脱自身利益的诱惑,敢于切实打破人为的行政障碍,积极开展区域市场竞争与合作,在区域政府间设立专门的协调机构,为地方政府协商交流提供平台,使之能够达成合作的共识,共同选择贸易自由策略,从而形成区域间有序竞争和合作的良性循环。

二、共享利益成果

一般而言,区域合作是因为区域之间存在着共同的利益基础,合作带来的效益需要得到共享,其本质就是按照各主体在区域合作过程中投入和贡献的大小对其进行公平合理的分配,这样的方式有利于提高参与各方的积极性,与此同时能够进一步提高合作的广度和深度。国际上各种区域性的投资贸易一体化协定,我国长三角、珠三角、京津冀等区域一体化发展的战略规划,其共同发展的利益都是通过区域间合作创造与共享的。如在基础设施、科创产业、生态环境、公共服务等领域的利益共享,其发展成果如下:基本实现基础设施区域间的互联互通,区域间联动因空间距离拉近而协作成效显著增强;逐渐形成区域间科创产业融合发展体系和协同创新体系,产业链与创新链不断深度融合,产业向国际中高端水平迈进;生态环境联治共保能力显著得到提升,环境污染联治联防机制得以有效运行,突出的环境污染问题治理有效,基本确立和构建生态环境的协同监管体系,生态补偿机制和环境质量总体向好;基本公共服务标准基本确立,便利共享水平明显提高,人民群众美好生活需要基本满足。

长三角区域作为一个经济圈,经济发展水平相对较高,人民生活水平相对较好,也逐渐形成了享誉世界的城市集群和产业集群,产生积极外部影响的同时,长三角区域内企业以及公民主体也享受到长三角快速发展所带来的福利和成果。推进长三角合作机制的构建,将更加有利于区域内主体相互利用各自发展带来的先进成果,更好地投入到长三角区域内经济、社会、文化、生态、文明建设中去。当前世界经济形势严峻,中美贸易战对我国涉外经济发展的影响巨大,新冠病毒感染的冲击在世界范围内也尚未消退。在此背景下,长三角地区更应抱成一团,加强分工协作,形成协作的合力,更好地应对外界环境冲击带来的负面影响。具体来说有以下几个方面:第一,区域间的互联互通需要政府的合作。尽管在长三角区域内高速公路、高铁线已经基本实现全覆盖,在省域范围内已经完成地理的可达性及高速性,但仍有部分地区由于地理位置的特殊性,在区际之间的可达性及高速性方面还需继续加强。那么跨区域的交通基础设施的建设就需要区域间政府的合作。第二,区域间的环境需要共同治理。由于地方要素资源与环境受经济快速发展的影响,以及产生的负外部性,即对周边地区要素资源和环境造成了危害,地方政府需要加强环境治理,由于同处一个生态圈,单靠某一地方政府去治理污染严重的水域或者空气是不现实的,因为单独治理面临高昂的成本和代价,往往会面临治理失败或成效不大的风险,故而合作治理对于单个地方政府来说,投入更小,成效更大,而环境优化的成果可以区域内共享。第三,区域内科研成果转化共享。长三角地方政府不能仅仅将科研成果在其行政区内转化,应兼顾长三角这个大区域。政府应形成合理的引导机制,形成长三角区域内互助圈,形成产学研合作成果的跨区域共享机制,形成技术、资金、土地、政策、劳动力等要素的大资源池,催化科研成果在合适的土壤中生根开花,从而让更多的区域、更多的企业、更多的公民主体从中受益。

三、形成区域经济共同体

当今世界面临百年未有之大变局,机遇与挑战并存。重要机遇是全球加速推进治理体系和国际秩序的变革,新一轮的世界科技革命和产业变革正和我国经济的升级优化交汇融合,为长三角经济一体化发展提供了有利的正向的外部环境;而挑战主要来自国际上保护主义与单边主义加剧,全球化的趋势放缓和增长的不确定性增强,国际环境日益复杂多变。因此实施长三角的区域一体化发展,形成区域经济共同体,抱团取暖,实现整体合力,是引领优化我国改革开放的空间布局、打造活跃的、强劲的增长极的重大举措。推进长三角经济共同体的形成,对提升我国在世界经济格局中的地位和能级极为有利,对我国深入实施区域协调发展战略和提升各个区域整体实力也能形成有益的示范。对长三角区域内而言,形成经济共同体可以进一步加强长三角成员间的联动合作,推进跨界地区共建共享,引导市场的联动发展,推动跨区域、跨行业商品市场的互联互通、资源共享,推动内外贸易一体化、融合发展,畅通市场网络,带动和辐射周边地区加快发展。长三角地区应该形成我国经济社会转型的示范效应,以形成区域政府间、行业间、企业间、文化间交流合作为目标,形成长三角区域经济共同体,引领我国经济空间布局,打造经济增长点,实现高质量发展。长三角一体化发展上升为国家战略以来区域发展气势如虹,一体化发展交出了令人满意的答卷。面对当前复杂严峻的形势,长三角作为中国经济发展版图中的核心力量,需要各地区发挥富集人才、高端科技水平、发达制造业水平等多种优势,积极探索深化新发展格局的计划和路径。长三角地区有较好的历史商业交流的基础,由于地理的临近性,沪苏浙皖文化传统差异不大，民间合作交流由来已久，具有形成区域共同体良好的条件，加上党和国家对长三角一体化高质量发展的重视以及长三角区域内政府官员、行业组织、企业团队乃至普通百姓人心所向，万众一心，尽管现阶段各省市经济社会发展确实存在着一定的差异，但只要加强合作，求同存异，长三角各级政府合理引导，加强合作共赢，形成共同的区域发展目标，制定区域统一发展的规划纲领，执行区域趋于一致的政策规则，实现区域发展的利益共享，实现经济共同体的目标将指日可待。

第三节　长三角区域经济协调发展中政府现有合作机制及存在问题

区域间合作有两种推动力量：一是市场自发促成，即由市场主体基于市场机制形成的合作；二是政府政策引导和推动，即市场机制下市场主体出自各方面的利益考量难以合作，就需要政府的力量介入和推动。纵观我国区域合作的历史可知，政府在推动区域合作方面有很多重大的举措。长三角地区亦然，但也面临府际的不合理竞争、产业规划发展不够协调和协调机制缺位等问题，这些因素影响了长三角区域经济协调发展中的治理合作。

一、区域合作是经济协调发展的必然要求

中华人民共和国成立初期，我国地区间的分工与合作方式主要是优先推动内陆地区发展，产业布局转移向"三线"地区，一定程度限制了老工业基地的发展，但我国西部地区却以此奠定了工业化的基础，但是产业同构、重复投资问题较为严重。随着我国改革开放的深入，区域发展政策有了一定的调整。尤其是1992年之后，我国区域合作问题主要体现在行政分割开始出现，地方竞争日趋激烈，因而地区之间的冲突也不断加剧。地区发展的不平衡日趋突出，针对日益显现的区域发展差距，1999年党和政府提出西部大开发战略，对西部大开发进行重点支持，增加了对西部区域的转移支付，给予要素资源方面很多的优惠政策。从2000年开始，国家加大西部基础设施的投入力度，系列资源合作工程上马建设，如"西电东送东输"，同时加强对西部区域生

态和资源的补偿。而进入21世纪以来,我国区域发展差距不断扩大,沿海地区、中部地区、东北地区问题不一,基于此,国家分别提出"东部地区率先发展""中部崛起""东北振兴"等战略,构建起我国区域协调发展的宏大蓝图。继而随着"长江经济带"和"一带一路"倡议的相继提出和实施,更多的地区更好地融入协调发展的大潮中,我国区域合作的版图日趋完整。随着新时期我国经济的转型发展以及面临诸多挑战,在此背景下,区域抱团发展,形成合力,稳定发展以积极应对外部冲击。而加强区域合作是关键,长三角地区同样以合作发展、一体化发展为导向,形成我国区域合作发展的示范,故而给长三角区域政府治理合作机制的构建提出了要求。

二、长三角区域合作的主要类型与机制

长三角区域经济协调过程中,随着政府合作的加强,合作形式和内容更加丰富,合作动力更为多元,成效也日趋明显。2019年5月通过的规划纲要中明确指出,长三角各地区须加强各个领域的合作,增强一体化意识,并建立与之相应的区域协调机制。如表6-1所示,长三角地区现在已经形成了区域专题的合作、跨区域园区合作、毗邻地区合作等具体形式,在公共服务、社会治理合作、生态环境共保共治、产业创新协同、基础设施共建共享等方面皆已取得了积极的成效;跨区域园区合作源起于江苏、浙江、安徽过去的省内帮扶,主要是由省内发达和先行地区对省内欠发达或相对落后的地区进行一对一定向的投资、产业转移和技术帮扶等,由点到面发展迅速,类型日趋丰富,对各省市欠发达或相对落后地区的经济发展起到了巨大的带动作用;毗邻地区的合作也进行了有益的、积极的尝试,解决区域间关联度强或者相互干扰的设施与服务领域,如生态绿色一体化示范区建设就以生态环保、创新发展、互联互通和公共服务为重大领域,推进了60多个亮点项目,形成32项制度创新的成果。

当前长三角已经形成上下联动、统分集合的三级运作的机制,各负其责,如图6-1所示。核心是三级运作。首先是决策层,表现为每年召开一次的三省一市主要领导座谈会,进行重大问题的决策;第二是协调层,是三省一市市长和常务副市长围绕长三角一体化发展中的重大问题召开的联席会议,落实主要领导座谈会精神;第三是执行层,第一个是长三角区域合作办,既是发动机,也是协调左右的中间枢纽,第二个是专题合作组,各行各业共有15个合作

表 6-1　长三角区域合作的几种类型[①]

合作目标	各领域互动合作、推进一体化进程		
合作类型	区域专题合作	跨区域园区合作	毗邻地区合作
合作聚焦	单项工作和内容在不同行政区特定部门间开展的合作事项,主要解决各类事务和工作受行政局限和分割影响而产生的不协调和不落实的问题。	起源省内帮扶,江苏南北挂钩对口支援、浙东北支持浙西南、皖南支持皖北。	毗邻地区一体化合作,在于相邻地区之间的设施和服务具有较强关联需求或相互干扰,迫切需要合作解决,是国家和地方进行区域一体化政策试验、制度创新的重要阵地。
合作领域	公共服务领域 社会治理合作 生态环境共保共治 产业协同创新 基础设施共建	政府主导 政企合作 企业主导	生态绿色一体化示范区
合作障碍	逆向选择和道德风险		

图 6-1　长三角三级合作机制形式

决策层 —— 三省一市主要领导座谈会
协调层 —— 三省一市市长和常务副市长的联席会议
执行层 —— 长三角区域合作办公室、专题合作组、联席办

组,包括商业、金融、科技,是推动一体化的主力军和重要依托,第三个是各省联席办,负责统筹协调各省推动一体化发展中的重大事项,再加上 18 个专委会和联盟,依托大学和社会的智库,是推动一体化发展的社会力量。长三角当前城市群内政府合作体制最具实质性的就是长三角城市经济协调会,也是长三角区域促进经济协调发展的最具有代表性的组织方式和机构,其主要职责在于制定和实施不同领域的合作规划并对相关问题进行沟通和协商。一方面,该协调会是由长三角各地市市场化改革和分权化改革双重力量共同推动形成的,本身并不依赖于中央的行政干预,而是各地市政府自愿联合与共

[①] 陈雯　杨柳青　张鹏　等:《长三角区域合作类型、障碍和治理路径》,载《城市规划》,2021 年第 3 期,第 15—20 页。

同成立的非政府组织机构。另一方面,与长三角地区内其他政府合作的途径所不同的是,该协调会在组织方面采用的是常任与轮值相结合的方式,且定期召开"三题一议"[①],为各领域地方政府间的合作提供了政策纲领和制度条件。

三、长三角政府合作机制的影响因素及突出问题

在长三角区域经济取得积极成效的同时,也存在影响政府治理合作机制实施效果的因素和突出问题。从影响因素来看,又主要体现在客观和主观因素上。客观上长三角各地区存在自然环境、历史与文化传统、技术水平和经济发展等诸多方面差异,换言之,不同地区其"位势"不同,再加上虽有沟通交流的平台,但因为交流不畅而出现信息不完全、不对称,从而出现不合作的逆向选择;在合作过程中多方主体在主观上有自身利益、政绩考核等方面的考量,担心"损己利人",认为合作会导致区域沟通交流成本增加、要素资源流失和利益无偿让渡,排斥周边地区的"搭便车"行为,担心成本分摊到自己头上,增加财政支出,又担心收益分配不均。如此多的主观担忧,影响了区域合作的进程,甚至会出现不合作的道德风险。

由于合作阻碍因素的存在,当前长三角区域经济协调发展仍面临三个突出问题:一是地方政府竞争问题,利益导向下的地方政府行为趋向一致性,争夺资源政策,重复建设严重;二是产业规划不够协调,产业结构同化严重;三是协调机制缺位,如要素流动的驱动机制、财税诱导机制以及利益损失补偿机制等。

第一,地方政府竞争问题。地方政府间的竞争主要表现在基础设施建设重复,要致富先修路,在区域经济发展过程中,基础设施建设尤其是大型基础设施建设是各地区竞争的焦点所在,如高速公路、机场、港口、桥梁等。其次,各地区大多从自身发展实际而非整个区域系统布局角度出发,较少考虑资源共享,协同共建,以至于其他地区难以分享基础设施建设带来的好处,实现不了规模效益和规模成本集约,造成资源利用效率不高,浪费严重,地方政府竞争还会带来产业同质化发展,因为地方在制定区域发展政策和产业结构升级时,往往参照先行地区的发展模式,先学习后发展,往往出现一窝蜂产业发展

---

① 常设专题、热点专题、前沿课题和合作协议。

现象,"房地产经济""生态农业""生态旅游""功能区分布"概念扎堆出现,力图打造各自地方经济的增长点,选取当前收益高、前景好的产业,地方政府行为趋向一致性,造成产业同构现象严重,但很难形成规模。与此同时,由于地方政府的行政性分割下的地方保护主义严重,影响了区域之间的合作;另外,区域间公共物品也因为地方政府竞争而不得提供,出于考虑地方的利益,地方政府会倾向于"搭便车"行为,期待由别人来提供区域内公共物品,同时又因为区域性基础设施建设需要很大的投资规模,但回收期长而且经济效益低,导致地方政府不愿单独承担,尤其是在两个地区交界的地方,基础设施供给不足,这提升了区域要素资源流动的成本,不利于经济协调发展的推进。

第二,产业规划不够协调。区域产业的协调发展是实现区域经济一体化的基础和必由之路,在此过程中每个地区都有自己热衷的产业布局,都重视对外资的引入,重视招商引资的数量,尽可能多地出台优惠政策吸引外商投资,如税收政策、基础设施的建设,以各级政府下达层层招商引资的指标作为考核政绩的标准,而地区之间的相互投资却较少。区域经济发展为何要相互合作?其价值在于,区域内各个地方政府需要定位其在推动区域经济发展中的角色,以自身特点和优势为根据,兼顾区域整体利益,才能促进区域内各地经济发展共赢局面的实现。而实际情况是在调控区域产业布局时,由于政府特别是省(市)级政府仍未能脱离地方利益的束缚,在政策选择与规划制定上仍然采取对治理区域产业结构趋同的不利的战略,结果深陷区域博弈的"囚徒困境"。区域性产业结构的雷同现象较为严重,"同构化"的产业结构的直接危害是资源的错配浪费和使用低效率,不仅造成区域行业的巨大内耗,影响行业规模效益实现,也直接破坏了地区间的经济合作。

第三,合作机制缺位。市场机制的调节在现实中往往表现为事后调节,虽然能对微观经济进行有效的组织,但对区域内宏观经济平衡难以起到调节器的作用。由于跨行政区的利益协调机制的缺乏,区域合作不免受到方方面面的制约,影响区域经济发展的融合,也使得经济增长难以有效释放活力。有三个方面的主要表现:一是要素流动缺乏合理的驱动机制。主要是因为市场机制不健全,如前文所示市场未能发挥对资源配置的引导性作用,各地区普遍存在各式各样的地方保护主义与行政壁垒等;二是缺乏有效的财税诱导机制。由于长三角地区仍然存在着一些经济基础薄弱和生态环境破坏较严重的区域,政府的专项和一般性转移支付相对规模小、名目多,不能满足基本公共服务均等的需要,在既定的税制下,很多地方政府不顾资源环境的约束,盲目发展重工业;三是缺乏有效的利益补偿机制。区域经济合作是一种超越行政区范围的活动,本应不受行政隶属关系限制和约束,因此所有活动参与者皆能获益,但由于地区间经济地位的不平衡、各自经济发展所处阶段及功能定位各异,地方政府自身的利益诉求与评价标准也就不同,在区域经济合作过程中必然会产生心理预期利益与实际利益之间的落差;通过对区域资源的重新整合以强化区域经济的合作,尽管能一定程度提高地区的整体效益,但在整合过程中区域内部不同行政区之间的利益格局将因此发生相应的改变,从中受益的部门和地区不同、受益的程度也不同。如生态保护较好的区域不仅得不到利益补偿,而且还遭受周边地区的生态负外部性的溢出的影响。长三角区域协调的模式还处在较为松散的状态,以长三角联席会议制度为例,虽说它是国内较早出现的具有一定代表性的协调机制,且在长三角地区举行过多次会议,但协调会这种形式的合作方式本质上属于对话型的合作范畴,参与主体相对单一,概念化和形式化的特征比较明显;区域经济合作协调机制还有软约束性,制度化和法律化程度不够,因此城市间需要进一步加强相互了解,比如每次联席会议都制定明确的主题,各级省市政府成立相应的专题小组展开调研工作。

第四节 长三角区域经济协调发展中政府强化合作机制的路径

长三角综合经济发展中的阻碍主要有以下几点:一是发展战略的相似性,行政体制的分割,造成地方政府只能就地方论地方,并不站在长三角这个大区域的舞台上进行整体和全局规划,在长三角省(市)经济发展水平相当的情况下,多地规划出来的发展战略基本雷同。如果没有区域整体的、全局的协调发展战略,各地区的发展往往是无序和盲目的,行为短视和重复建设必然增加发展的成本,最终导致长三角一体化进程的延缓;二是招商引资的竞争性,为了服务于地方利益,在招商引资上,长三角区域各个城市的竞争加剧,竞相以更加优惠的政策、更宽松的条件去吸引投资。甚至竟以牺牲区域利益为代价以迎合外商,以获得土地、税收等方面的优惠政策,有些已经超出国家和省(市)政府规定的范围,这种竞争严重损害了长三角区域内省(市)乃至国家的整体利益;三是产业结构的趋同性,长三角部分城市间并没有协同做好产业布局的工作,产业发展的整体合力不足;四是基础设施建设的重复性,为了使更多的要素资源流进本地,各地都会从各自的发展战略出发加紧争夺基础设施方面的建设资源。长三角地区的深水港之争和机场之争就是典型的例子。因此,需要政府强化合作机制。

一、明确区域分工是基础

亚当·斯密认为,分工才能产生专业化,分工才能提升生产效率。在长三角区域范围内,明确各主体的分工定位是实现经济协调发展的重要基础保障。从长三角经济协调发展的现实来看,各地方政府首先须明确分工的基础缘于长三角发展的差异性和多样性、要素资源禀赋差异和经济社会发展基础的差异。具体来说,一是自然资源与历史基础的差异。自然资源禀赋的差异是区域分工的重要原因。要素资源不同,决定了发展的产业方向不同。那是因为地方间自然资源与环境的差异会导致产业结构与区域分工的不同。历史的差异主要体现在当前区域劳动力、资本、技术与发展水平上,是经过历史循环累积演化的差异性结果,同样是区域分工的重要原因。二是发展动力的差异。从经济学意义上讲,长三角各地区都是独立的经济利益主体,都追求自身利益最大化的增长,而追求地方利益并不是区域分工的唯一的动力基础。因为除地区利益外,区域以及全国整体的大局利益亦是地区分工的驱动力,如果只考虑地区自身利益的分工,忽略区域整体长期发展的考量,就只能看作是"小分工";而只有立足于长三角区域的全局,乃至更高层面的我国发展大格局的分工才能发展得更好,这种分工可以视为"大分工"。以长三角港口群建设为例,上海、江苏和浙江各个港口不能只顾及自身的吞吐量,围绕"内陆货物出海"争夺港口扩容,这种争夺无疑会导致重复建设,而是需要在政府推动下,加强分工合作和功能定位,如上海洋山港发展高端航运业,建设大型的集装箱码头,浙江的北仑港专注建设大型专业码头,江苏的南京港利用陆路优势发展集装箱和大宗散货运输码头,这样有利于发挥长三角港口群的整体效能。三是区域分工合作的外部性基础的差异。各地方政府在发展经济并进行治理的同时需要考虑一些基本问题,即本地区的整体功能效应、本地区政府治理的乘数效应,是否有利于区域要素资源的自由流动,是否能促进长三角地区整体治理效能的提高。地方政府只有认识到这些差异的存在，才能明确长三角区域经济协调发展政府治理的方向和角色定位。而长三角区域内各地方政府需要明确自身在区域内的经济、社会、文化以及要素资源位势，不能脱离自身实际盲目模仿经济社会发展较好地区的经济结构、产业结构以及资源配置的方式展开治理，只有合理有序的分工协作才能产生长三角区域发展的整体合力。

二、完善区域合作的制度设计

第一，强化区域合作的制度规则尤为重要。规范地方政府竞争行为和形成良性的市场秩序能保障长三角经济协调发展的进行，这就需要在制度层面形成一个科学的制度规则，将政府行为规范在进行要素自由流动保障的轨道上。政府职能重要的转变必须加强推进制度规则建设：首先，营造长三角省（市）间经济协调发展有利的政治经济环境，能够大大减少政府间财政竞争造成的负面影响，有利于形成地方政府对未来政策稳定的预期，以预防地方政府争夺优惠政策现象的出现；其次，提升长三角地区政府的决策力和实施的监督力，以及公共产品供给的效率。如前文所言，规范政府财政竞争目的在于形成省（市）间有序规范的长效竞争机制，防止为了一些竞争性项目地方政府浪费财政资源，这就需要形成政府决策的多重制约机制，建立多重主体的参与渠道，提高各级人大及职能部门对政府预算监督和审查的效率；再次，完善官员选拔聘用相关制度。地方间竞争实际的主体就是主政官员，因为其政治与治理声誉和地方的发展密切相关，地方竞争其实也是地方官员的竞争、声誉与治理的竞赛，因此要使得地方政府竞争能够缓解，切实需要完善官员的选拔任用制度，不能仅仅形成"任期内预期"，而是要形成官员的"长期性预期"，让他们对地方经济的可持续发展更为关注；最后，构建多层级考核的制度体系。中央政府也须为地方政府提供考核制度保障，促进省际间经济社会和谐发展的实现，新公共治理理论认为，实现公共价值，管理的作用是在多重网络主体系统中，提供与保持系统的整体能力。在此过程中，须优化税制，明确地方政府权力和职能界限，消除地方政府恶性竞争。

第二，根治地方保护主义。地方保护显然是与地方利益休戚相关的短视行为。长三角地区各个地方政府不能只顾眼前利益，缺乏长远眼光和战略考虑，需要加强与其他省市的合作治理，摒弃故有的本位主义和地方保护主义。

因为政府治理只是一种外部驱动力,而资源要素在区域内的自由流动以及企业间公平有序竞争才是内在驱动力,因此长三角地方政府要果断摒弃传统的"条块思维"和狭隘的"地方利益"观以适应经济协调发展的内在要求,逐步去除地区资源域外流动的各种限制性壁垒,同时要以长三角区域一体化的战略为行动准则,在长三角区域及更大范围内支持和鼓励具有竞争优势的大企业进行并购行为,组建更大规模更有竞争力的企业集团,提升大企业集团的资本资产运营效率与国际竞争能力,更好地参与到国际市场的竞争和服务区域一体化的大战略中。因此地方政府要努力营造有利于统一"竞争、有序"的市场环境。"统一"是指地方政府统一纠正对市场的不当干预,促使市场发挥对资源配置的决定性作用;"竞争"是指各级政府建立相应的统一的竞争政策,提供无差异的区域公共产品,制定无歧视的区域各种规章制度,不搞区域壁垒、市场歧视和人为行政分割,创造要素跨区域自由流动的外部条件;"有序"是指建立实行统一有序的市场制度规则,使市场主体拥有强有力的财产与知识产权保护制度,良好的市场交易秩序、健全的市场信用制度,对于地方保护、垄断、不当竞争等各类违法实施优惠政策行为要严厉惩处。

第三,构建区域合作的约束与激励机制。区域间需要完善合作的约束与激励机制建设以更好地推进经济协调发展合作,主要包括区域间规划以及区域政府的协调。第一,各地区须明确区域间产业布局和交通基础设施互联互通、公共基本服务共享等方面的具体协调,制定和执行区域间的合作规划。首先,可以借鉴和学习欧洲人的务实精神,要从具体的项目开始合作协调,避免停留在广泛的领域范围内进行抽象的、长时间的讨论。其次,落实企业作为推进区域经济一体化的主体,对适合区域经济一体化发展产业的组织思路和形式进行选择,并要以空间产业集群的升级作为主要载体;第二,区域合作仍需各地方政府的介入。区域合作需要具体的引领者和民间合作的支持者,因为地方政府能够综合运用各种手段保障区域合作的持续性,同时负责对本区域以及区域间合作进行长远规划,对区域合作的重大项目与活动进行行之有效的管理和监督,很有必要以全国统一的法律和政策体系为基础,逐步修正、协调统一长三角的地方性法规与政策,废除与区域一体化有明显冲突的地方法规与政策,以此有意识地适应经济一体化发展的需要;第三,区域合作要有能够约束合作成员和合作主体的行为规则。对政府直接干预市场运转或企业行为造成其他地区和企业的损失的,要依法追究其经济和法律责任;还要制定区域内政府间关系与职能等相关规章制度,规定各级政府的职能权限和组织方式等,既有约束行为,又有保障措施。在此基础上,还要加快整合政府、社会和市场这三种力量,尤其是要积极引导和发挥社会团体组织的作用,促进多层次、大范围、多领域和多形式的合作。

三、构建多层次、多样化区域合作体系

在市场经济条件下,区域之间的合作并非是某种预先的、特定的计划安排,也并非意味着某些地区只能做什么和不能做什么,同样地,地方政府也不可以借助行政力量自行其是,画地为牢。长三角地区的互动合作,需要政府部门的政策引导,需要发挥各主体的积极主动性,尤其是企业主体和政府主体,当然市场机制必不可少。

第一,促进长三角地区企业合作。区域之间的合作回归到微观层次,就是需要加强地区的经济和技术合作,构建区域新的产业体系,进行产业发展模式与业态的创新,而各类企业主体在此过程中是推动合作的一支重要力量。由于获取要素的成本、生产服务的成本以及信息获得的成本等不断上升,先发地区不再具有比较优势,需要进行区位的重新选择,将企业向生产成本和交易成本更低的区域转移。地方政府应该加快推进企业合作,制定有利于企业合作的优惠政策并保证政策的执行到位,提升行政效率,加强立法,切实保护区域间企业合作的利益,形成综合的制度保障。

第二,促进长三角政府间的合作。是否有良性的区域合作关系到经济协调发展的成败,需要政府进行相应的宏观调控以及政策支持。政府的合作应该发挥协调和助推作用,而不能自身过多地参与,对区域合作的支持可从以下三个方面入手:一是制定总体规划并且进行必要的空间管制,立足长远利益;二是研究促进区域合作的政策,营造促进区域企业合作的有利氛围;三是研究制定区域合作的规则和制度,降低风险,培育市场的诱导力量。由于长三角统一的要素市场尚未形成,地方政府间以往的行政壁垒加大了企业的生产经营成本,与此同时也扭曲了地方政府间的利益关系,只有完善市场机制,促进要素资源合理有序自由流动,才能形成长三角优势互补、良性互动的区域协作的局面。

第三,促进长三角社会团体组织间的合作。社会团体同样是长三角经济协调发展中的重要主体,尽管当前在长三角的实践中作用比较小,但未来却是一种方向。因为在多元化主体社会中,每个团体组织都有明确的目标,他

们可以融入区域经济协调发展互动中来。不管社会团体组织是否以盈利为目标,他们以公共组织身份的出现能够弥补一定情境下政府与市场的不足,可以代表隶属区域的利益和其他省市的组织进行协商和沟通,也可以游说政府官员、有影响力的企业家,可为地方经济协调发展做出更大的贡献。

第七章

长三角区域经济协调发展中政府优化空间组织机制分析

第七章
长三角区域经济协调发展中政府优化空间组织机制分析

区域合作须有良好的空间组织,《长江三角洲区域一体化发展规划纲要》对新时代我国长三角地区实现"一体化"和"高质量"的发展前景做出规划,旨在建立以上海为龙头,苏浙皖各扬所长的高质量发展区域集群,将"一极三区一高地"作为发展目标,稳步推进长江经济带发展、"一带一路"建设,优化国家发展空间布局。长三角区域经济协调发展空间组织呈现向好趋势,表现为在区域一体化战略导向下对主体功能区的合理规划,长三角城市群与经济带的合理布局,以及区域间空间关联和绿色发展协同等方面。但现有空间组织主要体现在规划和布局层面,具体实施和执行仍然存在一些问题,因此需要优化政府治理的空间组织机制,包括明晰区域发展空间战略规划及各省市定位、合理规划区域空间开发次序、实施区域内的差别化空间功能区布局与联动以及完善空间组织机制的着力点。

第一节　空间组织与长三角区域经济协调发展

区域经济协调发展是在特定的空间区域内发生的,空间组织对于长三角区域经济协调发展来说,其重要性不言而喻,因此政府治理还须在空间组织的不断优化上有所作为。首先需要认识到空间组织的价值以及空间组织的协调发展效应,在此基础上,可以进一步梳理长三角地区空间格局形成的过程。

一、空间组织对区域经济协调发展的作用

对一个地区而言,空间组织的整体布局及合理规划在其发展过程中起着重要作用,通过要素资源如劳动力、资本、技术的空间扩散与空间相互作用,形成不同的区域空间,不同的空间组织呈现出不同的结构和功能特点。从空间系统的特征来看,有以下三方面表现:一是整体性,即区域空间是一个有机的不可分割的整体,它并不是简单的区域空间加总,而是通过区域空间不同子系统协调的;二是开放性,区域空间组织是一个开放的系统,与其他空间相互联系,相互作用,不断地进行要素交换,从自组织理论来解释,即维持系统的有序运转和发展状态,也就是"熵"最小化的状态;三是空间组织应是动态

演变的，正是因为空间组织是复杂的，其演变受很多因素的影响，如要素资源的配置、产业结构变化、交通基础设施。从其演化的动力来看有两种：政府力和市场力。市场力容易导致地区差距的扩大，政府力则致力于缩小区域空间差异，因此，最终状态取决于政府力和市场力的平衡。

空间组织的方式主要通过区域发展战略、空间开发、空间管制、功能区规划等构建国家或区域的空间结构。因此，空间组织的价值在于，对区域之间经济联系、社会联系、生态联系、文化联系等方面都会产生影响（图7-1）。因此，需要发挥区域比较优势，促进区域科学分工，合理划分国土资源和空间，确定空间开发的思路和路径；在确定空间总体发展格局的基础上，形成区域之间良性互动、互扶、互补的发展关系，注重整体发展；重点培育区域增长极，发挥区域增长极的作用。社会的可持续发展不仅要关注经济效益、还要实现经济、社会和环境效益的统一。

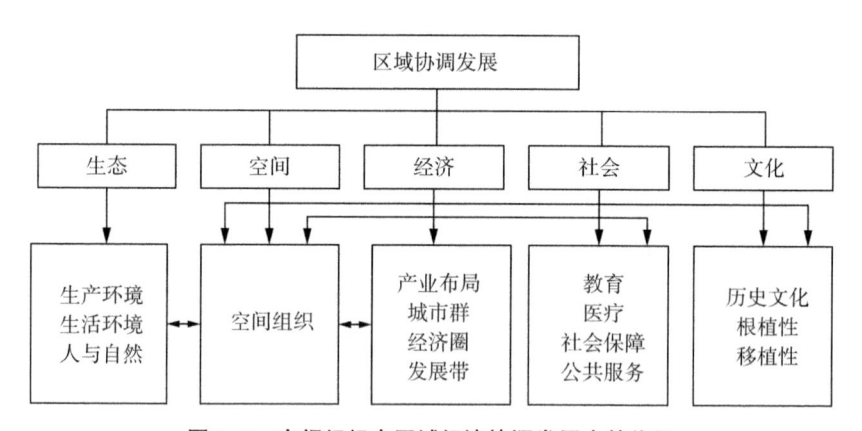

图 7-1 空间组织在区域经济协调发展中的作用

区域经济协调发展旨在打破区域间发展的差异，推动区域间的共同发展，但我国区域经济发展的非均衡状态会导致在发展过程中存在着空间异质性。因此，十分有必要增加对空间维度的研究。区域经济协调发展是在具体的区域空间中展开的，也需要厘清空间组织优化对区域协调发展的影响，这有利于制定有针对性的空间优化政策。空间经济格局会受到市场力与政府力的影响，改革开放以来，市场机制逐步对计划经济进行补充和替代，在此过程中集聚和扩散这两种力量决定了空间组织的特征，新经济地理学用"本地市场效应""价格指数效应"阐释了集聚力的形成、用"市场拥挤效应"阐释了分散力的形成，最终状态取决于集聚力和分散力的合力。因为集聚力会形成区域经济增长中心,分散力则使得经济活动的中心往外扩张,可知在经济发展的早期,集聚力起主导作用,形成增长极,称之为"极核式空间结构";而极点形成到一定规模的时候,进入成本上升,规模收益递减,集聚不再经济的时候,就会产生往外扩张的力量,这会重塑新的空间经济结构,这是个重组的过程,即是优化空间结构的过程。政府力则不同,政府能弥补市场在空间组织方面的不足。如前文所述,市场力是有缺陷的,需要政府力补充和调整,因为在市场机制作用下,区域间的差异会逐步地扩大,不利于空间组织的稳定。在计划经济转向市场经济的过程中,我国先后制定很多区域协调发展的政策和空间规划,如早期的东部双向发展的经济发展战略,"西部大开发""中部崛起""东北老工业基地的振兴"等战略,这些对于形成公平和效率相对平衡的空间组织结构,缩小区域发展差距起到一定的作用。

二、长三角区域经济协调发展空间组织机制优化的重要性

在长三角区域经济协调发展中优化政府对空间组织的治理很有必要。第一,功能区定位能明晰政府空间组织治理的方向。各省市须明确功能区分布,及其在功能区划中的定位,从省域范围来看,如何形成上海为龙头、江浙为双翼、安徽为后翼的飞行状态,各地级市如何形成服务业圈层、工业产业圈层、农业圈层以及生态防护圈层,政府有步骤的协同治理是关键;第二,长三角各区域之间的地理空间联通有助于区域经济协调发展,区位论的代表性观点皆强调选址的重要性,如果地址不能选择,那么就要尽可能促进城市间的地理可达性,原来不能到达的区域可以到达了,原来能到达的区域到达的速度更快了,区域间要素流动更加便利,劳动力、生产消费资料能以更低成本更高效率到达,必能提升区域生产、投资、消费的效率,增加区域内人民生活满足感;第三,长三角信息网络基础设施建设有助于提升空间组织的效率。随着互联网时代的到来,信息技术将在经济社会发展过程中得到广泛运用。如何实现各区域间信息的精准获取、互通共享必将成为长三角区域经济协调发展政府治理的关键。很多学者近几年围绕政府数字治理做了研究,数字治理关键是掌握数字技术,构建数字信息基础。第四,市场力下的"核心-边缘"空间结构将会得到良性发展。按原先的市场力的逻辑,长三角形成的是单中心空间经济结构,会形成以上海、南京、合肥、杭州等多个城市大中心,及以其他城市为次中心的发展格局和态势。中心城市日益壮大,要素资源不断汇聚,

对边缘城市产生虹吸效应,势必导致边缘地区要素资源的净流出,故而需要发挥政府治理空间结构优化的作用,使得中心城市政府强化对边缘城市的辐射作用,增强对周边城市的互助和协调。

三、长三角空间组织格局的形成过程

长三角空间组织格局的变化经历了三个阶段,分别是其空间结构由单中心向多中心、多圈层以及网状发展的过程。第一阶段是20世纪80年代的改革开放初期,长三角行政区的空间治理受传统计划经济体制影响,主要为条块分割和地区分割。为推进区域间经济合作,发挥和利用中心城市的引领作用,特别是要形成以大中城市为依托、不同规模的网络型、开放式的经济区的构想,形成了以上海为核心,杭州和南京为次核心的点状布局。当时,上海作为核心,影响能力、辐射作用都较弱,只是对其周边的苏南地区和杭州湾地区产生了辐射作用,南京和浙江作为省会城市在此期间得到了发展。第二阶段是从20世纪90年代初的"浦东开发"开始,地区间产生联动效应。随着我国改革开放的不断深入和浦东开发战略的推进,长三角区域合作再一次被提上政府的议事日程。上海的核心地位提升,从省域层面来看,上海同时居于长三角的核心地位,辐射作用增强,影响力也进一步提高。苏南和杭州湾等众多地区纷纷加入上海的辐射范围之内,随着交通运输水平的提高,杭州和南京的次中心作用也愈发凸显,这其中政府对基础设施建设的推动功不可没,如沪宁高速、宁杭高速等的建设,使得地区之间道路的联通和要素流动的半径提高。区际和区域间的交通条件都得到了改善。第三阶段是21世纪以来,长三角地区更多城市形成中心集聚,形成多个中心以及网络化发展的态势,如苏州、宁波、无锡等。从空间格局的动力来看,如上文所述,一是政府力量,二是市场力量。从长三角发展初期空间格局的配置主要是政府推动,如上海经济区、长三角经济圈等概念的提出,给长三角经济协调发展起到助推作用。第二阶段市场力开始发挥重要作用,要素资源实现区域间的有序流动,但也出现了"市场力+政府竞争"的政府间的自由竞争。第三阶段是形成区域协调机制,以1997年长三角地区16个城市联席会议制度作为标志,市场力的作用日趋加强,政府力的作用强调发挥市场机制。城市间的合作趋于常态化、城市间联系日益密切。

第一,人口向大城市集聚。拥有500万以上人口的城市从2000年的1个城市到2020年达到15个城市,人口在800万以上的城市有上海、南京、杭州、苏州、宁波和合肥。主要是由于这些城市新兴产业发展迅猛,加之人才政策的利好,吸引了大量的人口导入,如杭州近十年常住人口增长了37%。但也有13个市为负增长,主要位于长三角的外围区域。人口向大城市流动集聚,往往会带来生产、消费往大城市集中的状态。

第二,生产消费的集聚效应。长三角人口聚集规模和速度在全国表现均较突出。2020年长三角常住人口总量达到2.35亿人,比2010年增加了约2 000万,人口增幅达到9%,高于全国平均水平5.38%。长三角人口占全国的比重从2010年的16.09%增至16.65%[①]。人口的集中催生了生产和消费的集聚,长三角区域内的大城市,如上海、南京、杭州、宁波、合肥等地区生产总值和消费品零售总额的规模分布也呈现集中分布的状态,这是集聚经济效应带来的生产投资效率的上升,以及消费能力提升的优势,使得这些地区比长三角其他城市具有更高的人均产出和人均消费。与此同时,长三角以大城市为中心构成经济圈,在集聚要素资源发展的同时,汇聚能量,形成对周边地区的辐射能力。

第三,各个城市之间的空间联系网络形成。根据李培鑫、张学良(2019)的测算发现,从城市间联系强度来看,开通高铁的城市联系强度最高,远远超过未开通高铁城市的联系;长三角地级市与地级市的联系也较为密切,超过地级市与县级市、县级市与县级市之间的联系;省域内部城市的联系强度要比省际城市高得多。

第二节　长三角区域经济协调发展空间组织现状及障碍

长三角区域经济协调发展空间组织呈现向好趋势,表现为在区域一体化战略导向下对主体功能区的合理规划,长三角城市群与经济带的合理布局,以及区域间空间关联和绿色发展协同等方面。但现有空间组织主要体现在规划和布局层面,具体实施和执行仍然在市场机制、利益协调机制以及合作

---

① 根据2020年人口普查数据整理。

机制方面存在问题。故本节对长三角区域经济协调发展空间组织现状及障碍进行相应的探讨。

一、长三角主体功能区规划层面

1. 主体功能区的区域经济协调发展效应

国家在"十一五"规划中对区域经济协调发展提出了创新的方案,根据现有开发情况、环境资源承载能力以及未来发展潜力,结合我国人口分布、经济布局规划、国土利用和城镇化程度,划分为"优先开发区域、重点开发区域、限制开发区域和禁止开发区域"等四类。优化开发区域是指整合过密区域,主要包括环渤海经济圈、长三角和珠三角经济圈,通过结构优化促进产业升级和资源要素分配;改变之前的那种高污染、高消耗、高投入的粗放式的经济增长方式,通过提高产品质量、提高效率来实现经济又好又快的增长。积极参与全球贸易与合作,实施"走出去"战略,带动全国经济社会发展。重点开发区域是对现有开发密度还不高、发展潜力较好、资源环境承载能力较强的区域,加大开发力度,在优化产业结构、保护环境、节能减排的基础上推动社会经济的可持续发展;重点提升企业自主创新能力,推进新型工业化建设,形成创新示范区,增强集聚能力;缩小城乡差距,改善人居环境,提高人民收入水平,提高集聚人口的能力;禁止开发区是指禁止开发自然保护区、水源涵养地这样的区域,减少资源环境的进一步恶化;而限制开发区是指对生态脆弱、资源环境承载能力较弱的区域限制开发,防止过度开发导致生态环境遭受破坏,根据不同主体功能区提出细化的产业指导目录。

关于主体功能区规划是否能够促进区域经济协调发展,学界尚存争议。积极意义主要有四个方面:第一,有利于产业布局的调整与规划。建立主体功能区可以优化产业结构,增强企业竞争力,加快企业自主创新能力,提升企业配套能力,将特色产业作为区域发展的重点,对于不利于整体区域综合发展的产业扩张进行限制。第二,有利于财政政策和投资政策的完善。完善公共财政体系,加快推进财政改革和发展,强化预算管理,加大对公共服务领域的投入,对财政转移支付、转移支付规模和比例进行详细规定,使中央和地方财力与事权相匹配。实现基本公共服务均等化是实现科学发展、促进社会和谐、追求共同富裕的需要,为了改变当前基本公共服务差距问题,要增强乡镇基层政府服务能力建设;以保障和改善民生为立足点,建立有利于科学发展的财税体制的基本思路,对重点开发区域进行财政支持。第三,有利于土地和人口管理政策的制定。按主体功能区的规划要求对国土资源重新规划,形成国土空间开发的新格局,使人口、经济和资源环境相协调。对人口总量进行宏观调控,引导人口有序流动并定居,增强人口集聚和吸纳能力。鼓励优化开发区域,提高人口素质,培养技能型高端人才,形成与经济规模相适应的人口规模,均衡人口布局。按照生态文明的要求构建高效、集约、均衡、永续发展的社会,由于不同主体功能区的环境承载能力不同,对生态环境的保护采取分类管理的方式,对产业结构、增长方式、消费模式进行改革,使生态环境质量明显得到改善,开展循环经济建设。第四,有利于建立绩效考核新机制。完善区域绩效评价体系,针对主体功能区不同定位,实行不同的绩效评价指标和政绩考核办法。考核标准要弱化经济增长的评价,强化重点开发区域内对环境保护、自主创新等方面进行综合评价,以改变经济增长方式,提高质量效益,加快工业化和城镇化水平建设。禁止开发区域主要考核破坏生态平衡和环境保护情况。这样,对发展道路、发展目标等进行体制规划和调整。

2. 长三角主体功能区规划缺陷及原因

2016年6月3日,国家发改委网站发布了《长江三角洲城市群发展规划》(以下简称"规划"),依据主体功能区规划,将国土空间划分为优化开发区域、重点开发区域、限制开发区域三种。其中,上海、苏南、环杭州湾等地区是优化开发区域;苏中、浙中、皖江、沿海部分地区是重点开发区域;苏北、皖西、浙西等的部分地区是限制开发区域。规划指出,优化开发区域要优化建设空间结构、产业结构、农业结构、城市布局等,提升各区域间城市空间利用效率。

重点开发区域要加快工业化和城镇化步伐,提高增量产业人口集聚能力,稳定农业生产,推进城镇化进程,优化农村生活空间,严格保护绿色生态空间;限制开发区域要严格控制新增建设用地规模,点状集聚开发城镇地区,加强生态保护,维护生态系统结构和功能稳定。

但从消极意义来看,主体功能区重点是协调人与自然、资源与环境,在一定程度上促进区域经济协调发展,但其主要作用是划分空间,对空间进行分类调控及管制,对开发秩序进行规范及优化。从空间的整体性考量来看,也存在着不足之处:第一,未能明确分析和考虑经济功能。这是因为主体功能区规划,着重在"面"上,缺乏对"轴线""廊道",甚至"点集"的表达相对较少,不能满足空间整体建构的要求,忽视了区域协调发展的经济功能;第二,从政府治理来看,主体功能区规划,缺乏对政府职能定位、利益协调共享、合作机制建立等方面的考虑,忽视了区域协调发展的政府治理功能。

二、长三角城市群与经济带层面

在长三角城市群与经济发展规划层面,2010年提出将长三角打造成以上海为核心的"一核九带"空间格局[①]。2016年规划变为形成"一核五圈四带"的网络化空间格局,其中,"核心"指的是上海,"五圈"指的是苏州、南京、杭州、宁波和合肥,四带指的是沿海、沿江、沪宁合杭甬以及沪杭金发展带。

可以看出,长三角区域空间规划的特点:第一,打造有影响力的城市群。上海要提升城市的核心竞争力和服务功能,推进科技创新,加快浦东新区建设。2021年7月15日,随着《中共中央 国务院关于支持浦东新区高水平改革开放并打造社会主义现代化建设引领区的意见》的公布,浦东地区将发展成为更高水平开放的开路先锋、自主创新的时代标杆、全球资源的配置高地、扩大内需的典型和现代城市治理的示范样板,推进与周边地区的协同发展,通过上海的引领、示范、带动,推进"一带一路"和"长江经济带"国家战略的发展。第二,打造有竞争力的国际产业集群。产业集群是区域经济竞争力和创新能力的重要基础,长三角产业集群多分布于江浙沪,其中,江苏是以苏锡常为代表的集体企业、中型企业为主的自发成长型模式和各式园区经济,形成企业带动、产业集群、产业园区支撑发展的产业格局,且县区大多具有代表性的产业板块。浙江是自发成长型产业集群模式的典型,源于具有一定历史的传统产业。安徽具有后发优势,在汽车和新能源汽车产业、装备制造业、食品产业、电子信息制造业、医药产业等领域进行产业重点布局。第三,打造有辐射力的增长极。长三角正形成区域经济增长的极点,苏锡常都市圈、南京都市圈、杭州都市圈、宁波都市圈和合肥经济圈的形成与建设,能够提升中心城市的功能,促进创新创业,加强互联互通,进一步提升对周边地区的辐射和示范效应,提升经济圈整体合力。第四,打造有协同力的经济带。通过沿海经济带对海洋空间进行生态保护;通过沿江经济带依托长江黄金水道,联通沿江综合交通走廊,促进长江岸线有序利用和江海联运港口优化布局;通过沪杭金发展带连接上海、杭州、金华等重要城市,利用民营经济发达的优势,依

[①] "一核九带":以上海为核心,沿沪宁和沪杭甬线、沿江、沿湾、沿海、沿宁湖杭线、沿湖、沿东陇海线、沿运河、沿温丽金衢线为发展带的空间格局。

托自贸试验区,促进海陆双向开放;通过沪宁合杭甬发展带发挥上海、杭州、宁波、南京、合肥等中心城市的要素聚集功能和综合服务的优势,促进创新经济和服务经济的发展。

"规划"描绘了长三角区域一体化发展的美好蓝图,但同样存在一些影响其实施的障碍:第一,城市群和经济带规划是从区域整体层面进行的,实体经济的"一核五圈四带"是需要政府治理的"一核五圈四带",中心城市如何打造、涉及各省市的经济带如何发展,没有政府有效的空间组织难以有效实现;第二,规划的实现需要要素资源的融会贯通,建设中需要人才、技术、资金,如何进行空间调节和组织仅靠单一省市政府无法实现,甚至一些体制机制的缺乏会限制和影响这些要素资源的流动;第三,对于产业集群,虽然各省市皆有自身特色,但要形成合力,实现长三角地区整体价值链控制力和自主创新能力的提升也同样存在难度,因为产业集群在各省市中的定位和在长三角区域中的定位往往不同,而让部分省市放弃原来具有优势的产业实现区域协同,必然受到来自地方政府的阻碍。因此,这给政府治理带来诸多新的挑战。

三、长三角空间关联与绿色发展层面

长三角区域经济协调发展空间组织有两大基础工作:一是区域空间关联。二是区域环境联防联治,实施绿色发展。加强空间关联在于拉近长三角城市空间距离,增大长三角居民空间活动半径。长三角地区在高速公路、高铁、机场建设方面取得了积极的成效,区域间的地理可达性不断增强,促进了要素资源的流动,降低了其流动的成本。各级地方政府都在加强基础设施上做文章,拉近了大多数城市间的距离。

但在长三角地区有些市县仍然没有通高铁,相邻县市公共交通的连接也存在问题,即从政府治理的视角来看,表现为交通公共物品供给不充分和政府在公共事务治理中的缺位问题,那是因为一方面有些地区财政收入捉襟见肘,难以承担公共产品的费用支出;而财政收入富余的区域并不情愿承担或者多承担区域间公共交通的支出;还存在同一轨道线无科学规划、多重建设,浪费公共资源的问题。可以看出,是城市间空间关联程度加强的同时,空间的统一协调仍有欠缺。如前文所述,开通高铁城市间的联系强度远超过未开通高铁城市的联系强度,长三角城市地方政府联合规划程度不够,涉及联地、联政、联资、联利,造成重复建设,以及城市、县域间联通出现的障碍,影响区

域经济协调发展的进程。

实施区域环境联防联治是促进长三角区域经济协调发展的重要基础,要求政府有"一盘棋"的思想和眼光,早在 2014 年,长三角三省一市就成立了大气污染防治小组,2018 江浙沪成立"联合河长制",近期又成立了部分区域生态环境的综合执法队,开展跨界联合检查执法活动,三省一市各有所长,如江苏的移动执法,浙江的案件规范,这些经验汇聚有利于服务长三角市场主体,有利于获得企业主体的认同感和获得感。

2018 年 11 月 5 日,习近平总书记提出将推动长江三角洲区域一体化发展并将其上升为国家战略,秉承五大新发展理念,加快建立现代化经济体系,继续深化改革,完善中国改革开放的空间布局,实现与"一带一路"倡议、京津冀协同发展、粤港澳大湾区建设、长江经济带发展等国家战略的相互配合。2019 年 11 月的《长三角生态绿色一体化发展示范区总体方案》[①]中,也提出通过一体化示范区协调发展的探索,率先实现质量、效率与动力等方面的变革,更好引领长三角更高质量一体化发展,发挥长三角"做实小片、协调大片、引领整片"的作用。主要注重以下四个方面:一是生态绿色发展新标杆。二是创新发展新高地。三是制度创新试验田。四是人与自然和谐共生新典范。一体化示范区的空间布局包括以"两核、两轴、三组团"为基础,形成多中心、网络化、组团式和集约型的特色江南水乡格局。"两核"指的是虹桥区域和环淀山湖区域;"两轴"指的是两条创新功能轴,通沿沪渝高速和苏嘉高速;"三组团"指的是城市功能组团,以吴江城区、青浦新城、嘉善新城等节点作为支撑。先行启动的地区应着重"十字走廊引领、空间复合渗透、人文创新融合、立体网络支撑"功能布局的构建。明确了一体化示范区八个方面的制度创新:一是统一编制、联合报批、共同实施规划管理体制建立的探索;二是生态环境保护制度的探索;三是跨区域土地指标统筹、空间资源盘活的土地管理机制的探索;四是项目跨区域一体化运营管理创新机制的探索;五是促进各类要素跨区域自由流动制度安排的探索;六是跨区域投入共担、利益共享财税分享管理制度的探索;七是共建共享公共服务政策的探索;八是统一公共信用管理制度的建立。将上海建设成为国际经济与贸易、金融、航运的中心和国际级大都市;更高水平发挥南京、杭州作为长三角地区两翼的中心城市

---

① 《长三角生态绿色一体化发展示范区总体方案》是经中华人民共和国国务院批复同意,中华人民共和国国家发展和改革委员会发布的方案,2019 年 11 月 19 日正式公布。

功能；优化提升沪宁（上海与南京方向）、沪杭（上海与杭州方向）经济发展带整体的水平，建设沪宁高新技术产业带；增强宁波、无锡、苏州等城市辐射能力；重视常州、镇江、扬州、南通、泰州、绍兴、嘉兴、湖州、台州、舟山等节点城市要素集聚能力的培育，促进城市功能相互补充以及整体竞争力的提升；发展特色农业、都市农业以及外向型农业，完善农业生产、流通以及经营等服务体系的建设，促进现代化农产品物流基地的形成；加强对沿江、太湖以及杭州湾等地区污染的治理。2021年5月27日，长三角科技创新共同体建设办公室成立，长三角集成电路、生物医药、人工智能、新能源汽车4个产业链联盟揭牌以及长三角一体化示范区的新发展建设有限公司与水乡客厅开发建设有限公司成立的揭牌仪式；长三角"一网通办"政务服务地图及高频服务事项正式上线；对促进长三角自贸区联动发展、杭州亚运会2022年的服务保障、深化5G创新应用、长三角企业家联盟和研究型大学联盟的拓展以及环太湖科创圈的共建等重大合作事项进行签约。

在此过程中绿色发展如何避免沦为"空中楼阁"，这需要政府体制机制改革的支持。2019年浙江省政府为了促使各地转变经济增长方式，走质量高、效益好、污染少的绿色发展之路，对全省8万多家工业企业在税收、排污等方面进行差别化管理，进行了"亩均论英雄"改革。同样在上海、江苏、安徽的政府报告的字里行间也都体现出贯彻"绿色发展"的理念。上海提出在2020年再淘汰落后产能1000项，提高土地资源的高质量利用率，低效用地减量15平方公里；江苏提出要综合应用环保、节能、绿色等相关标准，低端低效产能逐步退出市场，落后产能按照法律相关规定退出，调控钢铁、水泥等行业过剩产能；安徽煤炭产业的过剩产能也将逐渐退出。

2021年6月1日，在长三角一体化发展领导小组会议上，韩正强调要协同构建长三角一体化的综合交通体系，对长三角基础设施的互联互通水平提出更高的要求，包括海铁联运、铁水联运发展的统筹推进；要推动三省一市间自由贸易试验区高质量发展，打造高水平开放平台，实现高水平开放的协同。长三角科技创新的能力需要进一步提升，加快科技创新发展，培育一批研发能力强、有竞争力的企业；此外，要进一步加强生态环境共保联治，推动长三角地区绿色发展。

第三节　长三角区域经济协调发展中政府优化
　　　　空间组织机制的路径

长三角地区要提升整体国际化水平,建设具有国际竞争力的先进制造业集聚区,须重点加强交通枢纽建设,形成以江海空联合港群的国际重要门户,打造城市群服务业体系;江浙沪皖应利用各自条件推进高新技术产业化发展,推进电子信息、现代生物制药和新材料发展,建设具有世界领先水平的高新技术产业,大力发展以金融、贸易、航运和信息服务为核心的现代服务业体系;充分利用现代技术革新的成果,加快装备制造、钢铁、石化、汽车等传统优势支柱产业的升级,提升其参与国际分工的能力[①],需要政府治理对空间组织机制进行优化。

一、明晰区域发展空间战略规划及各省市合理定位

长三角未来发展是要成为"亚太地区重要的国际门户、全球重要的现代服务业和先进制造业中心、具有较强国际竞争力的世界级城市群"。因此,三省一市需要牢固树立"区域一体化"意识和"区域一盘棋"思想,明确各自的角色功能定位,上海应发挥龙头带动辐射作用,苏、浙、皖各扬所长,形成合力,共同推动长三角高质量一体化发展。重点应关注以下三个方面:一是加强合作、优势互补。长三角一体化发展要在产业体系、基础设施、生态环境、公共服务等方面更好协调地区间的竞争与合作,扬长避短,将各自比较优势转变为整体优势,形成合力。二是增强优势、贡献长板。上海综合发展快、江苏实体经济有优势、浙江民营企业众多、安徽科技创新后发优势明显,可以继续做大增强各自优势,带动更广区域发展,参与到国际合作与竞争之中。三是打破藩篱、提质增效。三省一市的区域协调发展要打破"一亩三分地"思维和地方保护主义,融入长三角一体化发展规划中,打破行政藩篱的体制机制约束,提高资源配置效率和全球资源吸纳能力。

---

① 刘洋:《区域协调发展论》,北京:中国市场出版社,2016年版,第76页。

第七章
长三角区域经济协调发展中政府优化空间组织机制分析

除此之外,对长三角三省一市区域经济协调发展还须制定合理的章法。2020年7月出台的《长三角生态绿色一体化示范区产业发展指导目录》和《长三角生态绿色一体化发展示范区先行启动区产业项目准入标准(试行)》,是我国第一个跨省级行政区域统一制定的产业发展指导目录和产业项目准入的标准。其中明确了示范区哪些产业应当发展,哪些项目可以在先行启动区落地,示范区产业的打造有了清晰的界定。长江三角洲区域一体化发展上升为国家战略,要围绕"高质量",以国际最高标准、最高水平,合力打造先进产业集聚群。长三角生态绿色一体化发展示范区紧靠上海青浦、江苏吴江与浙江嘉善,肩负起先行先试的重担。相关文件的出台进一步对长三角示范区产业转型的选择方向予以明确[①]。只有明确和理顺自身定位,长三角区域经济协调发展以及长三角区域一体化高质量发展的目标才能实现。

二、合理规划区域空间开发次序

长三角区域一体化发展战略要加快市场核心驱动、建立高效简洁的政府。在发展生态文明建设和国土空间规划制度改革的时代背景下,长三角区域要充分尊重空间发展开发和治理规律,以"生态绿色""高质量""一体化"为标杆,建立新的一体化指标体系、建设标准体系、政策体系和制度体系,寻求长三角区域的最佳空间格局。在新目录中要求形成一体化发展区域内的共同管理平台和共同行为标准,提出了建立"五大经济":第一是功能型总部经济,主要聚焦知识创新、科技创新与模式创新,比如在建的上海青浦华为研发中心;第二是特色型服务经济,着力发展现代商业、绿色经济等高端服务业,如以进博会为依托的国际化会展业;第三是融合型数字经济,发展"AI+""5G+""北斗+""大数据+"等新业态,如以中新嘉善现代产业园为代表的智能传感器核心基地;第四是前沿型创新经济,主要是要发展生命健康、服务型制造、轻质智能装备和绿色新能源等新兴产业,如在苏州吴江推进建设的国家先进功能纤维创新中心;第五是生态型湖区经济,体现江南特色、释放湖荡水网、田园风光、绿色旅游等产业,如浙江嘉善嘉佑现代农业田园共同体。各地区只有结合自身资源禀赋和本土优势,合理定位,才能发挥长三角区域一体化整体合力,更好地推进长三角区域一体化高质量发展。

---

① 李泓冰:《以更高标准推进长三角一体化》,载《人民日报》,2020年7月30日05版。

从三省一市的产业发展来看,数据显示,长三角产业结构方面具有明显的梯度差异与时序衔接,这对长三角产业一体化发展大为有利。其中,上海市"三二一"型产业结构特征明显,属于服务经济主导型,第三产业的比重比第二产业要高40%;江苏和浙江第三产业的比重比第二产业略高,也呈现"三二一"型产业结构,服务业和工业基本并重;安徽第二产业比第三产业略高,为"二三一"型的产业结构,工业在促进经济增长过程中起到了重要作用。在三省一市中,第三产业比重最高的是上海,目前上海的工业支柱是汽车制造,汽车、高端装备、航天航空、海洋船舶、集成电路等先进制造业正在逐步推动上海第二产业的升级进程。浙江省的产业结构中第三产业比重最大,服务业支柱为贸易。江苏省正在向中高端产业链迈进,高新技术产业形成七大主导产业。安徽省以第二产业为主,随着皖江经济带产业转移政策的影响不断深入,高新技术产业将成为经济发展的新动力,支柱产业为装备制造。上海作为金融信息制高点可以带动三省其他产业的发展;浙江、江苏具有沿海及港口优势,在上海两翼,可以与上海共同构成国际航运中心网络,辐射服务内地的国际贸易;浙江、江苏、安徽作为长三角腹地,可以依托大学、研究机构,在现代农业、传统制造业、先进制造业、信息产业、人工智能等已成规模区域提质提效,或在初具雏形的区域支持发展,并导入相关支撑产业,以提高发展效率。

从三省一市开发区和园区经济来看,应进一步完善产业园区布局与合作,加快长三角区域内各省市产业转移。改革开放以来,在经济改革的背景下,长三角三省一市形成了具有特色的开发区、园区经济。在新的历史阶段,对承担主要产业和创新发展任务的开发区区域合作发展提出了挑战,如何承担这一特定历史使命,推动长三角开发区、园区的空间协同乃至一体化的发展,是当前一个重要课题。2018年9月,为了促进长三角一体化发展国家战略的顺利实施,全面协调长三角开发区产业创新协同发展和可持续发展,形成共赢体系,长三角开发区协同发展联盟成立。2019年12月和2020年10月,年度理事会分别在浙江嵊州和江苏无锡举行高峰论坛,围绕开发区治理能力与营商环境、开发区合作共建与联动创新展开了探讨。园区经济呈现多功能、专业化方向发展,除开发区外,高新区、自贸区也是重要的平台,在培育新兴产业集群、主导产业创新链、践行"一带一路"倡议、长江经济带发展等国家战略发挥了巨大的作用。

各开发区、园区共建虽然取得一定成果,但存在共建速度缓慢、共建园区流于形式、产业合作层级相对较低等问题。究其原因,一是利益共享机制不健全,二是合作程度不够深入,造成资源的极大浪费。合作停留在初级阶段,缺乏产业协作和功能定位,园区间互相争夺资源,不利于长三角区域经济整体性协调发展。故而政府治理应该着力发挥规划和引导作用,构建长三角各类园区统一的市场机制与政策环境,协调产业以及创新要素资源的跨区布局,以各开发区开发主体为利益核心,创新开发主体管理体制,做大做强开发主体。另一方面要加快经济开放区、高新区的龙头企业、大企业发展,实行组团式或产业链式整体有序转移。

三、实施区域内的差别化空间功能区布局与联动

从理论视角来看,区域间发展存在差异,长三角地区由于不同的自然与文化禀赋、历史基础、制度政策的不同,自然形成发展的不同层级。个别区域由于各种原因率先发展起来而成为"中心",发展缓慢的有些区域就成为"外围"。上海由于其发展沿力、动力较为充足,就成为长三角地区的核心,要发挥其作为引领长三角成为全国最具影响力和带动力的示范作用,存在三大效应:一是中心的主导效应,即外围的要素资源会向中心净转移,尤其是人力资源会往中心汇聚;二是信息效应,正是因为更多的机构、人员、同行业在中心集聚,人流、物流、信息流交际更强,因而中心汇聚信息的能力也在强化;三是心理效应,创新更容易在中心进行,创新的成功经验和创新的成果转化能够刺激周边地区,且对周边地区产生示范效应。

沪宁杭合甬发展带利用中心城市的创新服务,以及城市之间的连绵地带,深化改革,营造良好的营商背景,创新发展;沿海沿江沿湾发展带应充分利用港口交通和综合走廊优势,促进制造业集聚发展,将长三角打造成为重要的先进制造业中心。沿江地区应在加强生态保护的基础上,加强同周边城市的经济往来,增强上海等作为龙头对周边地区的辐射作用;沿海地区应在合理开发与保护资源的基础上,发展临港制造、海洋高新技术等产业;沿湾地区应加快推动制造业的转型换代升级,关注数字经济和智能装备制造等,积极扶持生命科学、新型材料等战略性新兴产业的发展。因此,三省一市应形成各自差别化的空间布局。

对于上海而言,一是推进产业体系协同创新建设。长三角地区科技创新快,资源要素共享度高,三省一市2 400多家服务机构的3万多台(套)大型的科学仪器设备可以满足企业足不出户就能共享使用长三角地区资源信息。

二是加强基础设施提质升级。各区域间的断头路要尽快结束,沪通铁路一期、二期正在动工修建,第一批推进的省际断头路项目有17个,其中一条已在2018年通车,其余项目正在有条不紊地推进中。三是加强对生态环境的治理,强化共保联治。如太浦河水资源保护省际协作的机制,建立起太湖淀山湖湖长协作机制,加快长三角生态绿色一体化发展。四是促进公共服务便利共享。关注民生问题,在长三角41个城市实现居民看病医保"一卡通",率先实现区域性异地就诊门诊的费用可以直接结算,医疗机构实现联网全覆盖。在生态环境上贯彻新发展理念,打造长三角生态绿色一体化发展示范区,实现产业创新更协同、区域互通更快捷、生态环境更美好、市场更公正透明、人民生活更美好;积极推进上海自贸试验区临港新片区以及上海虹桥商务区的经贸往来;政府间加快基础设施、科创产业、城乡融合等方面发展并积极落实;推进G60科创走廊、嘉昆太协同创新圈等建设,多领域探索区域合作新机制。

对于江苏而言,需要在长三角一体化过程中继续拓展发展空间实现高质量发展,成为全国发展强劲活跃增长极。江苏目前对产业创新、基础设施、区域市场、绿色发展、公共服务、省内全域"六个一体化"进行了积极探索,创新区域一体化制度和实施路径。结合自身优势,主动对接、支持并服务于上海发挥带头作用,深化和浙皖战略协同,深化"1+3"重点功能区建设。所谓"1",就是在江苏沿江两岸打造扬子江城市群,成为全省经济发展的主动力,包括江苏南京、镇江、常州、无锡、苏州、扬州、泰州、南通沿江八市,作为全省二三产业尤其是工业经济的主战场。所谓"3",一是在连云港、盐城、南通的沿海区域,推动临港经济发展,繁荣沿海经济带,二是依托宿迁、淮安以及苏中北部部分地区打造江淮生态经济区,重点是沿洪泽湖、高邮湖、骆马湖的生态经济区建设,要将其打造成江苏最有生态价值、生态优势、生态竞争力的地区;三是把徐州建设成为淮海经济区的中心城市。

浙江省积极融入长三角一体化发展,积极加强杭州和宁波都市圈与上海大都市圈的协调联动,参与上海大都市圈空间协同规划,探索建立各个领域一体化的体制机制,推进创新协同、产业合作、环境共治、服务共享。努力提升同城化水平,不断促成嘉兴和上海桥头堡间的连接并轨,拓展虹桥商务区服务功能,以实现上海配套功能区的拓展。推动大都市区一体化发展,支持湖州、绍兴、舟山等地分散来自上海的压力。对于浙江四大都市区(杭州、宁波、温州、金义)要构建高效、便捷都市通勤圈,加强同中小城市的联通合作,打造若干个有示范、引领意义的标志性工程;对国土空间进行重新规划,对跨区域间的产业发展目录进行重新梳理,形成更加协调融合的制度,强化生态环境联保共治,做好交通、生态等一体化规划编制,细化浙江在人才、创新、公共服务等领域的支持政策,提升公共服务共享水平。杭绍、杭嘉、甬绍、甬舟、嘉湖五个区域一体化合作先行区要加快建立都市区重大事项协调推进机制,创新协同治理新模式。数字经济的发展对浙江高质量推进长三角一体化发展来说更是至关重要。浙沪苏皖地区经济发展快,高科技人才辈出,共同谋划长三角数据中心等一批战略性数字基础设施的建设,共同培育一批云计算、数字安防等世界级数字产业集群,联手打造世界级的数字经济创新高地。

安徽省要扬皖所长,联手苏浙沪,打造"一极三区一高地"。要加快产业创新力度,培育高端制造业飞速发展,加快城乡融合深度,打造科技创新共同体、新兴产业集聚地、绿色发展样板区,构建长三角地区与中西部的往来通道。建设合肥都市圈、加快合芜蚌国家自主创新示范区的发展、提升发展皖江城市带承接产业转移示范区、打造皖北高水平承接产业转移的集聚区、大力振兴皖西大别山革命老区、高标准建设皖南国际文化旅游示范区。率先完善中心区建设,中心区要拉高标杆、率先接轨、争先进位,加快与沪苏浙中心区联动,辐射带动全省加快发展。同时,充分激发各地主动性、创造性,对接沪苏浙,加强产业协同发展,完善基础设施体系,提升公共服务能力,形成多主体、多层级、多领域集成推进的良好态势。

四、优化空间组织机制的着力点

长三角三省一市中,各自有各自的优点,上海综合整体服务发展迅速,江苏实体经济经营较好,浙江民营企业活跃,安徽科技创新后发优势明显。推进长三角一体化过程中要让市场在资源配置中起决定性作用,同时更好发挥政府宏观调控的作用,要进一步建好基础设施、严格环境标准、协同产业发展、限制无序竞争、优化营商环境等,从而提高区域资源优化配置能力和全球资源吸纳能力,建成环境、产业、人文"三优"的长三角一体化示范区。

第一,完善空间合作可以通过共建区域产业共性技术平台。长三角对于构建产业共性技术平台具有良好的基础,一是产业间联动紧密,长三角市场一体化程度相对较高,相互间经济往来频繁,空间联动能力较强;二是产业集聚效应比较明显,三是地区经济基础好,科技水平高,区域内的交流与合作有着悠久的历史和基础。长三角的区域合作经历从市场推动发展到市场与政府双重推动,各地方政府通力合作,形成合作共赢的模式。但在合作研发的过程中出现几个突出问题:一是在条块分割的行政体制下,长三角省市产业缺少互补性,研发资源没有得到集中使用,使用效率差,浪费与短缺并存,使得长三角省市在合作领域、程度、范围、效率提升等方面都受到了很大的限制;二是长三角省市政府仍然存在合作政策不畅通,长效监督机制薄弱的情况,在科技合作、技术转移和资源共享等方面缺乏制度性安排;三是长三角区域内市场体系分割,使得生产要素资源流动不充分,科技协调发展机制软弱;四是长三角区域内资源约束明显,经济发展从过去依赖投资的推动,变为依赖生产技术、人力资本,当前环境约束日益明显,环境治理和保护压力增大[①]。

第二,优化空间组织协调是保障。强化长三角区域合作行动计划,协调解决共建技术平台的重大问题,如针对共性问题沟通协商,共同探讨合作项目,实现资源共享、合作管理等。在政府引导下完善资金保障机制,积极鼓励企业联盟或合作等各种方式,结合自有资金,广泛筹备社会资金。这涉及空间利益平衡问题,需要长三角省市通过协商的方式寻找利益相对平衡的方案,考虑选择哪些产业,在哪些城市设立机构,如在上海设立生物医药产业共性平台,在苏州设立电子信息技术平台,在绍兴设立纺织产业技术平台等。在产权共享机制上,对于产业共性技术平台研发的新技术及产权等,应对长三角相关企业给予无偿或部分有偿转移和扩散。

第三,进一步强化都市圈和自贸区联盟建设。在长三角当前部分省相关规划文件中都提出要打造区域核心城市都市圈、完善城镇体系格局,形成了良好的都市圈建设基础;以构建高速铁路和高速公路为代表的现代快速交通网络体系,为都市圈建设提供了有力的保障,加深了跨区域城市的进一步合作[②]。长三角三省一市先后设立了自贸区,2021年5月10日成立了"长三角自由贸易试验区联盟",根据各自空间功能定位,立足区域特色,聚焦国家战略所需以及市场需求,实现差异化发展和协同发展。自贸区作为对外开放更高水平的平台、科技创新的示范区、链接"双循环"的重要环节,将在贸易便利、投资便利、金融服务创新、跨境贸易服务、科技协同、知识产权服务、交易服务等方面实现空间功能的优化与整合,以此激发各类市场主体活力,共同

---

① 刘志彪 等:《长三角区域经济一体化》,北京:中国人民大学出版社,2010年版,第325-341页。
② 张学良 林永然:《都市圈建设:新时代区域协调发展的战略选择》,载《改革》,2019年第2期,第46-55页。

第七章
长三角区域经济协调发展中政府优化空间组织机制分析

创造有利营商环境、开辟制度创新的试验田,促进长三角一体化高质量发展。

第四,完善地方政府以及行政区经济协调发展机制。朱舜(2015)认为,长三角区域城市化区域治理缺失,包括"共赢"的利益协调机制和有效率的协调组织。而地方保护主义、地方政府间的行政体制障碍以及地方追求自身利益最大化等影响了长三角区域政府间的横向关系发展。因此,还需要进一步完善地方政府间沟通交流的平台、城市间的挂钩帮扶机制、改变原先基于地方保护的封闭式竞争,通过创新地方政府体制机制,吸引要素资源以促进经济增长。

第八章

长三角区域经济协调发展中
政府构建绩效考核机制分析

第八章
长三角区域经济协调发展中政府构建绩效考核机制分析

区域经济协调发展政府治理的目标是促进区域协调与一体化发展,政府治理的效果需要有匹配的绩效考核机制作为指导和保障,可以分别考察市场机制的完善程度、利益协调机制的健全程度、合作机制的强化程度、空间组织机制的优化程度,也可以综合考核政府治理的过程与结果。本章先结合长三角区域一体化发展规划纲要的要求,从经济发展、科技创新、基础设施、生态环保、公共服务五个维度出发,构建政府治理绩效考核指标体系,对当前长三角三省一市政府治理绩效以及协同度进行测度与评价,发现三省一市虽然出现协同效应,但相互之间协同度仍然不高。继而分析长三角政府区域经济协调发展过程中政府治理绩效考核存在的问题和原因,并在此基础上提出构建绩效考核机制的对策,包括政府功能的重新定位,完善政府绩效考核的顶层设计,健全评估主体以及奖惩机制等。

第一节 长三角三省一市政府治理绩效及协同度的测定

作为世界六大城市群和中国最大的城市群之一,长三角的区位优势首屈一指,三省一市间产业分工、人文环境、自然禀赋等资源良性互补,可以拧成一股绳,形成巨大的区域合力。2020年4月,在中央《长江三角洲区域一体化发展规划纲要》和地方《长三角地区一体化发展三年行动计划(2018—2020年)》的基础上,江苏、安徽、浙江、上海先后发布了各自的区域一体化实施方案,清晰地确定了地方政府间关于机构对接、政策协同、领域合作、市场建设、产学研创新合作的制度安排。在大考面前,长三角成为全国复工复产最早、成效最好的区域之一,以自身的"稳"和"进"有力支撑了全国发展大局。2021年一季度,长三角经济增长态势十分强劲,GDP整体增长18.9%,两年平均增长6.1%,占全国比重进一步提升至24.6%。然而,长三角区域内有江浙沪皖三省一市,各地方行政主体之间的利益存在冲突,行政壁垒很难完全破除,各部门要打破旧有的权责边界有一定难度。因此,为激励政府在长三角一体化过程中主动作为,须出台科学、准确的考核评价指标体系,以精确量化政府在区域协同治理过程中的绩效,防止懒政怠政。

一、指标选取

地方政府的协商、合作机制的最大掣肘在于,我国现有的政绩考核机制目前侧重于国内生产总值、财税收入等经济发展指标,那么合作与竞争面临矛盾之时,追求政绩以求升职的地方官员就会因谋求私利而放弃合作,这种竞争主要体现在:发展战略趋同、招商引资恶性竞争、产业结构同质化、基础设施重复建设、生态环境遭受破坏等。这也成为考察政府治理绩效的主要方面。2019年底,中共中央、国务院对外发布《长江三角洲区域一体化发展规划纲要》(以下简称《纲要》),为长三角协同发展提出五个政府治理目标——城乡区域协同发展、产业融合发展、公共服务便利共享、基础设施互联互通、生态环境共保联治,在此基础上推动形成长三角协调发展新格局。区域创新、产业协同联动机制的前提是体制机制改革,地方政府治理应当承担更多的责任。结合已有文献与《纲要》的内容,依据新时代创新驱动的高质量发展要求,从经济发展、科技创新、基础设施、生态环保、公共服务五个维度出发,构建长三角协调发展中政府治理考核的指标体系,衡量长三角政府治理绩效水平及协同程度。(表8-1)

表8-1 长三角三省一市政府治理绩效考核指标体系构建

一级指标	二级指标	测度说明	指标性质
经济发展	经济增长	人均GDP	正向
	财政能力	财税收入占地区GDP比重	正向
	收入差距	泰尔指数	负向
	财政收入结构	土地财政占收入比重	正向
	地方债务率	地方政府债/财政收入	负向
	劳动力收入	各地区最低工资	正向
	金融支持	人均拥有的银行网点数量	正向
产业升级	产业结构	第三产业比重	正向
	产出效率	单位建设用地面积产出率	正向
	研发力度	地区财政科技支出比重	正向
	研发效率	发明专利申请数/研究人员数量	正向
	要素成本	规模以上工业企业产值占GDP比重	负向
	外资利用	人均FDI	正向
	劳动力迁移	人口净迁入率	正向

续表

一级指标	二级指标	测度说明	指标性质
公共服务	营商环境	中小企业营业、增值税税率	负向
	行政机构精简	每万人中机关人员数	负向
	教育资源	每万人高等学校数量	正向
	社会保障	基本养老保险参保率	正向
	基础教育	基础教育经费占财政支出比重	正向
基础设施	铁路运输	单位面积铁路网密度	正向
	内河航道运输	区域内航道密度	正向
	公路运输	客运交通站点密度	正向
	网络联通	互联网普及率	正向
	政策协同	沟通协调与信息共享等协议数量	正向
生态环境	空气质量	AQI 指数	负向
	环境保护投入	环保类固定资产投资占 GDP 比重	正向
	高效发展	单位 GDP 耗电量	负向
	污染现状	单位 GDP 污水排放量	负向

1. 经济发展方面

长三角协调发展首先得考虑经济维度。过去在地方政府各自为政的"诸侯经济"中,地方官员创造的经济效益在政绩考核中排在首位,是衡量政府政绩的决定性因素,即便在"十二五"规划中经济绩效考核占比有所调整,但其依然是我国政府治理水平的重要衡量标准。本书构建的经济维度指标除了经济增长外,还包括了经济发展质量因素,具体可以从以下七个方面进行描述:一是人均 GDP 的增长率差异。该指标的变动趋势及幅度能够从一定程度上反应经济的协同发展程度。二是财政能力。我国地方政府收入来源之一是土地财政,衡量了政府支出拉动经济的潜在能力。三是财政收入结构。以往地方政府财政收入来源结构单一化,地皮转让收入占财政收入最高曾达到 71.32%,这种不健康的财政收入结构给地方政府带来隐忧。在中央多次强调"房住不炒"的背景下,卖地收入占财政收入比例应该得到控制。四是居民收入差距。人民生活水平差距过大会带来一系列社会问题,更能反衬出政府未能有效通过二次分配,提升社会整体福利水平。五是地方债务率。地方政府债务总额对地方经济的可持续发展水平有影响。目前中国地方政府隐形债务总额已经达到60万亿,在新冠病毒感染冲击的背景下,严重制约了地方政府运用财政支出刺激经济发展的能力。六是劳动力收入,最低工资水平代表了企业使用劳动力的成本和地方经济发展水平,较高的工资标准有助于增强劳动力的幸福感。七是金融支持,金融是实体经济的血液,地方银行国内网点数量越多,代表区域内货币流动更加活跃,融资便捷性与可得性增加会提升地方经济发展效率。上海作为我国金融中心,应当在长三角协同发展中对其他三省产生辐射作用。

2. 产业结构方面

长三角协同发展必定会对区域内的产业结构产生一定的影响,而产业结构关乎地区经济发展模式。考虑到企业产业结构升级所需资本,从以下七个方面对其加以度量:一是第三产业比重。我国工业化道路已基本完成,但随着人力成本的不断提高,经济发展的主导模式须由劳动力密集型向资本密集型转变,第三产业在GDP中占比能够从一定程度上代表这种产业高级化趋势。二是研发力度。大考当前,百业艰难,但危中有机,唯创新者胜。在经济向高质量发展转型阶段,科技研发作为创新的第一推动力必须得到各地区政府的高度重视,研发资金在地区经济中所占比重体现了政府对科技创新的重视。三是研发效率。研发效率体现当地科研人员在资金使用效率方面的差异,甚至能够在一定程度上折射出当地的学术生态状况,研发效率高的地区能够在创新发展方面取得先发优势。四是长期资金使用成本。长期资金使用成本反映了企业的负担状况,构成较为复杂,参考李世奇(2018)的做法,用中小企业产值占GDP比重来度量。五是外商直接投资,这一指标代表地区利用外资的难易程度,与长三角的对外开放度紧密相关。六是产出效率。经济转型期,产出效率比产出总量更加值得关注,产出效率反映了地区发展质量和社会节约意识。七是劳动力迁移。长三角地区外贸依存度高,长期依靠低人力成本吸引外资,但人口红利的消失和用工荒的出现逐步削减其比较优势,其他地区劳动力人口迁入能够在一定程度上缓解这种压力。

3. 公共服务方面

党的十八大以来,劳有所得、老有所养、学有所教、病有所医等成为党的公共服务建设目标,以此为依据,分别将以下五项纳入考核指标体系:一是企业营商环境。中小企业作为贡献税收和就业岗位的重要载体,自身抗风险能力较低,其生存依赖于地方营商环境。以"营增改"为例,其改革旨在合理规范企业税收,为企业减负增收。用中小企业应交营业税增值税净额度量营商环境。企业营商环境体现了政府对企业与人才的重视程度,通过扩大经营来改善员工生活,是践行"劳有所得"的有效方针;二是行政机构办事效率。长期以来,人员冗杂、推诿扯皮等现象长期存在于部分政务机构中,极大损伤了企业家们干事创业的激情,为百姓所诟病。机构人员精简可以提升公务人员办事效率和百姓办事的便捷性。三、四分别是教育资源、教育投入。教育事关社会进步,更直接关系到千万家庭的前途期盼。长三角地区有着世界上一流高校最密集的城市群,进一步扩大教育投入、丰富教育资源,是地方政府应尽之责,更是践行"学有所教"惠民之举。五是社会保障。养老问题事关国计民生,养老负担轻重直接影响人民群众的幸福感高低。老人得到的保障与尊重如何更是一个社会文明程度的体现。近年来,我国人口老龄化问题日趋凸显,社会保障服务是为老年人生活兜底的必行之策,是"老有所养"的应有之义。

4. 基础设施方面

长三角经济协调发展离不开相互之间的要素流动,而要素流动除了传统的铁路、公路、航空等交通设施之外,还包括了互联网这一"网路"。随着数字经济的兴起,互联网对人、地、资源等重要生产要素的黏性已经不亚于传统交通,更重要的是,长三角区域内的铁路、公路等已逐步趋于饱和,而互联网还有广阔的延伸空间。除此之外,三省一市之间人、地、资源等要素的交流互通离不开政策的协同,而制度一致性一直是区域一体化发展的痼疾所在。因此,选取了长三角三省一市政府间达成的公共服务与信息共享协议数量,以此衡量地方政府之间的合作韧性,这对于长三角经济协调发展的可持续推进具有重要作用。

5. 生态环保方面

绿色资源作为资本的 部分,在经济增长快速的同时,如何又快又好的发展、如何做好生态环境保护是实现经济可持续高质量发展的首要保障。单位产值的排水排污情况既能反映经济发展的质效,也可以体现出地方政府对绿色节能环保的重视程度。通常来说,单位产值的排污量越小,证明地区产业模式越高端。此外,政府关于环境保护方面的投资是生态环保的显性变量,体现了政府对绿色发展的重视程度。与单位产值排污量属于负向指标不同,污染治理是正向指标,用政府对环保类固定资产投资总额所占 GDP 比重表示。

二、研究方法与数据

1. 熵权法

在指标计算过程当中,变量之间难免存在一定的信息相关性,因此需要通过降维来对信息进行简化。一般来说,指标体系的变量之间分布并无规律可循,变量的数据离散程度越大,会导致信息熵变大,该变量在指标体系中的权重就越高,提供的信息也就越多;反之离散程度越低,提供的信息就越少。熵权法的基本思路就是根据变量的变异性大小来确定客观权重。给定 n 个对象的 m 个标准化指标 X_1、X_2、X_3……,其中 $X_i = x_{i,1}, x_{i,2} …… x_{i,n}$,那么 X_i 的熵值为:

$$E_j = \frac{1}{\ln n} \sum_{i=1}^{n} P_{ij} \ln P_{ij} \tag{8-1}$$

其中定义

$$P_{ij} = \frac{\gamma_{ij}}{\sum_{i=1}^{n} \gamma_{ij}}, P_{ij} = 0, \lim_{ij=0} P_{ij} \ln P_{ij} = 0 \tag{8-2}$$

得到归一化权重:

$$W_i = \frac{1 - E_i}{k - \sum E_i} \tag{8-3}$$

2. 区域治理协同度模型

长三角经济协调发展离不开政府间的协同合作,但最终的协同发展效果需要一个可以量化的指标加以衡量,以此作为政府治理绩效考核的依据。一般来看,"协同"是在一个时间段内持续演化,因此需要在时间维度上观察其变动的过程。复杂系统协同度模型出自协同学,其认为在区域内多个主体之间存在竞争、协作关系,其影响不应是子系统影响的简单加总,需要综合考察

序参量对复杂系统的动态影响,其数学模型如下:

$$\begin{cases} \dfrac{1}{\partial \theta} \dfrac{\mathrm{d}q_1}{\mathrm{d}t} = \theta q_1 + \theta \dfrac{\beta}{\alpha} q_2 - \beta q_1 q_2 - \eta_1 q_2 \\ \dfrac{1}{\beta} \dfrac{\mathrm{d}q_2}{\mathrm{d}t} = -\theta q_2 + \dfrac{\gamma}{\beta} q_3 - \alpha q_1 q_2 \\ \dfrac{1}{\gamma} \dfrac{\mathrm{d}q_3}{\mathrm{d}t} = -\eta_2 q_3 + \eta_3 \theta \dfrac{\alpha}{\gamma} q_1 \end{cases} \quad (8\text{-}4)$$

其中:η 是常数,θ 是区域内各子系统投入的控制变量,α、β、γ 分别为状态变量的调整参数。

定义子维度发展有序度为:$\phi_i(e_{ij}) = \begin{cases} \dfrac{e_{ij} - \varphi_{ij}}{\theta_{ij} - \varphi_{ij}}, e_{ij} \text{ 为正向指标} \\ \dfrac{e_{ij} - \theta_{ij}}{\varphi_{ij} - \theta_{ij}}, e_{ij} \text{ 为负向指标} \end{cases}$。

该式中,θ_{ij} 和 φ_{ij} 为子维度序参分量的最大值和最小值。根据此式计算,得到各子维度序参量对各省治理绩效协同度的贡献度。再将其加权平均,得到子系统有序度:

$$\phi_i(e_j) = \sum\nolimits_{j=0}^{n} \lambda_j \phi_i(e_{ij}), \lambda_j \geqslant 0, \sum\nolimits_{j=0}^{n} \lambda_j = 1 \quad (8\text{-}5)$$

假设在第一时间段 t_1 内,某政府治理绩效的子维度有序度为 $m_1^1(e_1)$,另一地方政府治理绩效的子维度有序度为 $m_2^1(e_2)$。当时间为 t_2 时,某政府治理绩效的子维度有序度为 $m_1^2(e_1)$,另一地方政府治理绩效的子维度有序度为 $m_2^2(e_2)$,两个地方政府治理的协同度数学模型为:

$$\pi = \rho \times \sqrt{|[m_1^2(e_1) - m_1^1(e_1)]| \times |[m_2^2(e_2) - m_2^1(e_2)]|} \quad (8\text{-}6)$$

其中 $\rho = \begin{cases} 1, m_1^2(e_1) - m_1^1(e_1) > 0 \text{ 且 } m_2^2(e_2) - m_2^1(e_2) > 0 \\ -1, \text{其他} \end{cases}$

三、长三角三省一市政府治理绩效的测定

在进行指标体系测算之前,为了避免不同指标数值相差过大,本研究对指标值进行了标准化处理,接着根据熵权法得到了指标体系各子维度的权重,加权计算获得子维度的综合评价值,如表8-2所示。

表 8-2　长三角三省一市政府治理绩效指标体系评价结果

城市	维度	2011	2012	2013	2014	2015	2016	2017	2018
上海	1	0.574	0.358	0.465	0.607	0.807	1.161	1.392	1.373
	2	1.029	0.815	0.883	0.871	0.900	0.593	0.806	0.867
	3	0.454	0.640	0.520	0.430	0.320	0.214	0.383	0.586
	4	0.375	0.574	0.468	0.381	0.276	0.274	0.355	0.564
	5	0.106	0.285	0.398	0.488	0.720	0.868	1.413	1.467
	总效应	0.568	0.554	0.572	0.585	0.635	0.627	0.876	0.969
江苏	1	−0.704	−0.601	−0.495	−0.407	−0.279	−0.092	0.173	0.225
	2	−0.221	−0.169	−0.124	−0.002	0.103	0.085	0.219	0.460
	3	−0.543	−0.334	−0.330	−0.214	−0.177	−0.174	−0.048	0.362
	4	−0.670	−0.419	−0.395	−0.261	−0.214	−0.194	−0.054	0.369
	5	0.448	0.686	0.717	0.986	0.907	1.082	1.045	0.520
	总效应	−0.389	−0.235	−0.188	−0.053	0.010	0.080	0.223	0.376
浙江	1	−0.411	−0.247	−0.124	−0.028	0.068	0.427	0.535	0.670
	2	−0.292	−0.272	−0.216	−0.241	−0.258	−0.363	−0.333	−0.152
	3	0.074	0.446	0.645	0.839	1.020	0.947	1.006	1.115
	4	−1.086	−0.677	−0.454	−0.248	−0.056	−0.112	−0.038	0.088
	5	−0.372	−0.235	−0.132	0.223	0.374	0.279	0.476	−0.219
	总效应	−0.417	−0.212	−0.076	0.062	0.169	0.195	0.281	0.308
安徽	1	−1.137	−1.089	−0.929	−0.685	−0.551	−0.421	−0.302	−0.333
	2	−0.730	−0.838	−0.882	−0.867	−0.821	−0.427	−0.458	−0.257
	3	−1.548	−1.224	−1.259	−1.317	−1.393	−1.330	−1.146	−0.908
	4	−1.804	−1.387	−1.364	−1.379	−1.449	−1.345	−1.112	−0.860
	5	−0.735	−0.586	−0.541	−0.155	−0.401	−0.377	−0.304	−0.537
	总效应	−1.175	−1.036	−1.003	−0.899	−0.914	−0.748	−0.640	−0.540

注：表中第 1、2、3、4、5 维度分别代表经济发展、科技创新、公共服务、基础设施、生态环保五个维度。

1. 经济发展维度

近年来在经济发展层面上，各省市政府治理效果均有所提升，其中上海进步最快，2019 年评价值为 0.973，远高于其他省份；江苏、浙江政府治理评价值分别为 0.810、0.618，分别居 2、3 位；安徽省则处于落后状态，政府治理评价值仅有 0.491。从发展走势来看，上海治理效果一直在稳步提升，江、浙则震荡上行,安徽在 2012 年有所回落,但随后逐步回升。深入分析可知,上海市 2019 年人均 GDP 为 16.42 万元,为长三角地区最高,而安徽省仅为 5.85 万元,仅约为上海的三分之一,江苏和浙江差距不大,分别为 12.36 万元、10.76 万元。在财政能力方面,上海位居首位,财政收入占总产值比重接近 25%,江、浙分别为 9.02%、9.73%,安徽仅有 3.45%,政府财政营收能力相差巨大。在收入差距方面,安徽泰尔指数为 0.02,贫富差距为区域最小,上海为 0.089,收入差距最大,江浙泰尔指数相近,均在 0.05 上下,浙江略低于江苏,说明两省收入分配结构类似。此外,上海的最低工资水平、金融资源皆为三省一市之最,但同时政府债务水平也是长三角区域最高,达到了 32.21%,接近公共预算财政支出的 0.71 倍,数额突破 5 000 亿元,存在一定债务压力。在收入结构方面,三省一市财政收入中来自卖地的收入占比分别为:5.23%、3.14%、4.79%、10%,安徽省对土地财政的依赖较为严重,上海虽然出让面积较小,仅为 380 万平方米,但土地出让单价远超江、浙、皖,最高接近 4 万。

表 8-3 长三角政府治理经济发展维度序参分量(评价值)

年份	上海($N_{1,1}$)	江苏($N_{2,1}$)	浙江($N_{3,1}$)	安徽($N_{4,1}$)
2012	0.574	0.552	0.445	0.407
2013	0.658	0.65	0.522	0.428
2014	0.701	0.677	0.518	0.459
2015	0.789	0.641	0.57	0.471
2016	0.807	0.639	0.562	0.477
2017	0.816	0.725	0.575	0.555
2018	0.892	0.698	0.65	0.538
2019	0.973	0.810	0.618	0.491

从表 8-3 可以看出,在经济发展维度,上海市始终一马当先,江苏和浙江政府治理在经济发展各方面表现均相差不大,安徽省则全面落后,虽然政府治理效果在逐年上升,但增速有限。总体上看,长三角三省一市政府治理在经济发展方面都取得了一定成效,但差距仍在扩大。

2. 产业升级维度

在产业升级方面,上海一直在高位徘徊,江苏提升最为迅猛,浙江排名第三,但向上趋势不明显,安徽基础最为薄弱,但在 2016 年后稳步攀升。深入分析可知:上海市第三产业占比70%,单位建设用地产出效率50%,即一平方米建设用地可以贡献0.5万元左右的产值,研发资金占总支出比重6%,平均每位科研人员贡献0.05个专利,外资利用率13.72%,这些方面基本都在长三角居领先地位。值得一提的是,江苏、浙江研发资金投入力度小于上海,但二者研发产出效率都比上海要高,分别为每位科研人员贡献0.081、0.087个单位的专利。安徽在2016年之后评分的上升源于研发力度和研发效率的提高,2019年安徽研发资金占总支出比重突破10%,研发人员人均拥有0.11个单位的专利,两项数值均在三省一市中排名第一,这表明安徽在科技方面在逐步发力,显示了安徽重视科技、奋起直追的决心。在第三产业占比方面,苏浙分别为50.2%、53.3%,较为接近,安徽为42.9%,产业结构升级还有待发力。在外资利用水平方面,上海、江苏、浙江、安徽分别为470亿美元、256亿美元、186亿美元、73亿美元,占总产值比重分别为13.72%、5.07%、1.5%、0.37%,特征值分别为1.84、0.068、-0.66、-0.91。可见,作为对外开放重点区域,上海在外资利用方面发挥了排头兵的作用,浙江和安徽外资利用率较低,需要进一步扩大开放。在劳动增长率方面,上海评分最低,仅为1.8%,苏、浙、皖分列2、3、4位,分别为2.29%、5.44%、6.45%,这一评分与上海地区的用工荒现象吻合,人口红利最先在经济发达地区消失,民生问题值得关注。

表8-4 长三角政府治理产业升级维度序参分量(评价值)

年份	上海($N_{1,2}$)	江苏($N_{2,2}$)	浙江($N_{3,2}$)	安徽($N_{4,2}$)
2012	0.595	0.472	0.448	0.324
2013	0.601	0.543	0.519	0.339
2014	0.653	0.58	0.596	0.384
2015	0.671	0.634	0.613	0.321
2016	0.744	0.699	0.638	0.362
2017	0.793	0.698	0.655	0.393
2018	0.806	0.732	0.705	0.427
2019	0.867	0.853	0.755	0.498

如表8-4所示,从总效应上看,2019年评分分别为0.867、0.853、0.755、0.498,浙江在外资利用、单位要素成本两项上与江苏相差较远,安徽在科技研发方面进步迅速,实现对苏、浙反超。总的来说,沪、苏、浙、皖的排名格局

并没有太大浮动,但不同省市间的比较优势存在衰落、反超的现象。

3. 公共服务维度

在公共服务方面,上海在2012—2016年评分一直不高,在2015年遭遇回落,但随后开启迅猛增长,2019年总评分为0.867,位居长三角第一。江苏省在2017—2018年进步较大,位居长三角第三,安徽依然排名末座。深入分析可知:浙江省2018年规模以上工业企业营业税、增值税占营收比重14.28%,低于上海和江苏的20.4%、25%,营商环境优化空间较大。平均每万人中有公务人员85人,低于上海的90人、江苏的98人、安徽的127人,行政机构较为精简,办事效率更高。在教育资源方面,浙江虽是教育大省,但省内高校数量不多,仅为107所,平均每万人0.019所,与安徽的0.018所相差无几。相比之下,上海共有64所高校,平均每万人0.026所,江苏共有167所,平均每万人0.02所,沪苏两地211以上优质高校数量更是远超浙、皖两省。在教育投入方面,浙江省2018年投入经费2 400亿元,同比增长12.6%;上海投入589亿元,同比增长7.32%;江苏投入2 828亿元,同比增长8.9%;安徽投入1 500亿元,同比增长9.2%。需要注意的是,上海投入数额虽小,但人均达到55 000元,江、浙均在20 000元上下,而最低的安徽仅有16 000元,差距仍然较大。在社会保障方面,计算了各地区年末常住人口的养老保险参与率。最高的是安徽,接近56%的人口参与了养老保险,江、浙分别为29.4%、22.8%,而上海仅为3.3%。这一现象与常识不符,这可能是因为沪、苏、浙地区属于劳动力人口流入密集地区,外来人口数量较多,且这类人群经济状况较差,所以按常住人口计算的未参保比率远大于劳动力输出地安徽。

表8-5　长三角政府治理公共服务维度序参分量(评价值)

年份	上海($N_{1,3}$)	江苏($N_{2,3}$)	浙江($N_{3,3}$)	安徽($N_{4,3}$)
2012	0.504	0.488	0.504	0.416
2013	0.517	0.506	0.714	0.408
2014	0.535	0.454	0.668	0.514
2015	0.493	0.42	0.581	0.561
2016	0.527	0.461	0.476	0.455
2017	0.614	0.509	0.474	0.465
2018	0.683	0.595	0.555	0.46
2019	0.867	0.668	0.764	0.43

如表8-5所示,从总效应来看,浙江在2019年反超江苏,主要原因在于行政机构精简和养老保险参与率的提升。苏、浙两省在营商环境、行政机构精简方面存在差异,总体上表现相近。安徽仍然居于末座,原因在于经济实力稍落后而引致的公共服务支出较少,但从教育支出占比和增长率上来看,其后续进步空间较大。

4. 基础设施建设维度

在基础设施建设维度方面,上海政府治理效果在近8年中略有起伏,在2019年超过江苏,2019年评价值为0.704,位居长三角第一,苏、浙、皖分列2、3、4位,评价值分别为0.687、0.675、0.411。深入分析可知,由于上海辖区面积最小,且在公路、铁路、水路等方面建设较早,在过去8年中交通里程变化并不太大,但在单位面积交通网络密度方面,上海为三省一市最高:市内公路单位面积里程为2.07公里/平方公里,是江苏省的1.4倍、浙江的1.8倍、安徽的1.38倍;市内铁路网络密度分别为江苏的2.73倍、浙江的2.97倍、安徽的2.57倍;水路运输航道密度是江苏的1.46倍、浙江的3.57倍、安徽的8.29倍;互联网作为未来信息交互的主渠道,在以服务业为主的上海备受重视,2018年上海互联网普及率为74%,江苏为69%,浙江为63%,安徽为57%,移动端网络访问量则全部超过了80%,发展较为均衡。在政策协调方面,2015年以前,区域内公共服务和信息共享协议大多在沪、苏、浙三省(市)间相互缔结,安徽基本没有参与。在2015年之后,三省一市间信息共同协调机制逐渐出台,安徽也开始加入长三角这个圈子中,先后与沪、苏、浙在包括医保互通、保险关系转移、信息联通一体化、交通一体化等多个方面建立沟通协调机制,因而其评价值在2015年之后呈现较快攀升的态势。

表8-6 长三角政府治理基础设施维度序参分量(评价值)

年份	上海($N_{1,4}$)	江苏($N_{2,4}$)	浙江($N_{3,4}$)	安徽($N_{4,4}$)
2012	0.375	0.495	0.424	0.372
2013	0.574	0.583	0.508	0.376
2014	0.468	0.548	0.532	0.315
2015	0.481	0.542	0.545	0.297
2016	0.576	0.498	0.523	0.325
2017	0.674	0.495	0.509	0.386

续表

年份	上海($N_{1,4}$)	江苏($N_{2,4}$)	浙江($N_{3,4}$)	安徽($N_{4,4}$)
2018	0.655	0.556	0.56	0.397
2019	0.704	0.687	0.675	0.411

从表 8-6 可知,总体来看,在以交通网络、信息互通等为代表的基础设施建设维度上,上海、江苏、浙江齐头并进,安徽在 2015 年以后发展较快,加速融入长三角经济圈中,整体上仍然呈现出沪、苏、浙、皖的格局。

5. 生态环保维度

从表 8-7 可以看出,在 2012—2019 年沪、苏、浙、皖在生态环保方面的评价值总体上呈上升趋势,2019 年三省一市评价值分别为:0.837、0.663、0.739、0.664,上海、浙江、安徽、江苏分列 1、2、3、4 位。与其他维度相比,排名并没有明显变化。进一步分析发现:上海市在过去 8 年间稳步攀升,江苏在震荡上行,但在 2018—2019 年出现了一个滑坡,浙江在经历了稳定的增长后,同样在 2018—2019 年出现回落,安徽则一直在低位徘徊,2018—2019 年也经历了一次下跌,但幅度不大。该现象的根源在于:各省市在 2018 年对环保类投资的力度均出现大幅下跌:上海为 448 200 万元,同比下降 13.7%,江苏为 448 009 万元,同比下降 41%,浙江 369 001 万元,同比下降 38.6%,安徽为 258 955 万元,同比下降 37.7%。这一变化直接导致各省评价值出现不同程度的下跌。在工业三废排放方面,各省都在逐步降低废水废气排放量,使用清洁能源。其中上海市在 2018 年废气排放同比减少 75.1%,创造了各省市的降幅记录,作为环境保护模范城市,诸多环保类新做法、新政策已在上海率先试点,期待其能成为长三角绿色发展的标杆。在发展效率方面,上海市每千瓦时电力可以创造 GDP20.86 元,继续领跑。江苏、浙江、安徽的成绩单分别为 15.11 元/千瓦时、12.4 元/千瓦时、14.05 元/千瓦时,在该项上,安徽实现对浙江的反超。

表 8-7 长三角政府治理生态环保维度序参分量(评价值)

年份	上海($N_{1,5}$)	江苏($N_{2,5}$)	浙江($N_{3,5}$)	安徽($N_{4,5}$)
2012	0.106	0.448	0.237	0.358
2013	0.285	0.486	0.389	0.352

续表

年份	上海($N_{1,5}$)	江苏($N_{2,5}$)	浙江($N_{3,5}$)	安徽($N_{4,5}$)
2014	0.398	0.517	0.393	0.362
2015	0.488	0.586	0.427	0.425
2016	0.62	0.607	0.637	0.562
2017	0.741	0.682	0.697	0.622
2018	0.804	0.732	0.765	0.69
2019	0.837	0.663	0.739	0.664

总体来说，在环境保护方面，上海节能减排力度最大，环保类投入也最多，成效最为显著。江苏排名第二，但环保类支出下降幅度过大，践行绿色发展还需久久为功。浙江和安徽在2018年表现出现反转，尽管浙江总体表现仍优于安徽，但其环保投入下降过快，绿色产出效率甚至不如安徽，若不改变现状，未来可能被安徽实现反超。

6. 长三角三省一市政府治理绩效综合比较

上海在经济发展、产业升级、基础设施建设、生态环保四个子维度中取得第一，公共服务方面被浙江超越，位居长三角第二；江苏在公共服务方面位居长三角第三，其余四个子维度全部排名第二；浙江在公共服务维度排名第一，其他四个维度全部排名第三；安徽在五个维度中排名全部垫底。从总体水平来看，2011—2018年长三角三省一市处于上升区间，上海由于基础雄厚，上升趋势较缓，江、浙两省齐头并进，发展水平、增速都相差不远，安徽基础最弱，但发展步伐并没有停止。2018年相对于2011年，三省一市的发展差距大大缩小，未来随着区域一体化的持续推进，沪、苏、浙、皖协调发展的步伐一定会更加坚定。

四、长三角三省一市政府治理协同度的测定

在得出了政府治理绩效相应的评价值的基础上，本研究借鉴鲁继通(2015)、马骁(2019)的做法，对长三角发展政府治理协同度进行测定。以2011年作为基期t_0，则2012年为t_1，以此类推，将上海、江苏、浙江、安徽这三省一市的政府治理绩效视为复合系统，分别用N_1，N_2，N_3，N_4表示。根据复

杂系统协同度模型(式8-6)计算得出上海、江苏、浙江、安徽三省一市从2012—2018年政府治理的总协同度,测量结果省市间两两相关。协同度为正向指标,定义域为[-1,1],当π越接近于1,则说明长三角发展协同度最好,即处于"协同演进"状态,一体化程度最高。反之,当π越接近于-1时,长三角发展协同度最差,即地方政府处于"诸侯经济"中,各自为政。由于篇幅所限,本文仅报告了长三角协同发展总效应的协同度,结果如表8-8所示。

表8-8 长三角三省一市间总效应发展协同度的度量

维度	城市	2012	2013	2014	2015	2016	2017	2018
政府治理协同度	(N_1,N_2)	0.132	-0.035	0.107	0.085	-0.049	0.056	0.147
	(N_1,N_3)	-0.056	-0.019	0.114	-0.050	-0.035	0.079	0.092
	(N_1,N_4)	0.146	-0.020	-0.071	-0.089	-0.070	0.068	0.011
	(N_2,N_3)	-0.036	0.034	0.079	0.037	0.021	0.031	0.262
	(N_2,N_4)	0.096	0.037	-0.049	0.066	-0.043	-0.021	0.024
	(N_3,N_4)	0.040	0.020	-0.053	0.039	0.030	0.014	0.062

表8-8中1,2,3,4分别代表上海,江苏,浙江,安徽。从中可以看到,2012—2018年长三角三省一市政府治理协同性在部分年份出现起伏,但总体来说震荡向上。就2018年来看,江、浙两省协同度最高,达到0.262,从前文可知,江苏、浙江两省在各个子维度方面都表现相近;协同度排在第二的是上海市和江苏省,为0.147;第三的是上海、浙江,协同度为0.092。近年来,沪、苏、浙两省一市为了持续加强三地自贸试验区的沟通联络、协调配合,提高合作水平,进行了一系列积极探索,在产业发展、科技创新、金融服务、对外投资合作、信息数据互联互通、政务服务一体化、开展交流学习等八个方面加速推出战略合作协议。相比之下,安徽目前融入长三角的程度较低,与沪苏浙之间的协同度为0.011、0.024、0.062,江苏和浙江以及上海间缔结的合作协议远多于安徽参与的协议数量,因此,安徽还需进一步提高长三角政府间治理合作的参与度。

最后,虽然各省市之间政府治理协同度在2016年以后均呈现正值,即三省一市发展出现了协同效应。但在2018年,除了江苏、浙江之间的协同度突破了0.2,其他省市之间协同度均在0.2以下,说明当前长三角协同度仍然不强。随着2019年《长江三角洲区域一体化发展规划纲要》的出台,各省(市)政府治理合力会不断加大,在不同领域纵向延伸,往区域高度一体化迈进。

第二节 长三角区域政府治理绩效考核
制度的变迁与问题

绩效考核是对政府治理成果的检验,目前长三角区域经济协调发展的协同度依然不高,有必要回顾长三角区域经济协调发展中政府治理绩效考核的变化过程,发现问题并找出原因,以期形成构建政府绩效考核机制的思路。

一、长三角政府绩效考核制度的变迁

"绩效"最早用于社会经济管理层面,后来运用到人力资源管理方面。意指成绩、成效,含有成绩和效益的含义。政府在社会经济管理活动中的结果、业绩、效率我们可以把它称作政府绩效,反映出政府在行使其功能、实现其意志过程中的管理能力。国内外关于政府绩效评估内涵主要体现在两个方面:一是作为政府内部改革举措,体现了放松规制和市场化的改革取向,是一种以结果为本的控制,这也是政府绩效评估的功能目标所在;二是作为改善政府部门与公众的关系、提升公众对政府部门的信任的措施,体现了发展政府责任机制和服务至上的管理理念;三是体现市场化的改革取向,政府绩效评估要能体现政府部门应具备的职能,因此,政府绩效评估的内涵还必然包含政府角色重塑和职能界定的内容。20世纪70年代以后,在政府改革过程中出现了用企业家精神重塑政府的潮流,强调政府行政的效率和效果,绩效评估作为一项政治活动蓬勃开展起来。根据经合组织(OECD)的统计,20世纪90年代以来,政府绩效评估在英国、荷兰、加拿大、新西兰、德国和法国等国家得到了广泛的应用;亚太地区各国政府也正在迅速引进西方的绩效评估工具、方法和制度。

长三角地区地方政绩考核制度的变迁经历了三个阶段:第一阶段是目标责任制。随着改革开放的推进,我国考核以提升绩效为衡量标准,虽然当时并未引入政府绩效管理科学的理念,但从实践来看已经悄然展开。1982年,我国进行了第一次大规模政府机构改革,力求改变机构庞大、人浮于事的局面,通过精简机构和编制从而提高行政效率。将政府的工作任务和岗位具体

职责层层分解为具体责任目标,再由职能部门和领导组织实施和考核,对机关工作人员行为标准、工作态度和工作效率都产生积极影响,但考核的重点仍然关注的是 GDP、财政状况和招商引资情况等;第二阶段是绩效管理的探索与深化阶段。主要在 20 世纪 90 年代中期以后,政府在目标责任制的基础上,强调政府的效能建设。关注政府治理在社会层面的影响,比较重视和吸纳社会公众意见,管理方面具有更强的开放性。紧接着政府绩效管理更加规范化,形成"政府本位"与"社会本位"共同推进的评估模式;第三阶段是综合绩效管理,是十八大之后,以 GDP 为主的政绩考核转变为综合政绩考核。2012 年,党的十八大报告中明确提出要"创新行政管理方式,提高政府公信力和执行力,推进政府绩效管理";2013 年 6 月 28 日,习近平总书记在全国组织工作会议上强调"把民生改善、社会进步、生态效益等指标和实绩作为重要考核内容,再也不能简单以国内生产总值增长率来论英雄了"[①]。对政府绩效展开评估的相关机构逐步在长三角地区建立起来,改变以往单纯地以经济绩效考核为中心,展开综合考评,关注更多的地区均衡发展;开始反思与审视公众满意度等主观指标与政府绩效客观指标之间的内在关系。

2013 年中共中央组织部印发《关于改进地方党政领导班子和领导干部政绩考核工作的通知》,要义在于强调考核政绩要突出科学发展的导向,不能仅仅将地区生产总值及增长率视为考核评价政绩的主要指标,不能热衷于搞地区生产总值及其增长率的排名,对限制开发区域不再考核地区生产总值;强化约束性指标的考核,加大环境保护、资源消耗、安全生产和消化产能过剩等方面指标的权重;更加重视科技创新、劳动就业、社会保障、居民收入、教育文化及人民健康状况等方面指标的考核[②];2018 年 10 月,中共中央办公厅印发的《关于统筹规范督查检查考核工作的通知》再次重申规范考核工作。2019 年 3 月 11 日,中共中央办公厅又印发了《关于解决形式主义突出问题为基层减负的通知》,要求各地针对考核中存在的问题,解决形式主义,减轻基层地方政府和部门的负担与压力。

[①] 十八届三中全会公报明确指出"完善发展成果考核评价体系,纠正单纯以经济增长速度评定政绩的偏向"。
[②] 宋小宁 佟健:《"懒政"、综合政绩考核与政府机构改革》,载《经济社会体制比较》,2019 年第 2 期,第 127-133 页。

二、现有政府绩效考核制度的问题

地方政府绩效考核是我国政府治理重要的衡量工具。但是，绩效考核的考核名目众多、频率过高、多头考核，表象化、无序化、多头化现象仍然存在。究其原因，绩效考核作为一种非正式的制度安排，存在很多非理性因素，这样不仅地方政府苦不堪言，而且诱发了地方政府的非规范性行为，包括问责失序、责任转移、激励扭曲等等。

第一，过分强调经济增长。政府在 GDP 增长导向下关注的焦点在于，政府在既定时期内上了多少项目、建立了多少产业园区、经济增长速度几何，这种指标较为简单，这种考核体制必然导致地方政府官员更加注重本地的资源优化配置，实行地方保护主义，妨碍了要素资源的跨区域自由有序流动；更为严重的是，造成区域内重复建设严重、地方政府间的恶性竞争，影响地方政府间关系，成为区域经济协调发展的障碍之一。过分强调经济增长、对经济活动过分干预会导致政府职能的越位和缺位。若政府在经济发展过程中弱化市场作用，甚至以政府行为替代市场作用的话，区域协调发展的难度将会加大。而政府行为本身往往缺乏相应的约束，如产权约束、责任约束和预算约束等，个体理性往往导致大区域集体的不理性。与此同时，过分强调经济增长往往忽视政府在公共管理和社会服务上的职能，忽视民生和区域长期发展的各项工作。片面追求发展速度，经济增长方式难以持续。我国自改革开放以来，GDP 高速增长的背后代价是资源环境受到了破坏，经济发展依赖高投入、高污染、高耗能。改革初期，长三角地区拥有廉价的劳动力和相对富庶的自然资源，发展外向型经济，实现了经济的快速增长。耗费了较多的自然资源，为西方发达国家生产商品，在国际利益分配上毫无主动权和发言权，成为其他国家的"商品加工工厂"，这与初期政府的短视行为是分不开的。在政绩导向下政府鼓励和扶持短期产生高经济效益的生产经营项目，忽视了生态和环境保护问题；另外，由于缺乏前期调研和长远规划，政府耗费巨大财力投入基建项目致使各地重复建设，资源浪费严重。

第二，对经济发展质量关注不够。政府过多地重视经济职能，忽视了其他职能。经济的发展需要完善其自组织，即与其他职能协调匹配。因为，伴随着经济发展，很多社会问题不断出现，如社会收入差距，适当的收入差异能够起到有效的激励作用，但收入差距过大则意味着大量的低收入群体承受着改革的成本。在经济高速增长的同时,公共产品供给不足,社会保障覆盖面仍然过低,还有很多人处于贫困的状态,社会阶层分化,且难以形成共识,利益冲突会加剧,从而阻碍改革的进程和经济社会发展。除了区域经济增长之外,区域经济发展不容忽视的是基础设施、医疗卫生、文化教育。"要致富,先修路",区域之间的交通便利,才有利于区域经济协调发展的进行,医疗卫生和文化发展好的区域更容易吸引人的集聚,而人的集聚有利于更好地进行生产和消费;同样地,社会保障和社会福利也应该是地方政府关注的重点,人类社会发展至今,一直关心的问题是人的生存与发展,以及如何更好地生存和发展,换言之,基本公共服务的提供需要加强并且能够在更大的空间范围内均等化,让人们享受经济发展的成果。而实际上在区域经济发展过程中,对经济发展的质量关注不够,"高质量"发展、经济、产业结构的转型升级,成为时代发展的主题,更应融入区域协调发展的过程中去,随着长三角区域经济一体化高质量发展的提出,对政府绩效的考核更应关注经济发展质量。

第三,行为短视,缺乏全局意识。所谓的"短视行为"指的是过去地方政府单纯地以GDP为考核重点,唯GDP论,忽略了资源保护和生态环境问题。区域协调发展不仅要长远规划,坚持走生产发展、生活富裕、生态良好的文明发展道路,既保证当代发展的需要,又不影响子孙后代的永续发展。但在一些地方,官本位、行政等级观念根深蒂固,画地为牢、以邻为壑、各自为政的传统观念作祟,地方政府作为独立的主体从自身利益出发,狭隘的排斥其他地区争夺资源,忽视考虑合作共赢、相互依存、互为补充,难以在主观上形成共识,成为区域经济协调发展的障碍。

第四,缺乏考核区域经济协调发展政府治理的指标体系。当前政府绩效考核指标主要是针对本辖区经济、社会、文化、环境等方面,并没有专门针对区域经济协调发展政府治理的考核。虽然从长三角三省一市层面看,确实有推动一体化发展的举措,但考核指标的缺失,使得政府难以检验区域经济协调发展治理的效果,也难以了解推动区域经济协调发展治理中成效与不足,进而影响长三角区域一体化发展的进程。

三、政府绩效考核问题的原因分析

政府绩效考核缺陷的形成有以下几点原因:一是传统官本位的政治文化的影响。制度和文化对区域经济发展有重要的影响,影响着人们互相交流的行为准则，牵涉到社会、政治以及经济行为。文化是一种非正式制度，有一定的地域性和持久生命力，包括价值观念、风俗习惯、伦理道德和意识形态等，影响人们的认知、判断和决策。"官本位"并非是一个严格的、明确的概念，俗语为"以官为本"，以官为尊，在中国有着长达两千年之久官僚政治历史背景下，"官本位"确实有着深厚的历史文化根基和广泛的社会生活土壤。王亚南先生认为，典型的"官僚政治"是一种社会体制，不是指建立在政务与事务分开基础上的技术层面的文官制，而是从社会性意义上来理解的一种政治体制，"在该种政治下，'政府的权力全被握于官僚手中，官僚有权侵占夺取普通公民的自由'，官僚把政府措施看作为图谋自己利益的勾当"。结果就是官员所享之特权遂变为人们普遍羡慕和嫉妒的对象，官员的权力更加变为人们热衷崇拜和攀附的目标，官员行政的级别及其官僚主义作风也被强制性地复制推广，变为人们竞相仿效和践行的类比参照的标准。二是政治资源占有不对称的阻碍。长三角三省一市从省域层面来看，上海由于地理位置和历史基础，很早地接受了世界经济社会发展的成果，也享受了国家政策层面的优待，发展条件优越，而安徽由于处于内陆地带，加上经济基础薄弱，故而享有的行政资源相对较少。从市域层面来看，在同一省级行政区内，中心城市尤其是省会城市如南京、杭州、合肥更容易享受省内政治资源的优待，而边缘地区则较少，因此以同一标准进行绩效考核难免出现偏差。三是政府行政模式转型的制约。随着政府治理的转型，每个地方政府面临各自特有的经济社会发展状况，关注的重点也各有不同。有些地方政府更加注重经济转型与生态保护，但有些地方政府由于经济发展水平不高，更加关注贫困的消减，故而区域一致的政府绩效考核方式应该做出调整。

第三节　长三角区域经济协调发展中政府构建绩效考核机制的路径

　　长三角三省一市虽然出现协同效应，但相互之间协同度仍然不高。受限于经济协调发展政府治理考核指标的选取与论证，并未完全测算出长三角区域经济协调发展中政府治理的水平：一方面在于经济协调发展政府治理的指标涉及市场机制、利益协调机制、合作机制、空间组织机制等方面，除市场机

第八章
长三角区域经济协调发展中政府构建绩效考核机制分析

制可以用市场化指数衡量外,其他机制的量化指标还有待进一步探索。而完善经济协调发展,政府治理的绩效考核指标体系只是第一步,真正使考核指标发挥作用,还需健全考核机制的制度保障,包括重新定位长三角区域政府功能,完善政府绩效考核的顶层设计,健全多元化评估主体以及绩效考核的奖惩机制,探索构建区域经济协调发展政府治理绩效考核的指标体系等。

一、政府功能的重新定位

新公共管理理论要面对的问题是如何科学地对政府职能进行重新定位。三省一市及地方政府对自身功能进行重新定位是实现长三角区域经济协调发展的前提基础。首先需要积极促进长三角市场机制的有效发挥。因为市场机制的有效发挥会促使长三角区域内各行业主体、企业主体更好地融入长三角一体化进程中,互通有无,互惠互利,减少争端和摩擦,从而为形成长三角企业集群、产业集群增添活力。因此政府需要制定相应的政策法规,引导长三角市场主体展开广泛的竞争与合作,从而有效避免过去的各自为战;各级政府需要处理好投资项目与环境的关系,提升产业链思维能力和规划能力,创建技术研发平台,进行组织创新与制度创新,着力推进生产性服务业的发展,为产业和企业的创新提供必需的支持系统,发挥区域内行业协会的作用,发展的一切是为了造福长三角地区的人民。其次,在长三角一体化进程中,政府功能重构离不开明确原则和方向。遵循一体化发展统筹的内在规律要求,政府间打破行政壁垒,加强互联互通,构建与长三角一体化相适应的服务体制与运行机制。再次,避免行政垄断。政府考核的指向应该是促进长三角区域经济协调发展和一体化发展,故而需要突破地方政府"唯利益论",因为其对各自利益的追逐,往往是产生地区壁垒和行政垄断的原因。最后,需要有"整体政府"观。"整体政府"是西方国家继新公共管理改革之后的新一轮改革成果,强调政府组织之间通过联合、协调及跨界的形式来实现功能整合,克服公共组织兼容过程中的摩擦[①]。长三角区域经济协调发展需要地方政府有更广阔、更高的视野和眼光,系统审视区域内和区域间资源,科学合理分工,科学定位,有序协作,有效避免过去的"利益优先,各自为政",这样才能

---

① 曹宇明:《政府功能的协调与整合:行政垄断改革必由之路》,载《广西民族大学学报(哲学社会科学版)》,2011年第2期,第149—152页。

形成长三角区域经济协调发展的长效机制。

二、完善政府绩效考核体系的顶层设计

长三角地方政府要实现可持续的经济协调发展,其重要途径之一就是完善长三角地区政府绩效考核体系,不能唯 GDP 论,而是制定多元化的考核目标。一是采用更为科学合理的经济发展指标来进行考核。以 GDP 作为衡量指标只是体现了产出,并不能说明投入,因此具有片面性。故而在考虑 GDP 增长率衡量经济增长时,还需兼顾投入成本,能源消耗以及投资支出等因素,结合当前长三角高质量一体化要求,新的指标体系还需关注经济发展质量的考察。如长三角地区各地方制造业中先进制造业占比,服务行业中高级服务业占比等。二是将自主创新能力作为一个重要的考核指标,经济的转型升级需要技术进步,必然依靠各地区的自主创新能力,而各地区的知识和人才水平是关键,故而将各地区的教育投入、人才政策纳入考核的指标体系中,各地区专利数量、科研院所以及地区研发投入等也需兼顾。三是考虑各地区居民的生活质量。经济发展的成果并不只是体现在 GDP 的增长上,还要考虑基础设施投入、社会保障水平、医疗水平、区域环境指标、居民人均收入等考核指标,随着人民收入水平的不断提高,社会保障相应地也要不断完善。全体社会成员要共享经济发展的丰硕成果,使社会成员幸福感增强,这才表明政府从盲目追求经济增长的偏执中走出来了,回到人类社会发展的终极目标——生存及更好的生存和发展。这样的地区也更容易吸引优秀人才的流入,因为这里有好的生活环境和创业环境。四是注重考核的个体差异,鼓励竞争合作。不同区域政府治理具有不同的经济、政治、文化、历史基础,长三角地区以往的经济发展体现了这一点,不管是上海模式、江苏模式还是浙江模式,都体现了政府的不同治理方式,这种差异将在相当长的时间内存续,因此进行政府绩效考核时,考察指标应有所差异。与此同时,更应考虑的是地方政府间的合作。近年来,由于政府间竞争性的关系,在推进深度一体化方面还有不少障碍,应该强调竞争合作,即良性竞争,通过产业集聚和功能区分布来整合优化资源,避免重复建设和盲目投资,只有区域一体化进程顺利,协调发展的模式才能有序进行,从而形成良性循环。

三、健全多元化的绩效评估主体

长三角地区建设服务型政府,需要完善长效考察和监督机制。新公共治理理论强调在公共行政过程中的多主体参与,地方政府考核的实施不能仅仅依赖于上级部门,因此地方政府官员在其任期内的考核会直接跟他的任免与升迁有关,那么在任期内其行为方向是对上级负责的,也存在任期内行政方向和指令的短视行为,影响到政府治理的效果。绝大多数官员的执政理念是为官一任造福一方,那么就需要其所服务区域内的多方主体对其进行监督和评价。因此,对政府治理绩效的评估主体应有以下几个:一是上级政府和上级职能部门,主要负责对市政干部的评价考核,对照长三角区域经济协调发展的规划要求,逐条逐点考察市政干部的行为举措及效果。二是区域间政府之间的相互考核。长三角区域经济协调发展,地方政府之间和地方官员之间是否对各自协调的方案、举措实施满意,这也是衡量是否协调发展的一个重要方面,"协调"和"一体化"不仅仅是喊喊口号,而是要有实实在在的行为,地方政府施政时是否侵害其他地区的利益,是否存在地方优先行为,是否协调不作为,只有区域间政府最清楚。三是区域内行业和企业主体对政府绩效的考核。在长三角区域经济协调发展进程中,对于区域内的行业和企业来说,他们是否因此而受益,与其他地区竞争合作的障碍是否减少了,行业、企业行为是否有规范的法律保护和政府政策的支持,这些都是政府治理效果的体现。四是区域内各行各业的公民主体。政府治理涉及经济、社会、环境、生态等方面,而在长三角区域内的公民是最能见证政府治理效果的,也是最有评价资格的,居民收入水平是否能够提高,生活条件是否改善,教育医疗水平是否提高,所处的社会环境是否优化,这都能够体现政府治理水平。尽管公民主体评价具有一定的主观性,并不一定具有评价政府治理的长远眼光,但是人民群众是经济社会发展的创造者、见证者,也是经济社会发展成果的享有者。因此,只有综合上级政府、区际政府、企业主体、人民主体,才能对政府治理的效果做出全面的评价(图8-1)。

四、健全绩效考核的奖惩机制

绩效考核不是目的,而是一种手段。只有完善的考核体制机制才能够有

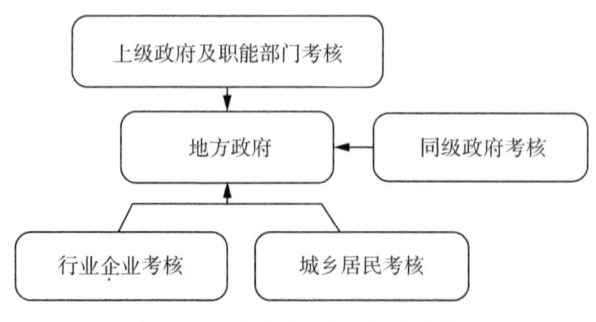

```
        ┌─────────────────────────┐
        │  上级政府及职能部门考核  │
        └───────────┬─────────────┘
                    ↓
        ┌──────────────────┐      ┌──────────────┐
        │    地方政府      │←─────│ 同级政府考核 │
        └──┬───────────┬───┘      └──────────────┘
           ↑           ↑
    ┌──────────┐  ┌──────────────┐
    │行业企业考核│  │城乡居民考核│
    └──────────┘  └──────────────┘
```

图 8-1　政府治理多元评估主体

效地激励政府治理,使其具有明确的方向和动力。因此,需要针对考核的指标制定相应的奖惩机制。首先,考虑到各级政府经济社会发展基础的不同以及治理的难易程度不同,应该合理划分考核片区和标准,以及政府治理的重点考核方向。如有些地区脱贫攻坚是首要任务,那么考核应该侧重其扶贫的效果,使得多少贫困人口脱贫致富;对于完成好的地区,地方政府应给予一定的政策优惠,相应的政府官员应给予相应的优待;相反对于完成差的地区,地方政府应分析其原因,若确实因为地方政府不作为,或者作为不当,那么应对相应的官员给定责任期,若还不能有实质性进步,则对他们做降级处理,形成一些倒逼机制。如浙江缙云县 2020 年项目推进点评会给舒宁医院迁建项目专人专班攻坚组、水利局水政科颁发第四批"蜗牛奖",通过鞭打"慢牛""蜗牛",倒逼单位、干部改变工作作风,推进各项工作高质量、高效率完成。其次,奖励和惩罚措施要形成规范性、一致性的制度文件。如上文所述目标不同,考核的方式应有差异,奖励和惩罚措施也应有所不同。"不以规矩,难成方圆",规范性的奖惩制度文件将有利于促成政府治理目标的实现,政府治理效率的提高,也会淘汰一些在政府治理中无作为和少作为的地方政府官员,甚至是一些"吃空饷"的职能部门,只有如此形成一种"创新者敢为,提供舞台""低能者要为,有能者给予空间""无能者淘汰,走马换人"的政府治理环境。一致性的制度文件也尤为必要。自 2020 年 6 月 6 日长三角区域污染防治协作小组会议召开以来,2020 年 8 月,三省一市陆续发布《生态环境行政处罚裁量基准规定》,几乎实施同样的执法标准,那是因为生态行政处罚表面上是钱的问题,实则是公平问题,对于同一案件,如果采取不同的惩罚措施,直接会影响到企业的落户。再次,还需要强化奖惩手段的执行力度和灵活性。奖惩性制度文件不能只是一纸空文,而是需要真正落到实处,故而强化执行是非常必要的,当然奖惩制度本身应有合理的弹性,如环境生态治理不是一朝一夕的事情,短期内没有达到预定治理目标,不可苛之过严,责之过重。应给予相应的过渡期或整改时间,若仍然不能改善,再采取相应的惩罚手段和措施。

五、探索构建经济协调发展政府治理绩效考核的指标体系

在以往的研究中,对区域经济发展协调程度有经济发展的相对差距、基本公共服务水平差距、人均收入水平差距以及人与自然关系的和谐程度等方面的考量。也有学者认为,需要采用多元化的评价标准来判断是否协调(张晓青,2015),如各地区优势是否充分发挥、经济与环境是否实现耦合、人均收入差距是否保持在合理区间、国民经济是否实现空间均衡等。王继源(2019)在构建区域协调发展的指标体系时考虑到了经济发展、公共服务、基础设施、人民生活、科技创新、生态环保等6个方面,姚鹏、叶振宇(2019)也是综合考虑区域发展差距、区域一体化水平、城乡的协调发展、社会的协调发展、资源与环境的协调发展等方面,遵循五大新发展理念,构建了中国区域协调发展评价指标体系。问题是以上研究侧重于经济协调发展程度的考察,对政府治理水平关注不足。而关于政府治理,包国宪等(2010)构建了社会价值建构、组织管理、政府战略、政府绩效治理部门与系统领导等五大体系指标[①];石珠明(2020)则选择政治治理、经济治理、社会治理、文化治理和环境治理五个方面。仅仅单一考察区域经济协调发展程度或政府治理水平,区域经济协调发展的政府治理绩效难以做到全面公平客观的评价。

因此,本书尝试作一定的理论探索。除经济发展、科技创新、基础设施、生态环保、公共服务五个维度的考量外,区域经济协调发展中政府治理的绩效考核指标体系还应考虑市场机制、利益协调机制、合作机制、空间组织机制等方面。第一,市场机制。樊纲等(2003)运用主成分分析法从政府与市场的关系、非国有经济的发展、产品市场的发育程度、要素市场的发育程度、市场中介组织发育和法律制度环境等方面计算得出一个市场化指数,可以衡量市场机制的成熟度。第二,利益协调机制。既要考虑关于利益协调政策文件的

---

① 包国宪　周云飞:《中国政府绩效评价:回顾与展望》,载《科学学与科学技术管理》,2010年第7期,第105-111页。

制定和执行情况，还需要综合权衡区域整体利益和各地方政府利益协调程度，可以通过测算长三角地区五大维度的整体治理效果，并分别测算三省一市各自的贡献度；还可以进一步地细分单一维度单独测算。第三，合作机制。一方面可以从政府、行业组织、企业主体等合作的方式、范围（可引入虚拟变量）以及数量的变化来评价，另一方面可以计算合作项目成果对三省一市各自经济产出的贡献。第四，空间组织机制。可以结合主体功能区、城市群、经济带、空间关联与绿色发展状况测算空间组织机制的效果，也可以量化长三角一体化发展规范纲要中的进度完成状况。由此，区域经济协调发展政府治理绩效考核指标可以归纳为两大类：一是过程指标，体现为市场机制、利益协调机制、合作机制和空间组织机制等方面构建和完善的评价；二是结果指标，体现为经济发展、科技创新、基础设施、生态环保、公共服务等方面的评价。对于可以量化的指标，可用主成分分析法或者熵权法进行综合测度，不可以量化的指标可采取专家打分法进行度量。当然，考核指标不是一成不变的，还需根据区域内外部环境、国家区域战略的变化及时作动态调整，这有待于进一步探索研究。

第九章

建议与展望

第九章

建议与展望

本书对长三角区域经济协调发展中的政府治理机制进行了深入系统研究。首先,运用文献分析法对区域经济协调发展、政府治理以及区域经济协调发展中的政府治理相关研究进行了整理,在此基础上,运用归纳和演绎的方法,将区域经济协调发展和政府治理的代表性理论进行系统梳理,尤其是对党和国家领导人关于区域经济协调发展的思想进行了论述。其次,对长三角地区区域经济协调发展的历史进程以及当前国家关于长三角区域经济一体化高质量发展的介绍,更加突出完善长三角区域经济协调发展政府治理的重要性,并提出市场机制不够完善、利益协调机制不够全面、合作机制不够通畅、空间组织有待优化以及考核机制有待构建等问题。最后从完善市场机制、健全利益协调机制、强化合作机制、优化空间组织机制以及构建绩效考核机制分别提出相应对策。

第一,从促进市场机制完善来看,长三角地方政府一是要建立区域统一市场,确保区域市场主体依法享有公平公正的市场地位;二是要推动区域市场全面开放,打破行政壁垒,为资源的跨区域流动和整合创造条件;三是要推进微观主体跨区域发展,充分发挥企业促进区域经济协调发展的积极作用;四是推动市场机制与政府调控的结合。

第二,从健全利益协调机制来看,当前长三角区域存在整体利益和局部利益的冲突,主要表现在经济利益上,各地区产业的淘汰和升级、区域发展模式与市场结构的不同、要素资源与市场的有限性、基础设施与环境的跨区域治理等方面。现有利益协调的模式仍然存在一些缺陷,应围绕利益表达、利益分配、利益共享与补偿以及利益保障等方面加强顶层设计,明确利益协调的重点和方向,实现利益协调机制的联动,加强利益协调的信息化数字化创新。

第三,从强化合作机制来看,明确区域分工是基础,长三角地区的互动合作,需要政府部门的政策诱导,需要发挥各主体的积极主动性,需要构建多层次、多样化区域合作体系:一是加强长三角地区企业合作,二是加强区域间政府的合作,三是区域行业组织的合作。良性的区域合作离不开政府的宏观调控以及相应的政策支持,在政府的协调作用下,可以促进区域经济协调发展朝着健康有序的方向进行。如何实现长三角地区整体利益的最大化,政府需要首先抛弃传统的"条块思维",转变政府职能,遵循市场经济发展规律,加强制度建设,在制度层面形成激励和约束机制,使政府更好地保障要素自由流动,推进区域协调发展的合作。

第四，从优化空间组织机制来看，长三角地区地方政府需要围绕"一体化"和"高质量"目标，厘清"一体化为主要路径"与"高质量为根本目标"的相互关系。长三角各省市需要明确空间合理定位，三省一市需要树立"区域一体化"意识和"区域一盘棋"思想，理清和明晰各自的角色功能定位，进一步推动长三角高质量一体化发展。发挥上海龙头带动辐射作用，苏、浙、皖各扬所长。合理规划空间开发次序，完善空间合作协调机制，并实施长三角区域内的差别化空间功能区分布。

第五，从构建绩效考核机制来看，长三角区域经济协调发展首先需要三省一市及地方政府重新定位自身功能，积极促进长三角市场机制的有效发挥，制定相应的政策法规，引导长三角市场主体展开广泛的竞争与合作，从而有效避免过去的各自为战；各级政府还需要处理好投资项目与环境的关系，提升产业链思维能力和规划能力，搭建共性技术研发平台，进行组织创新与制度创新，着力推进生产性服务业的发展；完善政府绩效考核体系的顶层设计，健全多元化的绩效评估主体，健全绩效考核的奖惩机制。

本研究仍存在一些不足之处，未来还可以在以下几方面做进一步研究：

第一，本书主题是长三角区域经济协调发展中的政府治理机制研究，当前长三角区域经济一体化高质量发展已经成为国家战略，长三角地区政府正在加速促进发展中的经济、社会、环境生态、文化治理的协调，故而进一步研究长三角区域一体化中政府治理机制的问题具有一定的现实意义和必要性，也可以运用本文的理论和研究方法展开对我国其他经济圈如珠三角、京津冀等地区的类似研究。

第二，研究的区域为长三角地区，多数篇幅聚焦于省域层面的政府治理机制，对市域和县域层面的研究相对较少，进一步完善市域和县域的研究意义重大，尤其是涉及两省、两市和两县交界的地域，研究协调问题更加具有现实意义，这就要求有更多的更贴近实际的调研资料和政府协调治理细节的掌握，故而加强对以上区域的实地调研和访谈是非常重要的，便于掌握第一手资料。

第三，从研究方法来看，虽然分别对区域经济协调发展中政府促进市场机制完善的必要性以及长三角三省一市的政府治理绩效考核进行了实证研究。但问题在于：一是实证方法层次不够高级，还可进一步运用反事实法研究区域协调治理政策分别对长三角地区经济、社会、环境、文明发展的影响，以及综合影响；二是缺少相应的案例研究，可以基于政府治理的现实案例对长三角区域经济协调发展政府治理的成功经验以及失败教训进行总结,这将在今后的研究中进一步展开。

第四,分析长三角区域经济协调发展中的政府治理涉及经济学、政治学、协同学等学科视角,但仅仅是这几个学科是远远不够的,还需要运用其他学科的研究方法,如经济地理学、新经济地理学可以研究区域协调发展的政府治理的历史基础;如通过法学视角可以研究法律制度对区域经济协调发展政府治理的效率影响等。

参考文献

一、著作类

1. 《马克思恩格斯选集》第1卷,北京:人民出版社,1995年版。
2. 《马克思恩格斯选集》第2卷,北京:人民出版社,1995年版。
3. 《列宁全集》第23卷,北京:人民出版社,1990年版。
4. 《列宁全集》第27卷,北京:人民出版社,1990年版。
5. 《毛泽东文集》第七卷,北京:人民出版社,1999年版。
6. 《邓小平文选》第二卷,北京:人民出版社,1994年版。
7. 《邓小平文选》第三卷,北京:人民出版社,1993年版。
8. 《江泽民文选》第三卷,北京:人民出版社,2006年版。
9. 《胡锦涛文选》第二卷,北京:人民出版社,2016年版。
10. 《习近平谈治国理政》第二卷,北京:外文出版社,2017年版。
11. 包健:《区域经济协调发展中的政府作用》,北京:经济科学出版社,2009年版。
12. 陈栋生:《东中西协调互动论》,北京:经济科学出版社,2008年版。
13. 陈家刚:《协商民主与国家治理》,北京:中央编译出版社,2014年版。
14. 陈瑞莲:《区域公共管理导论》,北京:中国社会科学出版社,2006年版。
15. 董克用:《公共治理与制度创新》,北京:中国人民大学出版社,2004年版。
16. 范恒山 孙久文 陈宣庆:《中国区域协调发展研究》,北京:商务印书馆,2012年版。
17. 高汝熹 吴晓隽 车春鹏:《2007中国都市圈评价报告》,上海:上海人民出版社,2008年版。
18. 顾丽梅 陶东明:《政策创新与政府治理》,上海:复旦大学出版社,2009年版。
19. 郭岚:《中国区域差异与区域经济协调发展研究》,成都:巴蜀书社,2008年版。
20. 何渊:《中国特色的区域法制协调机制研究》,上海:上海人民出版社,2010年版。
21. 何增科 陈雪莲:《政府治理》,北京:中央编译出版社,2015年版。
22. 洪银兴 刘志彪:《长江三角洲地区经济发展的模式和机制》,北京:清华大学出版社,2003年版。

23. 胡军　覃成林:《中国区域协调发展机制体系研究》,北京:中国社会科学出版社,2014年版。

24. 胡雅龙:《世界第六大城市群——长江三角洲城市群崛起之路》,上海:上海社会科学院出版社,2010年版。

25. 靖学青:《长江三角洲地区城市化与城市体系》,上海:文汇出版社,2005年版。

26. 靖学青:《经济增长、结构变动与区域差异——长三角地区实证研究》,上海:学林出版社,2008年版。

27. 李泓冰:《以更高标准推进长三角一体化》,载《人民日报》,2020年7月30日05版。

28. 李晓蕙:《中国区域经济协调发展研究》,北京:知识产权出版社,2009年版。

29. [英]大卫·李嘉图著,周洁译:《政治经济学及赋税原理》,北京:华夏出版社,2013年版。

30. 李明强　贺艳芳:《地方政府治理新论》,武汉:武汉大学出版社,2010年版。

31. 刘洋:《区域协调发展论》,北京:中国市场出版社,2016年版。

32. 刘志彪　等:《长三角区域经济一体化》,北京:中国人民大学出版社,2010年版。

33. 马运瑞:《中国政府治理模式研究》,郑州:郑州大学出版社,2007年版。

34. 毛新雅　李怡:《区域协调发展的理论与实践》,北京:人民出版社,2012年版。

35. 沈荣华　金海龙　张铭:《地方政府治理》,北京:社会科学文献出版社,2006年版。

36. 施雪华:《政府权能理论》,杭州:浙江人民出版社,1998年版。

37. 孙柏瑛:《当代地方治理:面向21世纪的挑战》,北京:中国人民大学出版社,2004年版。

38. 孙海燕:《区域协调发展理论与实证研究》,北京:科学出版社,2008年版。

39. 唐冰开　刘雪峰:《和谐社会视域下的政府治理问题研究》,吉林:吉林大学出版社,2010年版。

40. 唐娟:《政府治理论》,北京:中国社会科学出版社,2006年版。

41. 王强:《政府治理的现代视野》,北京:中国时代经济出版社,2010年版。

42. 王诗宗:《治理理论及其中国适用性》,杭州:浙江大学出版社,2009年版。

43. 谢庆奎　杨宏山:《府际关系的理论与实践》,天津:天津教育出版社,2007年版。

44. 杨冠琼:《政府治理体系创新》,北京:经济管理出版社,2000年版。

45. 俞可平:《治理与善治》,北京:社会科学文献出版社,2000年版。

46. 曾珍香　张培　王欣菲:《基于复杂系统的区域协调发展》,北京:科学出版社,2010年版。

47. 张康之:《公共行政的行动主义》,南京:江苏人民出版社,2014年版。

48. 赵西君　何龙娟　吴殿廷:《统筹区域协调发展的中国模式》,南京:东南大学出版社,2013年版。

49. 钟昌标:《区域协调发展中政府与市场的作用研究》,北京:北京大学出版社,2016年版。

50. 周起业 刘再兴 祝诚 等.《区域经济学》,北京:中国人民大学出版社,1989年版.

51. [英]安东尼·奥格斯著,骆梅英译:《规制:法律形式与经济学理论》,北京:中国人民大学出版社,2008年版。

52. [美]奥斯特罗姆 等:《美国地方政府》,北京:北京大学出版社,2004年版。

53. [美]拜瑞·J·内勒巴夫、亚当·M·布兰登勃格著,王煜全、王煜昆译:《合作竞争》,合肥:安徽人民出版社,2000年版。

54. [美]戴维·奥斯本 彼得·普拉斯特里克著,谭功荣等译:《摒弃官僚制:政府再造的五项战略》,北京:中国人民大学出版社,2002年版。

55. [美]丹尼尔·史普博著,余晖等译:《管制与市场》,上海:上海三联书店、上海人民出版社,1999年版。

56. [瑞典]伯特尔·俄林著,逯宇铎译:《区际贸易与国际贸易》,北京:华夏出版社,2008年版。

57. [美] 斯蒂芬·戈德史密斯著,孙迎春译:《网络化治理:公共部门的新形态》,北京:北京大学出版社,2008年版。

58. [美]凯斯·R·桑斯坦著,李洪雷等译:《权利革命之后:重塑规制国》,北京:中国人民大学出版社,2008年版。

59. [美]科斯 诺斯 威廉姆斯等著,[法]克劳德·梅纳尔编,刘刚等译:《制度、契约与组织——从新制度经济学角度的透视》,北京:经济科学出版社,2003年版。

60. [英]斯蒂芬·P·奥斯本著,包国宪等译:《新公共治理?——公共治理理论和实践方面的新观点》,北京:科学出版社,2016年版。

61. [英]亚当·斯密著,孙善春、李春长译:《国富论》,郑州:河南大学出版社,2020年版。

62. [美]约瑟夫·S·奈、[美]约翰·唐纳胡编,王勇等译:《全球化世界的治理》,北京:世界知识出版社,2003年版。

63. [美]约瑟夫·熊彼特著:《经济发展理论》,北京:商务印书馆,1990年版。

二、论文类

1. 安秀梅 赵大伟:《从政府间分权谈我国社会转型期政府治理模式改革》,载《经济体制改革》,2009年第5期。

2. 白鸽 唐小明:《法治城市建设是城市治理现代化的必然要求》,载《安徽行政学院学报》,2015年第2期。

3. ［英］鲍勃·杰索普：《治理与元治理：必要的反思性、必要的多样性和必要的反讽性》，载《国外理论动态》，2014年第5期。

4. 包国宪　周云飞：《中国政府绩效评价：回顾与展望》，载《科学学与科学技术管理》，2010年第7期。

5. 薄文广　安虎森　李杰：《主体功能区建设与区域协调发展：促进亦或冒进》，载《中国人口·资源与环境》，2011年第10期。

6. 蔡武进：《我国文化治理现代化70年：历程和走向，载《深圳大学学报（人文社会科学版）》，2020年第3期。

7. 曹永森　王飞：《多元主体参与：政府干预式微中的生态治理》，载《求实》，2011年第11期。

8. 曹宇明：《政府功能的协调与整合：行政垄断改革必由之路》，载《广西民族大学学报（哲学社会科学版）》，2011年第2期。

9. 陈栋生：《论区域协调发展》，载《工业技术经济》，2005年第2期。

10. 陈福今：《切实转变政府职能　提升文化治理能力》，载《行政管理改革》，2014年第9期。

11. 陈世生：《资源型区域经济发展中的政府治理：德国鲁尔区的经验及启示》，载《理论导刊》，2014年第1期。

12. 陈国权　李院林：《地方政府创新与强县发展：基于"浙江现象"的研究》，载《浙江大学学报（人文社会科学版）》，2009年第6期。

13. 陈健　郭冠清：《马克思主义区域协调发展思想：从经典理论到中国发展》，载《经济纵横》，2020年第6期。

14. 陈建斌　柴茂：《湖泊流域生态治理政府责任机制建设探究》，载《湘潭大学学报（哲学社会科学版）》，2016年第3期。

15. 陈建军：《长三角区域经济一体化的历史进程与动力结构》，载《学术月刊》，2008年第8期。

16. 陈瑞莲：《欧盟国家的区域协调发展：经验与启示》，载《政治学研究》，2006年第3期。

17. 陈潭　伍小乐：《论马克思廉政观及对国家治理体系现代化的启示》，载《理论学刊》，2015年第11期。

18. 陈雯　杨柳青　张鹏　等：《长三角区域合作类型、障碍和治理路径》，载《城市规划》，2021年第3期。

19. 陈秀山　左言庆：《空间经济研究视角的贸易理论演进——地理政治经济学的分析框架》，载《区域经济评论》，2013年第6期。

20. 陈秀山　杨艳：《我国区域发展战略的演变与区域协调发展的目标选择》，载《教学与研究》，2008年第5期。

21. 陈秀山　杨艳:《区域协调发展:回顾与展望》,载《西南民族大学学报(人文社会科学版)》,2010年第1期。

22. 陈秀山　杨艳:《我国区域发展战略的演变与区域协调发展的目标选择》,载《教学与研究》,2008年第5期。

23. 崔晶:《生态治理中的地方政府协作:自京津冀都市圈观察》,载《改革》,2013年第9期。

24. 董雪兵　李霁霞　池若楠:《习近平关于新时代区域协调发展的重要论述研究》,载《浙江大学学报(人文社会科学版)》,2019年第6期。

25. 董直庆　王林辉　李富强:《政府治理结构和中国经济增长关联性检验:1978—2006》,载《学习与探索》,2009年第4期。

26. 樊纲　王小鲁　张立文等:《中国各地区市场化相对进程报告》,载《经济研究》,2003年第3期。

27. 范恒山:《深入学习实践科学发展观　全面做好促进区域协调发展工作》,载《宏观经济管理》,2008年第11期。

28. 范如国:《复杂网络结构范型下的社会治理协同创新》,载《中国社会科学》,2014年第4期。

29. 傅军:《地方政府治理模式变革与行政文化建设及领导力的关系探究》,载《领导科学》,2015年第32期。

30. 张霄:《威尔逊与古德诺的"政治与行政"思想比较》,载《理论界》,2005年第2期。

31. 顾丽梅:《网络经济与政府治理》,载《国外社会科学》,2002年第3期。

32. 国家发展改革委宏观经济研究院地区所课题组:《21世纪中国区域经济可持续发展研究》,2003年。

33. 郭蕊　麻宝斌:《全球化时代地方政府治理能力分析》,载《长白学刊》,2009年第4期。

34. 黄建洪:《社会治理的价值规约与政府治理创新》,载《马克思主义与现实》,2015年第6期。

35. 胡税根　翁列恩:《构建政府权力规制的公共治理模式》,载《中国社会科学》,2017年第11期。

36. 蒋清海:《区域经济协调发展的若干理论问题》,载《财经问题研究》,1995年第6期。

37. 姜晓萍:《国家治理现代化进程中的社会治理体制创新》,载《中国行政管理》,2014年第2期。

38. 景小勇:《国家文化治理体系及政府在其中的地位与作用》,载《人民论坛》,2014年第14期。

39. 景小勇:《国家文化治理框架下政府与其它主体关系辨析》,载《理论研究》,2016

年第 2 期。

40. 郎玫　史晓姣:《创新持续到创新深化:地方政府治理创新能力构建的关键要素》,载《公共行政评论》,2020 年第 1 期。

41. 李超　安建增:《论我国地方政府治理的模式选择及其对策》,载《陕西理工学院学报(社会科学版)》,2005 年第 1 期。

42. 李兰冰:《中国区域协调发展的逻辑框架与理论解释》,载《经济学动态》,2020 年第 1 期。

43. 李培鑫　张学良:《长三角空间结构特征及空间一体化发展研究》,载《安徽大学学报(哲学社会科学版)》,2019 年第 2 期。

44. 李瑞林　骆华松:《区域经济一体化:内涵、效应与实现途径》,载《经济问题探索》,2007 年第 1 期。

45. 李善同:《"十二五"时期至 2030 年我国经济增长前景展望》,载《经济研究参考》,2010 年第 43 期。

46. 李少惠:《转型期中国政府公共文化治理研究》,载《学术论坛》,2013 年第 1 期。

47. 李涛　刘雪焕:《扩大公民有序政治参与,完善权力监督制约机制》,载《政治学研究》,2008 年第 3 期。

48. 李拓:《制度执行力是治理现代化的关键》,载《国家行政学院学报》,2014 年第 6 期。

49. 李伟杰:《促进社会公平正义与政府治理研究》,载《科学社会主义》,2011 年第 1 期。

50. 梁宇:《走向共同体治理:马克思的国家治理思想及其当代启示》,载《社会主义研究》,2018 年第 1 期。

51. 刘承礼:《经济治理体系和治理能力现代化:政府与市场的双重视角》,载《经济学家》,2015 年第 5 期。

52. 刘庆刚:《区域协调发展与西部开发——现代化进程的新阶段》,载《山东师大学报(社会科学版)》,1996 年第 3 期。

53. 刘再兴:《九十年代中国生产力布局与区域的协调发展》,载《江汉论坛》,1993 年第 2 期。

54. 陆天赞　吴志强　黄亮:《网络关系与空间组织:长三角与美国东北部城市群创新合作关系的比较分析》,载《城市规划学刊》,2016 年第 2 期。

55. 罗许成:《无产阶级专政与马克思主义国家治理理论》,载《浙江学刊》,2009 年第 1 期。

56. 吕勇斌　金照地　付宇:《财政分权、金融分权与地方经济增长的空间关联》,载《财政研究》,2020 年第 1 期。

57. 毛寿龙:《以人为本与政府治理理念》,载《安徽决策咨询》,2004 年第 1 期。

58. 孟庆国　崔萌:《数字政府治理的伦理探寻——基于马克思政治哲学的视角》,载《中国行政管理》,2020年第6期。

59. 彭芬兰　邓集文:《生态治理中的引导型政府职能模式定位》,载《理论导刊》,2016年第2期。

60. 彭荣胜:《区域经济协调发展内涵的新见解》,载《学术交流》,2009年第3期。

61. 彭宅文:《社会保障与社会公平:地方政府治理的视角》,载《中国人民大学学报》,2009年第2期。

62. 覃成林　张华　毛超:《区域经济协调发展:概念辨析、判断标准与评价方法》,载《经济体制改革》,2011年第4期。

63. 覃成林　郑云峰　张华:《我国区域经济协调发展的趋势及特征分析》,载《经济地理》,2013年第1期。

64. 曲展:《国家治理体系构建需要马克思主义的指导》,载《人民论坛》,2017年第1期。

65. 任以胜　陆林　朱道才:《区域协调发展战略下的行政边界研究框架》,载《经济地理》,2019年第3期。

66. 尚虎平:《激励与问责并重的政府考核之路——改革开放四十年来我国政府绩效评估的回顾与反思》,载《中国行政管理》,2018年第8期。

67. 邵发军:《马克思的共同体思想与国家治理现代化研究》,载《社会主义研究》,2016年第5期。

68. 沈承诚:《政府生态治理能力的影响因素分析》,载《社会科学战线》,2011年第7期。

69. 宋小宁　佟健:《"懒政"、综合政绩考核与政府机构改革》,载《经济社会体制比较》,2019年第2期。

70. 孙海燕:《区域协调发展机制构建》,载《经济地理》,2007年第3期。

71. 孙晋　钟原:《我国区域协调发展战略的理论逻辑与法治保障——基于政府和市场的二元视角》,载《江西社会科学》,2019年第4期。

72. [英]鲍勃·索杰普　漆燕:《治理的兴起及其失败的风险:以经济发展为例的论述》,载《国际社会科学杂志(中文版)》,1999年第1期。

73. 唐皇凤:《经济发展方式转变与政府治理模式转型》,载《中州学刊》,2014年第10期。

74. 谭英俊:《地方政府公共事务合作治理能力测评体系构建探究》,载《广东行政学院学报》,2012年第1期。

75. 田扬戈:《论区域经济协调发展》,载《党政干部论坛》,2000年第2期。

76. 陶希东:《经济全球化与中国政府治理理念的创新》,载《商业研究》,2004年第13期。

77. 翁文阳:《府际关系研究的阶段性特征与多维视角》,载《重庆社会科学》,2014年第6期。

78. 王芳　张百慧　杨灵芝　等:《基于大数据应用的政府治理效能评价指标体系构建研究》,载《信息资源管理学报》,2020年第2期。

79. 王海峰:《社会建设与地方政府治理改革》,载《理论与改革》,2013年第3期。

80. 王继源:《我国区域协调发展评价研究》,载《宏观经济管理》,2019年第3期。

81. 王琴梅:《区域协调发展的实现机制——制度创新视角的分析》,载《思想战线》,2008年第2期。

82. 王贤卿　刘园园:《从马克思主义的利益观看当代中国国家治理的价值指向》,载《毛泽东邓小平理论研究》,2015年第12期。

83. 王翔:《马克思主义政权观指导下少数民族地区政府治理环境优化》,载《贵州民族研究》,2017年第8期。

84. 王学荣:《马克思"社会有机体"理论畛域下国家治理现代化再探》,载《理论与现代化》,2016年第1期。

85. 王振亚:《从文化管理到文化治理——文化领域政府治理现代化的逻辑归宿》,载《长安大学学报(社会科学版)》,2014年第4期。

86. 魏后凯:《外商直接投资对中国区域经济增长的影响》,载《经济研究》,2002年第4期。

87. 魏后凯　高春亮:《新时期区域协调发展的内涵和机制》,载《福建论坛(人文社会科学版)》,2011年第10期。

88. 吴殿廷　何龙娟　任春艳:《从可持续发展到协调发展——区域发展观念的新解读》,载《北京师范大学学报(社会科学版)》,2006年第4期。

89. 吴昊　闫涛:《转变经济发展方式与地方政府治理结构改革》,载《社会科学战线》,2010年第5期。

90. 肖金成:《完善区域政策促进区域协调发展的思考和建议》,载《宏观经济研究》,2008年第2期。

91. 肖文涛:《构建和谐社会与地方政府治理模式创新》,载《中国行政管理》,2006年第11期。

92. 解学芳:《文化产业、文化权益与政府规制逻辑:兼论文化治理》,载《毛泽东邓小平理论研究》,2016年第3期。

93. 熊光清:《中国经济新常态下的政府职能转变》,载《哈尔滨工业大学学报(社会科学版)》,2016年第2期。

94. 徐康宁:《区域协调发展的新内涵与新思路》,载《江海学刊》,2014年第2期。

95. 徐鸣:《整体性治理:地方政府市场监管体制改革探析——基于四个地方政府改革的案例研究》,载《学术界》,2015年第12期。

96. 徐婷婷　沈承诚:《论政府生态治理的三重困境:理念差异、利益博弈与技术障碍》,载《江海学刊》,2012年第3期。

97. 颜玉凡　叶南客:《政府视野下公共文化治理的三重使命》,载《浙江社会科学》,2016年第3期。

98. 杨保军:《区域协调发展析论》,载《城市规划》,2004年第5期。

99. 杨柯:《社会组织间自合作的实践困境及策略选择》,载《云南行政学院学报》,2015年第5期。

100. 杨少星:《中国转型时期的社会结构与政府治理模式探析》,载《领导科学》,2009年第35期。

101. 杨雪冬:《走向以基层治理为重点的政府创新——2010年政府创新综述》,载《行政管理改革》,2011年第1期。

102. 姚鹏、叶振宇:《中国区域协调发展指数构建及优化路径分析》,载《财经问题研究》,2019年第9期。

103. 易承志:《大都市社会转型与政府治理协同化——一个分析框架》,载《中国行政管理》,2016年第4期。

104. 易学志:《善治视野下政府治理能力基本要素探析》,载《辽宁行政学院学报》,2009年第4期。

105. 俞可平:《治理和善治引论》,载《马克思主义与现实》,1999年第5期。

106. 俞可平:《中国治理评估框架》,载《经济社会体制比较》,2008年第6期。

107. 余敏江:《论生态治理中的中央与地方政府间利益协调》,载《社会科学》,2011年第9期。

108. 臧乃康:《多中心理论与长三角区域公共治理合作机制》,载《中国行政管理》,2006年第5期。

109. 张佰瑞:《我国区域协调发展度的评价研究》,载《工业技术经济》,2007年第9期。

110. 张超　钟昌标:《中国区域协调发展测度及影响因素分析——基于八大综合经济区视角》,载《华东经济管理》,2020年第6期。

111. 张弘　王有强:《政府治理能力与经济增长间关系的阶段性演变——基于不同收入阶段的跨国实证比较》,载《经济社会体制比较》,2013年第3期。

112. 张庆杰　申兵　汪阳红　等:《推动区域协调发展的管理体制及机制研究》,载《宏观经济研究》,2009年第7期。

113. 张雪:《跨行政区生态治理中地方政府合作动力机制探析》,载《山东社会科学》,2016年第8期。

114. 张学良　林永然:《都市圈建设:新时代区域协调发展的战略选择》,载《改革》,2019年第2期。

115. 赵晖:《借鉴与创新:英美等国绩效管理的启示》,载《云南社会科学》,2008年第1期。

116. 赵永茂:《法国区政府等体制对精省后政府组织变革启发——区域政府对中间机关等理论的分析》,载《理论与政策》,2000年第14期。

117. 周叔莲　魏后凯:《论政府在地区经济协调发展中的作用》,载《特区理论与实践》,1998年第12期。

118. 周天楠:《推进政府治理能力现代化的关键》,载《学习时报》,2013年第12期。

119. 周亚越　俞海山:《邻避冲突、外部性及其政府治理的经济手段研究》,载《浙江社会科学》,2015年第2期。

120. 周业柱　潘琳:《地方政府治理研究评析》,载《学术界》,2015年第11期。

121. 竺乾威:《经济新常态下的政府行为调整》,载《中国行政管理》,2015年第3期。

122. 朱舜:《长三角及其经济腹地城市化空间格局优化的区域治理研究》,载《中国行政管理》,2015年第12期。

123. 左学金　权衡　王红霞:《上海城市空间要素均衡配置的理论与实证》,载《社会科学》,2006年第1期。

124. 李献策:《西部地区县级地方政府治理能力研究》,硕士学位论文,燕山大学,2009年。

125. 石珠明:《地方政府治理能力评价体系研究——以Q县为例》,硕士学位论文,河北大学,2020年。

三、英文类

1. GRAYCAR A,Awareness of Corruption in the Community and Public Service:A Victorian Study,Australian Journal of Public Administration,2014,73(2):71-281.

2. AGRANOFF R and MCGUIRE M,Big Questions in Public Network Management Research,Journal of Public Administration Research and Theory,2001,11(3):295-326.

3. AGRANOFF R and McGuire M,Collaborative Public Management:New Strategies for Local Governments,Washington:Georgetown University Press,2004.

4. AGRANOFF R,Inside Collaborative Networks:Ten Lessons for Public Managers,Public Administration Review,2006,66(s1):56-65.

5. ALTER C and HAGE J,Organizations Working Together Newbury Park,CA:Sage Publications,1993.

6. ANSELL C and GASH A,Collaborative Governance in Theory and Practice,Journal of Public Administration Research and Theory,2008,18(4):543-571.

7. BAILEY MT,Do Physicalists Use Case Studies? Thoughts on Public Administration.Public Administration Review,1992,52(1):47-54.

8. BAINBRIDGE S, The New Corporate Governance in Theory and Practice, New York: Oxford University Press,2008.

9. BALASSA B A, Recent Developments in the Competitiveness of American Industry and Prospects for the Future, New Heaven: Yale University Press,1962.

10. BARDACH E, The Implementation Game: What Happens after a Bill Becomes a Law, Cambridge: MIT Press,1977.

11. BARDACH E, Getting Agencies to Work Together: The Practice and Theory of Managerial Craftsmanship. Brookings Institution Press,1998.

12. BARDACH E, Developmental Dynamics: Interagency Collaboration as an Emergent Phenomenon, Journal of Public Administration Research and Theory,2001,11(2): 149-164.

13. BARDACH E and LESSER C, Accountability in Human Services Collaboratives—for What? and to Whom? Journal of Public Administration Research and Theory,1996,6(2):197-224.

14. BARNES W R and LEDEBUR LC, Local Economies: The U. S. Common Market of Local Economic Regions, Washington: National League of Cities,1994.

15. BERRY F S and BROWER R S, Intergovernmental and Intersectoral Management: Weaving Networking, Contracting out and Management Roles into Third Party Government, Public Performance and Management Review,2005,2(1):7-17.

16. BISH R L and OSTROM V, Understanding Urban Government: Metropolitan Reform Reconsidered, Washington, DC: American Enterprise Institute for Public Policy Research,1973.

17. BOLLAND JM and WILSON JV, Three Faces of Integrative Coordination: A Model of Interorganizational Relations in Community-based Health and Human Services, Health Services Research,1994,29(3):341-366.

18. BOVAIRD T and LOFFLER E, Moving from Excellence Models of Local Service Delivery to Benchmarking of Good Local Governance, International Review of Administrative Sciences,2002,68(1):9-24.

19. BOVAIRD T and RUSSELL K, Civil Service Reform in the UK,1999—2005: Revolutionary Failure or Evolutionary Success? Public Administration,2007,85(2):301-328.

20. BRENNER N, New State Spaces: Urban Governance and the Rescaling of Statehood, New York: Oxford University Press,2004.

21. BROWN A J, Collaborative Governance versus Constitutional Politics: Decision Rules for Sustainability from Australia's South East Queensland Forest Agreement, Environmental Science and Policy,2002,5(1):19-32.

22. BRYSON JM,Crosby B. C. ,and Stone M. M. ,The Design and Implementation of Cross-Sector Collaborations: Propositions from the Literature, Public Administration Review,2006,66:44-55.

23. BOZZINI E,Multi-level Governance and Interest Representation in the Common Agricultural Policy,In CINEFOGO Conference on The Governance of the European Union: Theories,Practices and Myths,2008,1:25-60.

24. CASTELLS M and SCOTT A,End of Millennium Volume III of the Information Age:Economy,Society and Culture,Oxford:Blackwell,1998.

25. CHEN B and GRADDY E A,Inter-organizational Collaborations for Public Service Delivery:A Framework of Preconditions,Processes,and Perceived Outcomes,In ARNOVA Conference,2005,9(17),p19.

26. CHRISTENSEN KS, Cities and Complexity, Thousand Oaks, CA: Sage Publications,1999.

27. ROTARU C,GEORGESCU R and BODISLAV D A,The Evolution of Corruption and Its Current State-A Case Study on Romania,Theoretical and Applied Economics,2017, 610:99-108

28. Commission on Global Governance,Our Global Neighborhood:The Report of the Commission on Global Governance,New York: Oxford University Press,1995.

29. Committee on Economic Development,Reshaping Government in Metropolitan Areas,New York:Committee on Economic Development,1970.

30. COMMON R,and ACEVEDO B,Governance and the Management of Networks in the Public Sector: Drugs Policy in the United Kingdom and the Case of Cannabis Reclassification, Public Management Review,2006,8(3):395-414.

31. DENHARDT RB and DENHARDT JV,The New Public Service:An Approach to Reform, International Review of Public Administration,2003,5(1):3-10.

32. DONAHUE JD, On Collaborative Governance. Cambridge, MA: Harvard University Press, 2004.

33. FEIOCK RC, Metropolitan Governance: Conflict, Competition and Cooperation, Washington: Georgetown University Press,2004.

34. FOUNTAIN JE, Social capital: Its Relationship to Innovation in Science and Technology,Science and Public Policy,1998,25(2),103-115.

35. FREDERICKSON HG,The Spirit of Public Administration,San Francisco:Jossey-Bass,1997.

36. FREDERICKSON HG, The Repositioning of American Public Administration, Political Science and Politics,1999,52(4):701.

37. FREDERICKSON HG, JOHNSON GA and WOOD CH, The Adapted City: Institutional dynamics and structural change, New York: Routledge Publication Date, 2003.

38. FREDERICKSON HG and Smith K. B. , The Public Administration Theory Primer, CO: Westview Press, 2003.

39. SCHATZ F, Fighting Corruption with Social Accountability: A Comparative Analysis of Social Accountability Mechanisms Potential to Reduce Corruption in Public Administration, Public Administration and Development, 2013, 33(3):161-174.

40. FUTRELL R, Technical Adversarialism and Participatory Collaboration in the US Chemical Weapons Disposal Program, Science Technology and Human Values, 2003, 28(4):451-482.

41. GEOGHEGAN T and RENARD Y, Beyond Community Involvement: Lessons from the insular Caribbean. Parks, 2002, 12(2):16-27.

42. GOLDSMITH S and EGGERS WD, The Federal System in Goals for Americans: The Report of the President's Commission on National Goals Englewood Cliffs, NJ: Prentice Hall, 1960.

43. GOLDSMITH S and EGGERS WD. Governing by Network: The new Shape of the Public Sector, Washington: Rowman& Littlefield, 2004.

44. VILLORIA M, VAN RYZIN GG, and LAVENA CF, Social and Political Consequences of Administrative Corruption: A Study of Public Perceptions in Spain, Public administration review, 2013, 73(1):85-94.

45. GOSS S, Making Local Governance Work: Networks, Relationships and the Management of Change, Hampshire: Palgrave, 2011.

后记

长三角已经进入一体化发展的时期,区域经济协调发展达到了新的历史高度。本书主旨在于探究政府在区域经济协调发展中的角色和作用,以及如何完善政府治理机制,推动长三角一体化高质量发展。政府在长三角区域经济协调发展中应起到战略引领、政策整合、重点项目推动和市场监管的角色,实现政府与企业、社会各界的合作与协同发展。希望这本书能够为长三角地区的经济协调发展和政府治理提供有益的思路和借鉴,促进长二角地区的经济繁荣和社会进步。

本书得到了江苏高校"青蓝工程"的资助,感谢河海大学出版社对我们的信任和支持,在整个出版过程中,出版社的编辑团队和制作团队都发挥了巨大的作用,他们始终坚持高标准和严谨态度确保书籍的质量,他们的专业素养和责任心使得这本书能够顺利出版,并且与读者见面。

还想特别感谢赵晖教授,他的专业知识和丰富经验,对本书的理论构建起到了重要的推动和启示作用。赵晖教授的言传身教让我们受益匪浅,也让我们的学术道路有了更为清晰的方向和目标。

最后感谢我们的家人,谢谢你们一如既往的支持与爱,谨以此书献给你们。

余 璐 成春林

2023 年 2 月 22 日